20 世纪中国古代文化经典域外传播研究书系

张西平　　总主编

20 世纪中国古代文化经典在东南亚的传播与影响

白　淳　主编

中原出版传媒集团
大地传媒

大象出版社
·郑州·

图书在版编目(CIP)数据

20世纪中国古代文化经典在东南亚的传播与影响/白淳主编.— 郑州：大象出版社，2017.12
（20世纪中国古代文化经典域外传播研究书系）
ISBN 978-7-5347-8481-1

Ⅰ.①2… Ⅱ.①白… Ⅲ.①中华文化—文化传播—国际文化关系—研究—东南亚—20世纪 Ⅳ.①G125

中国版本图书馆CIP数据核字(2016)第288513号

20世纪中国古代文化经典域外传播研究书系

20世纪中国古代文化经典在东南亚的传播与影响
20 SHIJI ZHONGGUO GUDAI WENHUA JINGDIAN ZAI DONGNAN YA DE CHUANBO YU YINGXIANG
白 淳 主编

出 版 人	王刘纯
项目统筹	张前进　刘东蓬
责任编辑	崔　征
责任校对	毛　路　李婧慧
装帧设计	张　帆

出版发行　大象出版社（郑州市开元路16号　邮政编码450044）
　　　　　发行科　0371-63863551　总编室　0371-65597936
网　　址　www.daxiang.cn
印　　刷　郑州市毛庄印刷厂
经　　销　各地新华书店经销
开　　本　787mm×1092mm　1/16
印　　张　19
字　　数　289千字
版　　次　2017年12月第1版　2017年12月第1次印刷
定　　价　58.00元

若发现印、装质量问题，影响阅读，请与承印厂联系调换。
印厂地址　郑州市惠济区清华园路毛庄工业园
邮政编码　450044　　　电话　0371-63784396

总　序

张西平①

呈现在读者面前的这套"20世纪中国古代文化经典域外传播研究书系"是我2007年所申请的教育部哲学社会科学研究重大课题攻关项目的成果。

这套丛书的基本设计是：导论1卷，编年8卷，中国古代文化域外传播专题研究10卷，共计19卷。

中国古代文化经典在域外的传播和影响是一个崭新的研究领域，之前中外学术界从未对此进行过系统研究。它突破了以往将中国古代文化经典的研究局限于中国本土的研究方法，将研究视野扩展到世界主要国家，研究中国古代文化经典在那里的传播和影响，以此说明中国文化的世界性意义。

我在申请本课题时，曾在申请表上如此写道：

研究20世纪中国古代文化经典在域外的传播和影响，可以使我们走出"东方与西方""现代与传统"的二元思维，在世界文化的范围内考察中国文化的价值，以一种全球视角来重新审视中国古代文化的影响和现代价值，揭示中国文化的普世性意义。这样的研究对于消除当前中国学术界、文化界所存在的对待中国古代文化的焦虑和彷徨，对于整个社会文化转型中的中国重新

---

① 北京外国语大学中国海外汉学研究中心（现在已经更名为"国际中国文化研究院"）原主任，中国文化走出去协同创新中心原副主任。

确立对自己传统文化的自信,树立文化自觉,都具有极其重要的思想文化意义。

通过了解20世纪中国古代文化经典在域外的传播与接受,我们也可以进一步了解世界各国的中国观,了解中国古代文化如何经过"变异",融合到世界各国的文化之中。通过对20世纪中国古代文化经典在域外传播和影响的研究,我们可以总结出中国文化向外部世界传播的基本规律、基本经验、基本方法,为国家制定全球文化战略做好前期的学术准备,为国家对外传播中国文化宏观政策的制定提供学术支持。

中国文化在海外的传播,域外汉学的形成和发展,昭示着中国文化的学术研究已经成为一个全球的学术事业。本课题的设立将打破国内学术界和域外汉学界的分隔与疏离,促进双方的学术互动。对中国学术来说,课题的重要意义在于:使国内学术界了解域外汉学界对中国古代文化研究的进展,以"它山之石"攻玉。通过本课题的研究,国内学术界了解了域外汉学界在20世纪关于中国古代文化经典的研究成果和方法,从而在观念上认识到:对中国古代文化经典的研究已经不再仅仅属于中国学术界本身,而应以更加开阔的学术视野展开对中国古代文化经典的研究与探索。

这样一个想法,在我们这项研究中基本实现了。但我们应该看到,对中国古代文化经典在域外的传播与影响的研究绝非我们这样一个课题就可以完成的。这是一个崭新的学术方向和领域,需要学术界长期关注与研究。基于这样的考虑,在课题设计的布局上我们的原则是:立足基础,面向未来,着眼长远。我们希望本课题的研究为今后学术的进一步发展打下坚实的基础。为此,在导论中,我们初步勾勒出中国古代文化经典在西方传播的轨迹,并从理论和文献两个角度对这个研究领域的方法论做了初步的探讨。在编年系列部分,我们从文献目录入手,系统整理出20世纪以来中国古代文化经典在世界主要国家的传播编年。编年体是中国传统记史的一个重要体裁,这样大规模的中国文化域外传播的编年研究在世界上是首次。专题研究则是从不同的角度对这个主题的深化。

为完成这个课题,30余位国内外学者奋斗了7年,到出版时几乎是用了10年时间。尽管我们取得了一定的成绩,这个研究还是刚刚开始,待继续努力的方向还很多。如:这里的中国古代文化经典主要侧重于以汉文化为主体,但中国古代文化是一个"多元一体"的文化,在其长期发展中,少数民族的古代文化经典已经逐步融合到汉文化的主干之中,成为中华文化充满活力、不断发展的动力和原因之一。由于时间和知识的限制,在本丛书中对中国古代少数民族的经典在域外的传播研究尚未全面展开,只是在个别卷中有所涉猎。在语言的广度上也待扩展,如在欧洲语言中尚未把西班牙语、瑞典语、荷兰语等包括进去,在亚洲语言中尚未把印地语、孟加拉语、僧伽罗语、乌尔都语、波斯语等包括进去。因此,我们只是迈开了第一步,我们希望在今后几年继续完成中国古代文化在使用以上语言的国家中传播的编年研究工作。希望在第二版时,我们能把编年卷做得更好,使其成为方便学术界使用的工具书。

中国文化是全球性的文化,它不仅在东亚文化圈、欧美文化圈产生过重要影响,在东南亚、南亚、阿拉伯世界也都产生过重要影响。因此,本丛书尽力将中国古代文化经典在多种文化区域传播的图景展现出来。或许这些研究仍待深化,但这样一个图景会使读者对中国文化的影响力有一个更为全面的认识。

中国古代文化经典的域外传播研究近年来逐步受到学术界的重视,据初步统计,目前出版的相关专著已经有十几本之多,相关博士论文已经有几十篇,国家社科基金课题及教育部课题中与此相关的也有十余个。随着国家"一带一路"倡议的提出,中国文化"走出去"战略也开始更加关注这个方向。应该说,这个领域的研究进步很大,成果显著。但由于这是一个跨学科的崭新研究领域,尚有不少问题需要我们深入思考。例如,如何更加深入地展开这一领域的研究?如何从知识和学科上把握这个研究领域?通过什么样的路径和方法展开这个领域的研究?这个领域的研究在学术上的价值和意义何在?对这些问题笔者在这里进行初步的探讨。

一、历史:展开中国典籍外译研究的基础

根据目前研究,中国古代文化典籍第一次被翻译为欧洲语言是在1592年,由来自西班牙的传教士高母羡(Juan Cobo,1546—1592)[①]第一次将元末明初的中国

[①] "'Juan Cobo',是他在1590年寄给危地马拉会友信末的落款签名,也是同时代的欧洲作家对他的称呼;'高母羡',是1593年马尼拉出版的中文著作《辩正教真传实录》一书扉页上的作者;'羡高茂',是1592年他在翻译菲律宾总督致丰臣秀吉的回信中使用的署名。"蒋薇:《1592年高母羡(Fr.Juan Cobo)出使日本之行再议》,硕士论文抽样本,北京:北京外国语大学;方豪:《中国天主教史人物传》(上),北京:中华书局,1988年,第83—89页。

文人范立本所编著的收录中国文化先贤格言的蒙学教材《明心宝鉴》翻译成西班牙文。《明心宝鉴》收入了孔子、孟子、庄子、老子、朱熹等先哲的格言，于洪武二十六年(1393)刊行。如此算来，欧洲人对中国古代文化典籍的翻译至今已有424年的历史。要想展开相关研究，对研究者最基本的要求就是熟知西方汉学的历史。

仅仅拿着一个译本，做单独的文本研究是远远不够的。这些译本是谁翻译的？他的身份是什么？他是哪个时期的汉学家？他翻译时的中国助手是谁？他所用的中文底本是哪个时代的刻本？……这些都涉及对汉学史及中国文化史的了解。例如，如果对《明心宝鉴》的西班牙译本进行研究，就要知道高母羡的身份，他是道明会的传教士，在菲律宾完成此书的翻译，此书当时为生活在菲律宾的道明会传教士学习汉语所用。他为何选择了《明心宝鉴》而不是其他儒家经典呢？因为这个本子是他从当时来到菲律宾的中国渔民那里得到的，这些侨民只是粗通文墨，不可能带有很经典的儒家本子，而《菜根谭》和《明心宝鉴》是晚明时期民间流传最为广泛的儒家伦理格言书籍。由于这是以闽南话为基础的西班牙译本，因此书名、人名及部分难以意译的地方，均采取音译方式，其所注字音当然也是闽南语音。我们对这个译本进行研究就必须熟悉闽南语。同时，由于译者是天主教传教士，因此研究者只有对欧洲天主教的历史发展和天主教神学思想有一定的了解，才能深入其文本的翻译研究之中。

又如，法国第一位专业汉学家雷慕沙(Jean Pierre Abel Rémusat, 1788—1832)的博士论文是关于中医研究的《论中医舌苔诊病》(*Dissertatio de glossosemeiotice sive de signis morborum quae è linguâ sumuntur, praesertim apud sinenses*, 1813, Thése, Paris)。论文中翻译了中医的一些基本文献，这是中医传向西方的一个重要环节。如果做雷慕沙这篇文献的研究，就必须熟悉西方汉学史，因为雷慕沙并未来过中国，他关于中医的知识是从哪里得来的呢？这些知识是从波兰传教士卜弥格(Michel Boym, 1612—1659)那里得来的。卜弥格的《中国植物志》"是西方研究中国动植物的第一部科学著作，曾于1656年在维也纳出版，还保存了原著中介绍的每一种动植物的中文名称和卜弥格为它们绘制的二十七幅图像。后来因为这部著作受到欧洲读者极大的欢迎，在1664年，又发表了它的法文译本，名为《耶稣会士卜弥格神父写的一篇论特别是来自中国的花、水果、植物和个别动物的论文》。……

荷兰东印度公司一位首席大夫阿德列亚斯·克莱耶尔(Andreas Clayer)……1682年在德国出版的一部《中医指南》中,便将他所得到的卜弥格的《中医处方大全》《通过舌头的颜色和外部状况诊断疾病》《一篇论脉的文章》和《医学的钥匙》的部分章节以他的名义发表了"①。这就是雷慕沙研究中医的基本材料的来源。如果对卜弥格没有研究,那就无法展开对雷慕沙的研究,更谈不上对中医西传的研究和翻译时的历史性把握。

　　这说明研究者要熟悉从传教士汉学到专业汉学的发展历史,只有如此才能展开研究。西方汉学如果从游记汉学算起已经有七百多年的历史,如果从传教士汉学算起已经有四百多年的历史,如果从专业汉学算起也有近二百年的历史。在西方东方学的历史中,汉学作为一个独立学科存在的时间并不长,但学术的传统和人脉一直在延续。正像中国学者做研究必须熟悉本国学术史一样,做中国文化典籍在域外的传播研究首先也要熟悉域外各国的汉学史,因为绝大多数的中国古代文化典籍的译介是由汉学家们完成的。不熟悉汉学家的师承、流派和学术背景,自然就很难做好中国文化的海外传播研究。

　　上面这两个例子还说明,虽然西方汉学从属于东方学,但它是在中西文化交流的历史中产生的。这就要求研究者不仅要熟悉西方汉学史,也要熟悉中西文化交流史。例如,如果不熟悉元代的中西文化交流史,那就无法读懂《马可·波罗游记》;如果不熟悉明清之际的中西文化交流史,也就无法了解以利玛窦为代表的传教士汉学家们的汉学著作,甚至完全可能如堕烟海,不知从何下手。上面讲的卜弥格是中医西传第一人,在中国古代文化典籍西传方面贡献很大,但他同时又是南明王朝派往梵蒂冈教廷的中国特使,在明清时期中西文化交流史上占有重要的地位。如果不熟悉明清之际的中西义化交流史,那就无法深入展开研究。即使一些没有来过中国的当代汉学家,在其进行中国典籍的翻译时,也会和中国当时的历史与人物发生联系并受到影响。例如20世纪中国古代文化经典最重要的翻译家阿瑟·韦利(Arthur David Waley,1889—1966)与中国作家萧乾、胡适的交往,都对他的翻译活动产生过影响。

　　历史是进行一切人文学科研究的基础,做中国古代文化经典在域外的传播研

---

① 张振辉:《卜弥格与明清之际中学的西传》,《中国史研究》2011年第3期,第184—185页。

究尤其如此。

中国学术界对西方汉学的典籍翻译的研究起源于清末民初之际。辜鸿铭对西方汉学家的典籍翻译多有微词。那时的中国学术界对西方汉学界已经不陌生,不仅不陌生,实际上晚清时期对中国学问产生影响的西学中也包括汉学。① 近代以来,中国学术的发展是西方汉学界与中国学界互动的结果,我们只要提到伯希和、高本汉、葛兰言在民国时的影响就可以知道。② 但中国学术界自觉地将西方汉学作为一个学科对象加以研究和分梳的历史并不长,研究者大多是从自己的专业领域对西方汉学发表评论,对西方汉学的学术历史研究甚少。莫东言的《汉学发达史》到1936年才出版,实际上这本书中的绝大多数知识来源于日本学者石田干之助的《欧人之汉学研究》③。近30年来中国学术界对西方汉学的研究有了长足进展,个案研究、专书和专人研究及国别史研究都有了重大突破。像徐光华的《国外汉学史》、阎纯德主编的《列国汉学史》等都可以为我们的研究提供初步的线索。但应看到,对国别汉学史的研究才刚刚开始,每一位从事中国典籍外译研究的学者都要注意对汉学史的梳理。我们应承认,至今令学术界满意的中国典籍外译史的专著并不多见,即便是国别体的中国典籍外译的专题历史研究著作都尚未出现。④ 因为这涉及太多的语言和国家,绝非短期内可以完成。随着国家"一带一路"倡议的提出,了解沿路国家文化与中国文化之间的互动历史是学术研究的题中应有之义。但一旦我们翻阅学术史文献就会感到,在这个领域我们需要做的事情还有很多,尤其需要增强对沿路国家文化与中国文化互动的了解。百年以西为师,我们似乎忘记了家园和邻居,悲矣! 学术的发展总是一步步向前的,愿我们沿着季羡林先生开辟的中国东方学之路,由历史而入,拓展中国学术发展的新空间。

---

① 罗志田:《西学冲击下近代中国学术分科的演变》,《社会科学研究》2003年第1期。
② 桑兵:《国学与汉学——近代中外学界交往录》,北京:中国人民大学出版社,2010年;李孝迁:《葛兰言在民国学界的反响》,《华东师范大学学报》(哲学社会科学版)2010年第4期。
③ [日]石田干之助:《欧人之汉学研究》,朱滋萃译,北京:北平中法大学出版社,1934年。
④ 马祖毅、任荣珍:《汉籍外译史》,武汉:湖北教育出版社,1997年。这本书尽管是汉籍外译研究的开创性著作,但书中的错误颇多,注释方式也不规范,完全分不清资料的来源。关键在于作者对域外汉学史并未深入了解,仅在二手文献基础上展开研究。学术界对这本书提出了批评,见许冬平《〈汉籍外译史〉还是〈汉籍歪译史〉?》,光明网,2011年8月21日。

二、文献：西方汉学文献学亟待建立

张之洞在《书目答问》中开卷就说："诸生好学者来问应读何书，书以何本为善。偏举既嫌挂漏，志趣学业亦各不同，因录此以告初学。"①学问由目入，读书自识字始，这是做中国传统学问的基本方法。此法也同样适用于中国文化在域外的传播研究及中国典籍外译研究。因为19世纪以前中国典籍的翻译者以传教士为主，传教士的译本在欧洲呈现出非常复杂的情况。17世纪时传教士的一些译本是拉丁文的，例如柏应理和一些耶稣会士联合翻译的《中国哲学家孔子》，其中包括《论语》《大学》《中庸》。这本书的影响很大，很快就有了各种欧洲语言的译本，有些是节译，有些是改译。如果我们没有西方汉学文献学的知识，就搞不清这些译本之间的关系。

18世纪欧洲的流行语言是法语，会法语是上流社会成员的标志。恰好此时来华的传教士由以意大利籍为主转变为以法国籍的耶稣会士为主。这些法国来华的传教士学问基础好，翻译中国典籍极为勤奋。法国传教士的汉学著作中包含了大量的对中国古代文化典籍的介绍和翻译，例如来华耶稣会士李明返回法国后所写的《中国近事报道》(*Nouveaux mémoires sur l'état présent de la Chine*)，1696年在巴黎出版。他在书中介绍了中国古代重要的典籍"五经"，同时介绍了孔子的生平。李明所介绍的孔子的生平在当时欧洲出版的来华耶稣会士的汉学著作中是最详细的。这本书出版后在四年内竟然重印五次，并有了多种译本。如果我们对法语文本和其他文本之间的关系不了解，就很难做好翻译研究。

进入19世纪后，英语逐步取得霸主地位，英文版的中国典籍译作逐渐增加，版本之间的关系也更加复杂。美国诗人庞德在翻译《论语》时，既参照早年由英国汉学家柯大卫(David Collie)翻译的第一本英文版"四书"②，也参考理雅各的译本，如果只是从理雅各的译本来研究庞德的翻译肯定不全面。

20世纪以来对中国典籍的翻译一直在继续，翻译的范围不断扩大。学者研

---

① 〔清〕张之洞著，范希曾补正：《书目答问补正》，上海：上海古籍出版社，2001年，第3页。
② David Collie, *The Four Books*, Malacca: Printed at Mission Press, 1828.

究百年的《论语》译本的数量就很多,《道德经》的译本更是不计其数。有的学者说世界上译本数量极其巨大的文化经典文本有两种,一种是《圣经》,另一种就是《道德经》。

这说明我们在从事文明互鉴的研究时,尤其在从事中国古代文化经典在域外的翻译和传播研究时,一定要从文献学入手,从目录学入手,这样才会保证我们在做翻译研究时能够对版本之间的复杂关系了解清楚,为研究打下坚实的基础。中国学术传统中的"辨章学术,考镜源流"在我们致力于域外汉学研究时同样需要。

目前,国家对汉籍外译项目投入了大量的经费,国内学术界也有相当一批学者投入这项事业中。但我们在开始这项工作时应该摸清世界各国已经做了哪些工作,哪些译本是受欢迎的,哪些译本问题较大,哪些译本是节译,哪些译本是全译。只有清楚了这些以后,我们才能确定恰当的翻译策略。显然,由于目前我们在域外汉学的文献学上做得不够理想,对中国古代文化经典的翻译情况若明若暗。因而,国内现在确立的一些翻译计划不少是重复的,在学术上是一种浪费。即便国内学者对这些典籍重译,也需要以前人的工作为基础。

就西方汉学而言,其基础性书目中最重要的是两本目录,一本是法国汉学家考狄编写的《汉学书目》(*Bibliotheca sinica*),另一本是中国著名学者、中国近代图书馆的奠基人之一袁同礼1958年出版的《西文汉学书目》(*China in Western Literature:a Continuation of Cordier's Bibliotheca Sinica*)①。

从西方最早对中国的记载到1921年西方出版的关于研究中国的书籍,四卷本的考狄书目都收集了,其中包括大量关于中国古代文化典籍的译本目录。袁同礼的《西文汉学书目》则是"接着说",其书名就表明是接着考狄来做的。他编制了1921—1954年期间西方出版的关于中国研究的书目,其中包括数量可观的关于中国古代文化典籍的译本目录。袁同礼之后,西方再没有编出一本类似的书目。究其原因,一方面是中国研究的进展速度太快,另一方面是中国研究的范围在快速扩大,在传统的人文学科的思路下已经很难把握快速发展的中国研究。

当然,国外学者近50年来还是编制了一些非常重要的专科性汉学研究文献

---

① 书名翻译为《西方文学作品里的中国书目——续考狄之汉学书目》更为准确,《西文汉学书目》简洁些。

目录,特别是关于中国古代文化经典的翻译也有了专题性书目。例如,美国学者编写的《中国古典小说研究与欣赏论文书目指南》①是一本很重要的专题性书目,对于展开中国古典文学在西方的传播研究奠定了基础。日本学者所编的《东洋学文献类目》是当代较权威的中国研究书目,收录了部分亚洲研究的文献目录,但涵盖语言数量有限。当然中国学术界也同样取得了较大的进步,台湾学者王尔敏所编的《中国文献西译书目》②无疑是中国学术界较早的西方汉学书目。汪次昕所编的《英译中文诗词曲索引:五代至清末》③、王丽娜的《中国古典小说戏曲名著在国外》④是新时期第一批从目录文献学上研究西方汉学的著作。林舒俐、郭英德所编的《中国古典戏曲研究英文论著目录》⑤,顾钧、杨慧玲在美国汉学家卫三畏研究的基础上编制的《〈中国丛报〉篇名目录及分类索引》,王国强在其《〈中国评论〉(1872—1901)与西方汉学》中所附的《中国评论》目录和《中国评论》文章分类索引等,都代表了域外汉学和中国古代文化外译研究的最新进展。

从学术的角度看,无论是海外汉学界还是中国学术界在汉学的文献学和目录学上都仍有继续展开基础性研究和学术建设的极大空间。例如,在17世纪和18世纪"礼仪之争"后来华传教士所写的关于在中国传教的未刊文献至今没有基础性书目,这里主要指出傅圣泽和白晋的有关文献就足以说明问题。⑥ 在罗马传信部档案馆、梵蒂冈档案馆、耶稣会档案馆有着大量未刊的耶稣会士关于"礼仪之争"的文献,这些文献多涉及中国典籍的翻译问题。在巴黎外方传教会、方济各传教会也有大量的"礼仪之争"期间关于中国历史文化研究的未刊文献。这些文献目录未整理出来以前,我们仍很难书写一部完整的中国古代文献西文翻译史。

由于中国文化研究已经成为一个国际化的学术事业,无论是美国亚洲学会的

---

① Winston L.Y.Yang, Peter Li and Nathan K.Mao, *Classical Chinese Fiction: A Guide to Its Study and Appreciation—Essays and Bibliographies*, Boston: G.K.Hall & Co., 1978.
② 王尔敏编:《中国文献西译书目》,台北:台湾商务印书馆,1975年。
③ 汪次昕编:《英译中文诗词曲索引:五代至清末》,台北:汉学研究中心,2000年。
④ 王丽娜:《中国古典小说戏曲名著在国外》,上海:学林出版社,1988年。
⑤ 林舒俐、郭英德编:《中国古典戏曲研究英文论著目录》(上),《戏曲研究》2009年第3期;《中国古典戏曲研究英文论著目录》(下),《戏曲研究》2010年第1期。
⑥ [美]魏若望:《耶稣会士傅圣泽神甫传:索隐派思想在中国及欧洲》,吴莉苇译,郑州:大象出版社,2006年;[丹]龙伯格:《清代来华传教士马若瑟研究》,李真、骆洁译,郑州:大象出版社,2009年;[德]柯兰霓:《耶稣会士白晋的生平与著作》,李岩译,郑州:大象出版社,2009年;[法]维吉尔·毕诺:《中国对法国哲学思想形成的影响》,耿昇译,北京:商务印书馆,2000年。

中国学研究网站所编的目录,还是日本学者所编的目录,都已经不能满足学术发展的需要。我们希望了解伊朗的中国历史研究状况,希望了解孟加拉国对中国文学的翻译状况,但目前没有目录能提供这些。袁同礼先生当年主持北平图书馆工作时曾说过,中国国家图书馆应成为世界各国的中国研究文献的中心,编制世界的汉学研究书目应是我们的责任。先生身体力行,晚年依然坚持每天在美国国会图书馆的目录架旁抄录海外中国学研究目录,终于继考狄之后完成了《西文汉学书目》,开启了中国学者对域外中国研究文献学研究的先河。今日的中国国家图书馆的同人和中国文献学的同行们能否继承前辈之遗产,为飞出国门的中国文化研究提供一个新时期的文献学的阶梯,提供一个真正能涵盖多种语言,特别是非通用语的中国文化研究书目呢?我们期待着。正是基于这样的考虑,10年前我承担教育部重大攻关项目"20世纪中国古代文化经典在域外的传播与影响"时,决心接续袁先生的工作做一点尝试。我们中国海外汉学研究中心和北京外国语大学与其他院校学界的同人以10年之力,编写了一套10卷本的中国文化传播编年,它涵盖了22种语言,涉及20余个国家。据我了解,这或许是目前世界上第一次涉及如此多语言的中国文化外传文献编年。

尽管这些编年略显幼稚,多有不足,但中国的学者们是第一次把自己的语言能力与中国学术的基础性建设有机地结合起来。我们总算在袁同礼先生的事业上前进了一步。

学术界对于加强海外汉学文献学研究的呼声很高。李学勤当年主编的《国际汉学著作提要》就是希望从基础文献入手加强对西方汉学名著的了解。程章灿更是提出了十分具体的方案,他认为如果把欧美汉学作为学术资源,应该从以下四方面着手:"第一,从学术文献整理的角度,分学科、系统编纂中外文对照的专业论著索引。就欧美学者的中国文学研究而言,这一工作显得相当迫切。这些论著至少应该包括汉学专著、汉籍外译本及其附论(尤其是其前言、后记)、各种教材(包括文学史与作品选)、期刊论文、学位论文等几大项。其中,汉籍外译本与学位论文这两项比较容易被人忽略。这些论著中提出或涉及的学术问题林林总总,如果并没有广为中国学术界所知,当然也就谈不上批判或吸收。第二,从学术史角度清理学术积累,编纂重要论著的书目提要。从汉学史上已出版的研究中国文学的专著中,选取有价值的、有影响的,特别是有学术史意义的著作,每种写一篇两三千字的书目提要,述其内容大要、方法特点,并对其作学术史之源流梳理。对这些海外汉学文献的整理,就是学术史的建设,其道理与第一点是一样的。第三,从学术术语与话语沟通的角度,编纂一册中英文术语对照词典。就中国文学研究而言,目前在世界范围内,英语与汉语是两种最重要的工作语言。但是,对于同一个中国文学专有名词,往往有多种不同的英语表达法,国内学界英译中国文学术语时,词不达意、生拉硬扯的现象时或可见,极不利于中外学者的沟通和中外学术的交流。如有一册较好的中英文中国文学术语词典,不仅对于中国研究者,而且对于学习中国文学的外国人,都有很大的实用价值。第四,在系统清理研判的基础上,编写一部国际汉学史略。"①

历史期待着我们这一代学人,从基础做起,从文献做起,构建起国际中国文化研究的学术大厦。

三、语言:中译外翻译理论与实践有待探索

翻译研究是做中国古代文化对外传播研究的重要环节,没有这个环节,整个研究就不能建立在坚实的学术基础之上。在翻译研究中如何创造出切实可行的中译外理论是一个亟待解决的问题。如果翻译理论、翻译的指导观念不发生变革,一味依赖西方的理论,并将其套用在中译外的实践中,那么中国典籍的外译将不会有更大的发展。

外译中和中译外是两种翻译实践活动。前者说的是将外部世界的文化经典翻译成中文,后者说的是将中国古代文化的经典翻译成外文。几乎每一种有影响的文化都会面临这两方面的问题。

中国文化史告诉我们,我们有着悠久的外译中的历史,例如从汉代以来中国对佛经的翻译和近百年来中国对西学和日本学术著作的翻译。中国典籍的外译最早可以追溯到玄奘译老子的《道德经》,但真正形成规模则始于明清之际来华的传教士,即上面所讲的高母羡、利玛窦等人。中国人独立开展这项工作则应从晚清时期的陈季同和辜鸿铭算起。外译中和中译外作为不同语言之间的转换有

---

① 程章灿:《作为学术文献资源的欧美汉学研究》,《文学遗产》2012年第2期,第134—135页。

共同性,这是毋庸置疑的。但二者的区别也很明显,目的语和源语言在外译中和中译外中都发生了根本性置换,这种目的语和源语言的差别对译者提出了完全不同的要求。因此,将中译外作为一个独立的翻译实践来展开研究是必要的,正如刘宓庆所说:"实际上东方学术著作的外译如何解决文化问题还是一块丰腴的亟待开发的处女地。"①

由于在翻译目的、译本选择、语言转换等方面的不同,在研究中译外时完全照搬西方的翻译理论是有问题的。当然,并不是说西方的翻译理论不可用,而是这些理论的创造者的翻译实践大都是建立在西方语言之间的互译之上。在此基础上产生的翻译理论面对东方文化时,特别是面对以汉字为基础的汉语文化时会产生一些问题。潘文国认为,至今为止,西方的翻译理论基本上是对印欧语系内部翻译实践的总结和提升,那套理论是"西西互译"的结果,用到"中西互译"是有问题的,"西西互译"多在"均质印欧语"中发生,而"中西互译"则是在相距遥远的语言之间发生。因此他认为"只有把'西西互译'与'中西互译'看作是两种不同性质的翻译,因而需要不同的理论,才能以更为主动的态度来致力于中国译论的创新"②。

语言是存在的家园。语言具有本体论作用,而不仅仅是外在表达。刘勰在《文心雕龙·原道》中写道:"文之为德也大矣,与天地并生者何哉?夫玄黄色杂,方圆体分,日月叠璧,以垂丽天之象;山川焕绮,以铺理地之形:此盖道之文也。仰观吐曜,俯察含章,高卑定位,故两仪既生矣。惟人参之,性灵所钟,是谓三才。为五行之秀,实天地之心。心生而言立,言立而文明,自然之道也。傍及万品,动植皆文:龙凤以藻绘呈瑞,虎豹以炳蔚凝姿;云霞雕色,有逾画工之妙;草木贲华,无待锦匠之奇。夫岂外饰,盖自然耳。至于林籁结响,调如竽瑟;泉石激韵,和若球锽;故形立则章成矣,声发则文生矣。夫以无识之物,郁然有彩,有心之器,其无文欤?"③刘勰这段对语言和文字功能的论述绝不亚于海德格尔关于语言性质的论述,他强调"文"的本体意义和内涵。

---

① 刘宓庆:《中西翻译思想比较研究》,北京:中国对外翻译出版公司,2005 年,第 272 页。
② 潘文国:《中籍外译,此其时也——关于中译外问题的宏观思考》,《杭州师范学院学报》(社会科学版)2007 年第 6 期。
③ 〔南朝梁〕刘勰著,周振甫译注:《文心雕龙选译》,北京:中华书局,1980 年,第 19—20 页。

中西两种语言,对应两种思维、两种逻辑。外译中是将抽象概念具象化的过程,将逻辑思维转换成伦理思维的过程;中译外是将具象思维的概念抽象化,将伦理思维转换成逻辑思维的过程。当代美国著名汉学家安乐哲(Roger T. Ames)与其合作者也有这样的思路:在中国典籍的翻译上反对用一般的西方哲学思想概念来表达中国的思想概念。因此,他在翻译中国典籍时着力揭示中国思想异于西方思想的特质。

语言是世界的边界,不同的思维方式、不同的语言特点决定了外译中和中译外具有不同的规律,由此,在翻译过程中就要注意其各自的特点。基于语言和哲学思维的不同所形成的中外互译是两种不同的翻译实践,我们应该重视对中译外理论的总结,现在流行的用"西西互译"的翻译理论来解释"中西互译"是有问题的,来解释中译外问题更大。这对中国翻译界来说应是一个新课题,因为在"中西互译"中,我们留下的学术遗产主要是外译中。尽管我们也有辜鸿铭、林语堂、陈季同、吴经熊、杨宪益、许渊冲等前辈的可贵实践,但中国学术界的翻译实践并未留下多少中译外的经验。所以,认真总结这些前辈的翻译实践经验,提炼中译外的理论是一个亟待努力开展的工作。同时,在比较语言学和比较哲学的研究上也应着力,以此为中译外的翻译理论打下坚实的基础。

在此意义上,许渊冲在翻译理论及实践方面的探索尤其值得我国学术界关注。许渊冲在20世纪中国翻译史上是一个奇迹,他在中译外和外译中两方面均有很深造诣,这十分少见。而且,在中国典籍外译过程中,他在英、法两个语种上同时展开,更是难能可贵。"书销中外五十本,诗译英法唯一人"的确是他的真实写照。从陈季同、辜鸿铭、林语堂等开始,中国学者在中译外道路上不断探索,到许渊冲这里达到一个高峰。他的中译外的翻译数量在中国学者中居于领先地位,在古典诗词的翻译水平上,更是成就卓著,即便和西方汉学家(例如英国汉学家韦利)相比也毫不逊色。他的翻译水平也得到了西方读者的认可,译著先后被英国和美国的出版社出版,这是目前中国学者中译外作品直接进入西方阅读市场最多的一位译者。

特别值得一提的是,许渊冲从中国文化本身出发总结出一套完整的翻译理论。这套理论目前是中国翻译界较为系统并获得翻译实践支撑的理论。面对铺天盖地而来的西方翻译理论,他坚持从中国翻译的实践出发,坚持走自己的学术道路，自成体系，面对指责和批评，他不为所动。他这种坚持文化本位的精神，这种坚持从实践出发探讨理论的风格，值得我们学习和发扬。

许渊冲把自己的翻译理论概括为"美化之艺术，创优似竞赛"。"实际上，这十个字是拆分开来解释的。'美'是许渊冲翻译理论的'三美'论，诗歌翻译应做到译文的'意美、音美和形美'，这是许渊冲诗歌翻译的本体论；'化'是翻译诗歌时，可以采用'等化、浅化、深化'的具体方法，这是许氏诗歌翻译的方法论；'之'是许氏诗歌翻译的意图或最终想要达成的结果，使读者对译文能够'知之、乐之并好之'，这是许氏译论的目的论；'艺术'是认识论，许渊冲认为文学翻译，尤其是诗词翻译是一种艺术，是一种研究'美'的艺术。'创'是许渊冲的'创造论'，译文是译者在原诗规定范围内对原诗的再创造；'优'指的是翻译的'信达优'标准和许氏译论的'三势'（优势、劣势和均势）说，在诗歌翻译中应发挥译语优势，用最好的译语表达方式来翻译；'似'是'神似'说，许渊冲认为忠实并不等于形似，更重要的是神似；'竞赛'指文学翻译是原文和译文两种语言与两种文化的竞赛。"①

许渊冲的翻译理论不去套用当下时髦的西方语汇，而是从中国文化本身汲取智慧，并努力使理论的表述通俗化、汉语化和民族化。例如他的"三美"之说就来源于鲁迅，鲁迅在《汉文学史纲要》中指出："诵习一字，当识形音义三：口诵耳闻其音，目察其形，心通其义，三识并用，一字之功乃全。其在文章，则写山曰峻嶒嵯峨，状水曰汪洋澎湃，蔽芾葱茏，恍逢丰木，鳟鲂鳗鲤，如见多鱼。故其所函，遂具三美：意美以感心，一也；音美以感耳，二也；形美以感目，三也。"②许渊冲的"三之"理论，即在翻译中做到"知之、乐之并好之"，则来自孔子《论语·雍也》中的"知之者不如好之者，好之者不如乐之者"。他套用《道德经》中的语句所总结的翻译理论精练而完备，是近百年来中国学者对翻译理论最精彩的总结：

  译可译，非常译。

  忘其形，得其意。

  得意，理解之始；

  忘形，表达之母。

---

① 张进：《许渊冲唐诗英译研究》，硕士论文抽样本，西安：西北大学，2011年，第19页；张智中：《许渊冲与翻译艺术》，武汉：湖北教育出版社，2006年。

② 鲁迅：《鲁迅全集》（第九卷），北京：人民文学出版社，2005年，第354—355页。

>　　故应得意，以求其同；
>　　故可忘形，以存其异。
>　　两者同出，异名同理。
>　　得意忘形，求同存异；
>　　翻译之道。

2014年，在第二十二届世界翻译大会上，由中国翻译学会推荐，许渊冲获得了国际译学界的最高奖项"北极光"杰出文学翻译奖。他也是该奖项自1999年设立以来，第一个获此殊荣的亚洲翻译家。许渊冲为我们奠定了新时期中译外翻译理论与实践的坚实学术基础，这个事业有待后学发扬光大。

四、知识：跨学科的知识结构是对研究者的基本要求

中国古代文化经典在域外的翻译与传播研究属于跨学科研究领域，语言能力只是进入这个研究领域的一张门票，但能否坐在前排，能否登台演出则是另一回事。因为很显然，语言能力尽管重要，但它只是展开研究的基础条件，而非全部条件。

研究者还应该具备中国传统文化知识与修养。我们面对的研究对象是整个海外汉学界，汉学家们所翻译的中国典籍内容十分丰富，除了我们熟知的经、史、子、集，还有许多关于中国的专业知识。例如，俄罗斯汉学家阿列克谢耶夫对宋代历史文学极其关注，翻译宋代文学作品数量之大令人吃惊。如果研究他，仅仅俄语专业毕业是不够的，研究者还必须通晓中国古代文学，尤其是宋代文学。清中前期，来华的法国耶稣会士已经将中国的法医学著作《洗冤集录》翻译成法文，至今尚未有一个中国学者研究这个译本，因为这要求译者不仅要懂宋代历史，还要具备中国古代法医学知识。

中国典籍的外译相当大一部分产生于中外文化交流的历史之中，如果缺乏中西文化交流史的知识，常识性错误就会出现。研究18世纪的中国典籍外译要熟悉明末清初的中西文化交流史，研究19世纪的中国典籍外译要熟悉晚清时期的中西文化交流史，研究东亚之间文学交流要精通中日、中韩文化交流史。

同时，由于某些译者有国外学术背景，想对译者和文本展开研究就必须熟悉

译者国家的历史与文化、学术与传承,那么,知识面的扩展、知识储备的丰富必不可少。

目前,绝大多数中国古代文化外译的研究者是外语专业出身,这些学者的语言能力使其成为这个领域的主力军,但由于目前教育分科严重细化,全国外语类大学缺乏系统的中国历史文化的教育训练,因此目前的翻译及其研究在广度和深度上尚难以展开。有些译本作为国内外语系的阅读材料尚可,要拿到对象国出版还有很大的难度,因为这些译本大都无视对象国汉学界译本的存在。的确,研究中国文化在域外的传播和发展是一个崭新的领域,是青年学者成长的天堂。但同时,这也是一个有难度的跨学科研究领域,它对研究者的知识结构提出了新挑战。研究者必须走出单一学科的知识结构,全面了解中国文化的历史与文献,唯此才能对中国古代文化经典的域外传播和中国文化的域外发展进行更深入的研究。当然,术业有专攻,在当下的知识分工条件下,研究者已经不太可能系统地掌握中国全部传统文化知识,但掌握其中的一部分,领会其精神仍十分必要。这对中国外语类大学的教学体系改革提出了更高的要求,中国历史文化课程必须进入外语大学的必修课中,否则,未来的学子们很难承担起这一历史重任。

五、方法:比较文化理论是其基本的方法

从本质上讲,中国文化域外传播与发展研究是一种文化间关系的研究,是在跨语言、跨学科、跨文化、跨国别的背景下展开的,这和中国本土的国学研究有区别。关于这一点,严绍璗先生有过十分清楚的论述,他说:"国际中国学(汉学)就其学术研究的客体对象而言,是指中国的人文学术,诸如文学、历史、哲学、艺术、宗教、考古等等,实际上,这一学术研究本身就是中国人文学科在域外的延伸。所以,从这样的意义上说,国际中国学(汉学)的学术成果都可以归入中国的人文学术之中。但是,作为从事于这样的学术的研究者,却又是生活在与中国文化很不相同的文化语境中,他们所受到的教育,包括价值观念、人文意识、美学理念、道德伦理和意识形态等等,和我们中国本土很不相同。他们是以他们的文化为背景而从事中国文化的研究,通过这些研究所表现的价值观念,从根本上说,是他们的'母体文化'观念。所以,从这样的意义上说,国际中国学(汉学)的学术成果,其

实也是他们'母体文化'研究的一种。从这样的视角来考察国际中国学（汉学），那么，我们可以说，这是一门在国际文化中涉及双边或多边文化关系的近代边缘性的学术，它具有'比较文化研究'的性质。"①严先生的观点对于我们从事中国古代文化典籍外译和传播研究有重要的指导意义。有些学者认为西方汉学家翻译中的误读太多，因此，中国文化经典只有经中国人来翻译才忠实可信。显然，这样的看法缺乏比较文学和跨文化的视角。

"误读"是翻译中的常态，无论是外译中还是中译外，除了由于语言转换过程中知识储备不足产生的误读②，文化理解上的误读也比比皆是。有的译者甚至故意误译，完全按照自己的理解阐释中国典籍，最明显的例子就是美国诗人庞德。1937年他译《论语》时只带着理雅各的译本，没有带词典，由于理雅各的译本有中文原文，他就盯着书中的汉字，从中理解《论语》，并称其为"注视字本身"，看汉字三遍就有了新意，便可开始翻译。例如"《论语·公冶长第五》，'子曰：道不行，乘桴浮于海。从我者，其由与？子路闻之喜。子曰：由也，好勇过我，无所取材。'最后四字，朱熹注：'不能裁度事理。'理雅各按朱注译。庞德不同意，因为他从'材'字中看到'一棵树加半棵树'，马上想到孔子需要一个'桴'。于是庞德译成'Yu like danger better than I do. But he wouldn't bother about getting the logs.'（由比我喜欢危险，但他不屑去取树木。）庞德还指责理雅各译文'失去了林肯式的幽默'。后来他甚至把理雅各译本称为'丢脸'（an infamy）"③。庞德完全按自己的理解来翻译，谈不上忠实，但庞德的译文却在美国和其他西方国家产生了巨大影响。日本比较文学家大塚幸男说："翻译文学，在对接受国文学的影响中，误解具有异乎寻常的力量。有时拙劣的译文意外地产生极大的影响。"④庞德就是这样的翻译家，他翻译《论语》《中庸》《孟子》《诗经》等中国典籍时，完全借助理雅各的译本，但又能超越理雅各的译本，在此基础上根据自己的想法来翻译。他把《中庸》翻

---

① 严绍璗：《我对国际中国学（汉学）的认识》，《国际汉学》（第五辑），郑州：大象出版社，2000年，第11页。
② 英国著名汉学家阿瑟·韦利在翻译陶渊明的《责子》时将"阿舒已二八"翻译成"A-Shu is eighteen"，显然是他不知在中文中"二八"是指16岁，而不是18岁。这样知识性的翻译错误是常有的。
③ 赵毅衡：《诗神远游：中国如何改变了美国现代诗》，成都：四川文艺出版社，2013年，第277—278页。
④ ［日］大塚幸男：《比较文学原理》，陈秋峰、杨国华译，西安：陕西人民出版社，1985年，第101页。

译为 Unwobbling Pivot（不动摇的枢纽），将"君子而时中"翻译成"The master man's axis does not wobble"（君子的轴不摇动），这里的关键在于他认为"中"是"一个动作过程，一个某物围绕旋转的轴"①。只有具备比较文学和跨文化理论的视角，我们才能理解庞德这样的翻译。

从比较文学角度来看，文学著作一旦被翻译成不同的语言，它就成为各国文学历史的一部分，"在翻译中，创造性叛逆几乎是不可避免的"②。这种叛逆就是在翻译时对源语言文本的改写，任何译本只有在符合本国文化时，才会获得第二生命。正是在这个意义上，谢天振主张将近代以来的中国学者对外国文学的翻译作为中国近代文学的一部分，使它不再隶属于外国文学，为此，他专门撰写了《中国现代翻译文学史》③。他的观点向我们提供了理解被翻译成西方语言的中国古代文化典籍的新视角。

尽管中国学者也有在中国典籍外译上取得成功的先例，例如林语堂、许渊冲，但这毕竟不是主流。目前国内的许多译本并未在域外产生真正的影响。对此，王宏印指出："毋庸讳言，虽然我们取得的成就很大，但国内的翻译、出版的组织和质量良莠不齐，加之推广和运作方面的困难，使得外文形式的中国典籍的出版发行多数限于国内，难以进入世界文学的视野和教学研究领域。有些译作甚至成了名副其实的'出口转内销'产品，只供学外语的学生学习外语和翻译技巧，或者作为某些懂外语的人士的业余消遣了。在现有译作精品的评价研究方面，由于信息来源的局限和读者反应调查的费钱费力费时，大大地限制了这一方面的实证研究和有根有据的评论。一个突出的困难就是，很难得知外国读者对于中国典籍及其译本的阅读经验和评价情况，以至于影响了研究和评论的视野和效果，有些译作难免变成译者和学界自作自评和自我欣赏的对象。"④

王宏印这段话揭示了目前国内学术界中国典籍外译的现状。目前由政府各部门主导的中国文化、中国学术外译工程大多建立在依靠中国学者来完成的基本思路上，但此思路存在两个误区。第一，忽视了一个基本的语言学规律：外语再

---

① 赵毅衡：《诗神远游：中国如何改变了美国现代诗》，成都：四川文艺出版社，2013年，第278页。
② [美]乌尔利希·韦斯坦因：《比较文学与文学理论》，刘象愚译，沈阳：辽宁人民出版社，1987年，第36页。
③ 谢天振：《中国现代翻译文学史》，上海：上海外语教育出版社，2004年。
④ 王宏印：《中国文化典籍英译》，北京：外语教学与研究出版社，2009年，第6页。

好,也好不过母语,翻译时没有对象国汉学家的合作,在知识和语言上都会遇到不少问题。应该认识到林语堂、杨宪益、许渊冲毕竟是少数,中国学者不可能成为中国文化外译的主力。第二,这些项目的设计主要面向西方发达国家而忽视了发展中国家。中国"一带一路"倡议涉及60余个国家,其中大多数是发展中国家,非通用语是主要语言形态①。此时,如果完全依靠中国非通用语界学者们的努力是很难完成的②,因此,团结世界各国的汉学家具有重要性与迫切性。

莫言获诺贝尔文学奖后,相关部门开启了中国当代小说的翻译工程,这项工程的重要进步之一就是面向海外汉学家招标,而不是仅寄希望于中国外语界的学者来完成。小说的翻译和中国典籍文化的翻译有着重要区别,前者更多体现了跨文化研究的特点。

以上从历史、文献、语言、知识、方法五个方面探讨了开展中国古代文化典籍域外传播研究必备的学术修养。应该看到,中国文化的域外传播以及海外汉学界的学术研究标示着中国学术与国际学术接轨,这样一种学术形态揭示了中国文化发展的多样性和丰富性。在从事中国文化学术研究时,已经不能无视域外汉学家们的研究成果,我们必须与其对话,或者认同,或者批评,域外汉学已经成为中国学术与文化重建过程中一个不能忽视的对象。

在世界范围内开展中国文化研究,揭示中国典籍外译的世界性意义,并不是要求对象国家完全按照我们的意愿接受中国文化的精神,而是说,中国文化通过典籍翻译进入世界各国文化之中,开启他们对中国的全面认识,这种理解和接受已经构成了他们文化的一部分。尽管中国文化于不同时期在各国文化史中呈现出不同形态,但它们总是和真实的中国发生这样或那样的联系,都说明了中国文化作为他者存在的价值和意义。与此同时,必须承认已经融入世界各国的中国文化和中国自身的文化是两种形态,不能用对中国自身文化的理解来看待被西方塑形的中国文化;反之,也不能以变了形的中国文化作为标准来判断真实发展中的

---

① 在非通用语领域也有像林语堂、许渊冲这样的翻译大家,例如北京外国语大学亚非学院的泰语教授邱苏伦,她已经将《大唐西域记》《洛阳伽蓝记》等中国典籍翻译成泰文,受到泰国读者的欢迎,她也因此获得了泰国的最高翻译奖。
② 很高兴看到中华外译项目的语种大大扩展了,莫言获诺贝尔文学奖后,中国小说的翻译也开始面向全球招标,这是进步的开始。

中国文化。

在当代西方文化理论中,后殖民主义理论从批判的立场说明西方所持有的东方文化观的特点和产生的原因。赛义德的理论有其深刻性和批判性,但他不熟悉西方世界对中国文化理解和接受的全部历史,例如,18世纪的"中国热"实则是从肯定的方面说明中国对欧洲的影响。其实,无论是持批判立场还是持肯定立场,中国作为西方的他者,成为西方文化眼中的变色龙是注定的。这些变化并不能改变中国文化自身的价值和它在世界文化史中的地位,但西方在不同时期对中国持有不同认知这一事实,恰恰说明中国文化已成为塑造西方文化的一个重要外部因素,中国文化的世界性意义因而彰显出来。

从中国文化史角度来看,这种远游在外、已经进入世界文化史的中国古代文化并非和中国自身文化完全脱离关系。笔者不认同套用赛义德的"东方主义"的后现代理论对西方汉学和译本的解释,这种解释完全隔断了被误读的中国文化与真实的中国文化之间的精神关联。我们不能跟着后现代殖民主义思潮跑,将这种被误读的中国文化看成纯粹是西方人的幻觉,似乎这种中国形象和真实的中国没有任何关系。笔者认为,被误读的中国文化和真实的中国文化之间的关系,可被比拟为云端飞翔的风筝和牵动着它的放风筝者之间的关系。一只飞出去的风筝随风飘动,但线还在,只是细长的线已经无法解释风筝上下起舞的原因,因为那是风的作用。将风筝的飞翔说成完全是放风筝者的作用是片面的,但将飞翔的风筝说成是不受外力自由翱翔也是荒唐的。

正是在这个意义上,笔者对建立在19世纪实证主义哲学基础上的兰克史学理论持一种谨慎的接受态度,同时,对20世纪后现代主义的文化理论更是保持时刻的警觉,因为这两种理论都无法说明中国和世界之间复杂多变的文化关系,都无法说清世界上的中国形象。中国文化在世界的传播和影响及世界对中国文化的接受需要用一种全新的理论加以说明。长期以来,那种套用西方社会科学理论来解释中国与外部世界关系的研究方法应该结束了,中国学术界应该走出对西方学术顶礼膜拜的"学徒"心态,以从容、大度的文化态度吸收外来文化,自觉坚守自身文化立场。这点在当下的跨文化研究领域显得格外重要。

学术研究需要不断进步,不断完善。在10年内我们课题组不可能将这样一个丰富的研究领域做得尽善尽美。我们在做好导论研究、编年研究的基础性工作之外，还做了一些专题研究。它们以点的突破、个案的深入分析给我们展示了在跨文化视域下中国文化向外部的传播与发展。这是未来的研究路径，亟待后来者不断丰富与开拓。

这个课题由中外学者共同完成。意大利罗马智慧大学的马西尼教授指导中国青年学者王苏娜主编了《20世纪中国古代文化经典在意大利的传播编年》，法国汉学家何碧玉、安必诺和中国青年学者刘国敏、张明明一起主编了《20世纪中国古代文化经典在法国的传播编年》。他们的参与对于本项目的完成非常重要。对于这些汉学家的参与，作为丛书的主编，我表示十分的感谢。同时，本丛书也是国内学术界老中青学者合作的结果。北京大学的严绍璗先生是中国文化在域外传播和影响这个学术领域的开拓者，他带领弟子王广生完成了《20世纪中国古代文化经典在日本的传播编年》；福建师范大学的葛桂录教授是这个项目的重要参与者，他承担了本项目2卷的写作——《20世纪中国古代文学在英国的传播与影响》和《中国古典文学的英国之旅——英国三大汉学家年谱：翟理斯、韦利、霍克思》。正是由于中外学者的合作，老中青学者的合作，这个项目才得以完成，而且展示了中外学术界在这些研究领域中最新的研究成果。

这个课题也是北京外国语大学近年来第一个教育部社科司的重大攻关项目，学校领导高度重视，北京外国语大学的欧洲语言文化学院、亚非学院、阿拉伯语系、中国语言文学学院、哲学社会科学学院、英语学院、法语系等几十位老师参加了这个项目，使得这个项目的语种多达20余个。其中一些研究具有开创性，特别是关于中国古代文化在亚洲和东欧一些国家的传播研究，在国内更是首次展开。开创性的研究也就意味着需要不断完善，我希望在今后的一个时期，会有更为全面深入的文稿出现，能够体现出本课题作为学术孵化器的推动作用。

北京外国语大学中国海外汉学研究中心（现在已经更名为"国际中国文化研究院"）成立已经20年了，从一个人的研究所变成一所大学的重点研究院，它所取得的进步与学校领导的长期支持分不开，也与汉学中心各位同人的精诚合作分不开。一个重大项目的完成，团队的合作是关键，在这里我对参与这个项目的所有学者表示衷心的感谢。20世纪是动荡的世纪，是历史巨变的世纪，是世界大转机的世纪。

20世纪初，美国逐步接替英国坐上西方资本主义世界的头把交椅。苏联社会主义制度在20世纪初的胜利和世纪末苏联的解体成为本世纪最重要的事件，并影响了历史进程。目前，世界体系仍由西方主导，西方的话语权成为其资本与意识形态扩张的重要手段，全球化发展、跨国公司在全球更广泛地扩张和组织生产正是这种形势的真实写照。

20世纪后期，中国的崛起无疑是本世纪最重大的事件。中国不仅作为一个政治大国和经济大国跻身于世界舞台，也必将作为文化大国向世界展示自己的丰富性和多样性，展示中国古代文化的智慧。因此，正像中国的崛起必将改变已有的世界政治格局和经济格局一样，中国文化的海外传播，中国古代文化典籍的外译和传播，必将把中国思想和文化带到世界各地，这将从根本上逐渐改变19世纪以来形成的世界文化格局。

20世纪下半叶，随着中国实施改革开放政策和国力增强，西方汉学界加大了对中国典籍的翻译，其翻译的品种、数量都是前所未有的，中国古代文化的影响力进一步增强①。虽然至今我们尚不能将其放在一个学术框架中统一研究与考量，但大势已定，中国文化必将随中国的整体崛起而日益成为具有更大影响的文化，西方文化独霸世界的格局必将被打破。

世界仍在巨变之中，一切尚未清晰，意大利著名经济学家阿锐基从宏观经济与政治的角度对21世纪世界格局的发展做出了略带有悲观色彩的预测。他认为今后世界有三种结局：

> 第一，旧的中心有可能成功地终止资本主义历史的进程。在过去500多年时间里，资本主义历史的进程是 系列金融扩张。在此过程中，发生了资本主义世界经济制高点上卫士换岗的现象。在当今的金融扩张中，也存在着产生这种结果的倾向。但是，这种倾向被老卫士强大的立国和战争能力抵消了。他们很可能有能力通过武力、计谋或劝说占用积累在新的中心的剩余资本，从而通过组建一个真正全球意义上的世界帝国来结束资本主义历史。
>
> 第二，老卫士有可能无力终止资本主义历史的进程，东亚资本有可能渐

---

① 李国庆：《美国对中国古典及当代作品翻译概述》，载朱政惠、崔丕主编《北美中国学的历史与现状》，上海：上海辞书出版社，2013年，第126—141页；[美]张海惠主编：《北美中国学：研究概述与文献资源》，北京：中华书局，2010年；[德]马汉茂、[德]汉雅娜、张西平、李雪涛主编：《德国汉学：历史、发展、人物与视角》，郑州：大象出版社，2005年。

渐占据体系资本积累过程中的一个制高点。那样的话,资本主义历史将会继续下去,但是情况会跟自建立现代国际制度以来的情况截然不同。资本主义世界经济制高点上的新卫士可能缺少立国和战争能力,在历史上,这种能力始终跟世界经济的市场表层上面的资本主义表层的扩大再生产很有联系。亚当·斯密和布罗代尔认为,一旦失去这种联系,资本主义就不能存活。如果他们的看法是正确的,那么资本主义历史不会像第一种结果那样由于某个机构的有意识行动而被迫终止,而会由于世界市场形成过程中的无意识结果而自动终止。资本主义(那个"反市场"[anti-market])会跟发迹于当代的国家权力一起消亡,市场经济的底层会回到某种无政府主义状态。

最后,用熊彼特的话来说,人类在地狱般的(或天堂般的)后资本主义的世界帝国或后资本主义的世界市场社会里窒息(或享福)前,很可能会在伴随冷战世界秩序的瓦解而出现的不断升级的暴力恐怖(或荣光)中化为灰烬。如果出现这种情况的话,资本主义历史也会自动终止,不过是以永远回到体系混乱状态的方式来实现的。600年以前,资本主义历史就从这里开始,并且随着每次过渡而在越来越大的范围里获得新生。这将意味着什么?仅仅是资本主义历史的结束,还是整个人类历史的结束?我们无法说得清楚。①

就此而言,中国文化的世界影响力从根本上是与中国崛起后的世界秩序重塑紧密联系在一起的,是与中国的国家命运联系在一起的。国衰文化衰,国强文化强,千古恒理。20世纪已经结束,21世纪刚刚开始,一切尚在进程之中。我们处在"三千年未有之大变局之中",我们期盼一个以传统文化为底蕴的东方大国全面崛起,为多元的世界文化贡献出她的智慧。路曼曼其远矣,吾将上下求索。

张西平

2017年6月6日定稿于游心书屋

---

① [意]杰奥瓦尼·阿锐基:《漫长的20世纪——金钱、权力与我们社会的根源》,姚乃强等译,南京:江苏人民出版社,2001年,第418—419页。

目　录

导　言　1

第一章　越南　7
1900—1930 年中国明清小说在越南的翻译与出版　8

第二章　老挝　19
老挝文《三国时期的政治》与中文《三国演义》的比较研究　20
《西游记》缩写版本——《孙悟空》在老挝的翻译和传播　29
评析老挝文《知己知彼，百战不殆——解读〈孙子兵法〉》　38
中国古代文化经典在老挝的翻译与传播　52

第三章　柬埔寨　63
中国古代文化经典在柬埔寨的传播　64

第四章　缅甸　69
《红楼梦》缅甸语译本赏析　70
中国文学作品在缅甸的传播和影响　81

第五章　泰国　89

《论语》在泰国的翻译与传播　90

《孟子》及相关著作在泰国的翻译与传播　97

中国佛教典籍在泰国的翻译与传播　102

《道德经》和《庄子》在泰国的传播　111

道家之"道"在泰国的翻译变迁与接受　137

中国古代小说在泰国的译介与传播　148

《楚辞》的泰译研究　162

中国古典诗歌在泰国的翻译与传播　173

第六章　马来西亚　191

《聊斋志异选集》马来文译本赏析　192

20世纪《三国演义》在马来西亚的翻译与传播　202

中国古典文学在马来西亚的传播　212

马来西亚翻译与创作协会的创办与活动　228

第七章　印度尼西亚　241

中国古典文学作品20世纪在印度尼西亚的翻译与传播　242

第八章　菲律宾　255

菲律宾译诗名家施颖洲　256

译者索引　266

作品索引　271

后记　275

导言

一

　　文化经典的传播其实很难完全按照百年的时段来划分；如果涉及影响，更是"此系身前身后事"，与历史的前因后果有着千丝万缕的联系。然而，已经走过21世纪的最初十几年，人们在讨论20世纪中国文化流布与影响的时候，总希望能为当下的文化发展提供某种参照或借鉴。

　　孔慧怡在《重写翻译史》中曾有专文论述中国佛经和西学两大文化翻译运动，认为其形成是"潮水式和渐进式的"，"运动的过程有起也有落"①。综观中国文化经典在东南亚地区的传播，不难发现，这一描述仍是适用的、形象的。当我们把时间的坐标锁定在20世纪的起点上，会发现当时的暹罗（1939年改国名为泰国）早已完成了《三国演义》《西游记》《水浒传》等经典名著的翻译，甚至可以认为，说部在泰国翻译的第一次浪潮已经涌过了；而马来西亚同类题材的译事正在如火如荼地开展着；再有些国家则要到20世纪很晚近的时候才有所举动。由此我们应该清楚，就中国与东南亚诸国的文化交流而言，无论在历史上还是在未来，

---

① 孔慧怡：《重写翻译史》，香港：香港中文大学出版社，2005年，第141页。

诉求都不可能是单一的,步伐也不可能是一致的。我们的文化能在多大程度上"走出去",很多情况下正取决于我们对文化他者的理解与观照。

早在19世纪初期,一些东南亚国家已意识到外部世界的急剧变化,并开始着手应对这一变革。鸦片战争后,中国移民数量在东南亚急剧上升。中国妇女移民的增加,使得建立纯粹华人血统的家庭成为可能。中国在东南亚的政治影响越来越式微,而由民间引发带动的经济和文化的联系却加深了。移民欲融入当地社会,必然带来从经济到政治到文化的诉求。他们学习当地的语言,这就构成了中国文化经典传播的必要条件;另一方面,早期移民后裔对汉文字已产生不同程度的隔膜,又构成了经典本地化的需求。经典的移译由此起步。同时,报业和印刷出版业19世纪至20世纪初在东南亚的发展壮大则构成了经典传播事业的物质和技术基础。

时至19世纪末20世纪初,东南亚国家普遍沦为西方殖民地,只有暹罗保持着名义上的独立。同时,中国在东南亚的影响力逐渐下降,最终连形式上的朝贡贸易也难以维系了。经历过甲午战争和庚子事变的中国更深地陷入内忧外患的境地,中国的文化之舟注定要在困顿和风雨中续航。在20世纪上半叶,可以说中国经典在东南亚的传播或是因为此前翻译高潮已结束,或是受到时局(尤其是二战)的影响,未能在规模和质量上臻于完善。二战后,东南亚国家相继获得民族独立,却继之以漫长的冷战,中国和部分东南亚国家之间长期对峙或敌视,直至20世纪90年代才走向和解。幸运的是,在此期间文化的流传并未中断,文化的理解和沟通甚至在一定程度上为政治外交的破冰之旅做了必要的准备。

二

龙应台曾说过,在文化的交流中,并不总是第一流的著作得以流传,但文化交流的历史就这样写成了。从对中国古代经典在东南亚流传的考察结果来看,流传的倒大多是公认的经典之作。说部之外,还遍及诗歌、思想宗教等领域,从翻译质量、规模数量乃至文类的多样性而言,较之西方汉学家的翻译成果不遑多让;由于语言文化的背景不同,甚至在某些方面还可能更高明些。我们认为,这与东南亚华人在经典传播中的地位和作用有着重要关系。一方面,在新天新地间创业的移民总是需要来自母文化的精神支撑,而他们的后代也需要这种文化的哺育。另一方面,华人知识分子成了译介传播中最重要的一支力量,从暹罗的宫廷到马来西亚的华埠都是如此。

值得注意的是,东南亚国家对中国文学文化经典的译介除了审美取向,有时还伴有政治取向或其他的功利性目的。这和西方翻译中国典籍较为单一的取向是不同的。中国文化从东西方交流之始,就主体而言,仅存在于西方的文化视域之中,而几乎从未对西方的政治发展产生过重大影响。如果我们承认,历史上的中印(度)文化交流在某种意义上是以印度流向中国为主的单向方式,那么西方对中国传统文化的接受视角同样是单一的,很少超越审美取向或文化取向。而地域上同处东方的东南亚国家却希望在转型或面对西方势力的困局中能从中国传统智慧中或多或少得到些借鉴与支持。例如,《三国演义》的翻译工作就曾获得一些国家政府或王室的支持和赞助。在今天看来,这种思路或许体现出对现代化进程在认知方面的迟滞,但也是文化势力渗透到政治领域的实实在在的结果。这种文化因素的渗透直到冷战及冷战后仍时有显现。此外,《道德经》《孙子兵法》等经典在近二三十年特别受到东南亚读者的推崇,不仅是从思想文化角度出发,也包括从管理、营销甚至娱乐等角度进行改良与吸收。

三

我们从翻译研究的角度考察了20世纪中国文化经典在东南亚的传播,由此自然衍生出一个话题——现在提倡的"文化走出去",翻译究竟应该起多大的作用。如果我们承认,此处的"文化"不单指"传统文化"的话,那么中国文化的创新——文化在传统基础上的发展——该由谁来完成?答案取决于我们对传统文化的认知,更取决于我们对文化发展的自信和眼光。

传统经典的价值毋庸置疑,然而文化的强国之梦总是要在"述旧"与"编新"之间有所领悟、有所选择。事实上,"走出去""推出去"的文化通常只能做到让人知之,如能让人看到文化在现实中的优势与必然,也就做到了让人好之,这就不是单凭翻译一途能完全实现的。

文化是什么?龙应台说:"文化?它是随便一个人迎面走来,他的举手投足,他的一颦一笑,他的整体气质……文化其实体现在一个人如何对待自己,如何对待他人,如何对待自己所处的自然环境。在一个文化厚实的社会里,人懂得尊重自己——他不苟且,因为不苟且所以有品位;人懂得尊重别人——他不霸道,因为不霸道所以有道德;人懂得尊重自然——他不掠夺,因为不掠夺所以有永续的生命。"①从这段描述中,我们当然可以看到许多传统理念的影子,但更多的却是立足于现代性的诉求。在现实中,文化的继承者对待传统和发展的表现,就是其文化是否具有普适性、是否能在当代体现出价值的自证。与其抱怨译事艰难,人才稀缺,不如进一步开放国际化人才培养的途径与思路,让新人带着文化的承载,走自己的路,一如百年前出走南洋的那些勇者。

四

东南亚在地理、历史和文化方面呈现出的多样性令学者们很难对这一区域进行整体评价,中国古代文化经典在东南亚的传播这一论题也是如此。暹罗早在1802年就翻译了全本《三国演义》,并在此后一个多世纪里保持着对中国文学较为持续的关注,而缅甸则迟至20世纪80年代才有了成规模的中国古典文学的翻译成果。这也是为什么苏尔梦博士、饶芃子教授等前辈学者选择以国别为序的专论论集形式来描述中国小说、中国文学在亚洲及东南亚的传播的原因。我们在选编和组稿的过程中仍然延续了这一做法,以东南亚国别划分的专论文章构成了论集的主体。这些专论文章或是针对某一文学体裁,或是针对某部影响较大或是深具特色的经典作品进行研究探讨。此外,对马来西亚、老挝、缅甸等国另撰有综论文章,对该国的中国经典传播进行总体的描写。学术前辈的成果历历在目,而这部论集的成绩大概在于提供了一些尚称翔实的一手资料,大致勾画出了中国经典在东南亚传播的轮廓。而研究路数或宏观或微观,大致不出翻译研究的范畴。

这部论集旨在形成以东南亚国别为单位的基础性描写。浏览这段文化传播历史之余,当然还有许多令人掩卷沉思的话题:为什么历史小说成为东南亚多个国家翻译的热点?东南亚国家对中国的儒、释、道传统文化做了怎样的选择取舍?

---

① 龙应台:《什么是文化》,http://www.aisixiang.com/data/6025.html,2005-03-09。

为什么《红楼梦》全译在印度尼西亚和泰国难觅,反而在缅甸得以一枝独秀?……要解答这些问题,还需要我们在国别研究的基础上,进行区域内的深度研究和比较研究。

文化交流,兹事体大。能以客观的眼光看待自身和他者,对我们而言是一切的起点。

(白淳,北京外国语大学亚非学院)

第一章 越南

1900—1930年中国明清小说在越南的翻译与出版

中国和越南之间的交流历史可以追溯到秦朝以前,在中越两国的历史材料中都有很多这方面的记载。

中越两国的交流历史大致以公元10世纪中叶为分界点分成两个阶段:越南独立前即北属时期的中越交流活动和越南独立后的交流活动。在前一阶段,由于越南尚处于中国的直接管理之下,因此,越南是在相对被动的情况下接受着汉文化的影响;在后一阶段,越南独立后,各朝各代的统治者依然选择用汉文化,特别是儒家文化来统治国家,因此,在这一阶段,越南比较主动地接受汉文化的影响。

回顾中越两国的交流历史,不论越南是被动还是主动接受汉文化的影响,不能否认的是汉文化对越南的影响是没有被阻断过的,是持续的。中国文化已经在越南留下了深深的烙印,渗透到了越南文化、生活的各个方面中。其中,越南文学也不可避免地受到了中国古典文学——从诗、赋到散文、小说的极大影响。

第一节 20世纪之前明清小说在越南的传播情况

在魏晋时期,中国已经出现了"志怪小说",经过几个朝代的发展,到明清时期,中国古典小说已经发展得十分成熟,出现了大批不朽的文学著作,而这些著作也通过各种途径流传到了越南。

一、20世纪之前明清小说传播到越南的途径

由于中越两国在历史上有着密切的联系,因此两国也常互派使者出访。正是这些使者在中越文化交流上起到了十分大的作用。通过查阅中国和越南的历史材料,我们可以发现,每次越南使者出访中国时,都会购买大量的中国图书回国,其中明清小说占有很大的比重。而这些小说不仅在越南得到了广泛的流传,并且对当地文化和文学创作起到了不可小觑的作用。如越南大文豪阮攸创作的喃字文学杰作《翘传》正是根据他出访中国时带回的清朝小说《金云翘传》改编创作而成。

可以说,这些使者为中国明清小说传入越南开辟了一条重要的传播途径。

图 1-1 阮攸像

图 1-2 阮攸著《翘传》封面

二、明清小说对 20 世纪以前越南文学的影响

中国明清小说深深影响了 20 世纪以前越南汉字与喃字文学的创作活动,有众多的越南作家或仿照明清小说或借用明清小说的题材,创作出了一部部优秀的文学作品。除上面提到的《翘传》外,还有根据明朝小说《剪灯新话》写成的《传奇漫录》、根据清朝小说《忠孝节义二度梅》写成的《蓼云仙》等。

第二节　1900—1930 年越南明清小说翻译风潮[①]

进入 20 世纪以后,在法国殖民统治下的越南,拉丁国语字逐渐取代汉字成为越南的通用文字。在越南本地学者的推动下,越南出现了将中国古典小说翻译成拉丁国语字的风潮。在此风潮的带领下,明清小说在越南得到了比以往更广泛、更深入的传播,并对越南的社会、文学创作产生了巨大的影响。可以说,越南文学现代化正是从用国语字翻译包括明清小说在内的中国古典小说开始的。

翻译中国古典小说的风潮是从越南南方开始的。1901 年 8 月 1 日,在越南西贡出版的报纸《农贾茗谈》发刊第一期上刊登了由法国主编卡纳瓦乔(Canavaggio)翻译的《三国志俗译》,并进行了连载。这是在越南出现的第一个《三国演义》国语字译本,从此,拉开了越南用国语字翻译中国古典小说风潮的序幕,在这些古典小说中,绝大部分是明清小说。而《农贾茗谈》也成为越南翻译中国小说的一个重要园地。

[①] 越南在历史上曾长时间使用汉字,所以在 20 世纪初流传到越南的明清小说多以汉字原文的形式进行传播。越南成为法国殖民地后,殖民当局开始推行一种被称为"国语字"的文字代替汉字。本文中所涉及的明清小说翻译是指用国语字对明清小说进行翻译的活动。

据中越两国学者的不完全统计①,到 1930 年为止,越南翻译了明清小说 72 部,共出版了 135 个不同译本(再版小说不计在内)。其中越南南方翻译了 32 部作品,共出版了 94 个译本。

单单从 1901 年到 1910 年的 10 年间,越南就翻译出版了 51 部明清小说译本(不包括再版)。在最初的四五年里,这种翻译活动都是零星出现的。到了 1906 年,一年就出版了 16 部明清小说。自此,明清小说翻译工作在越南蓬勃发展起来。在 20 世纪前 10 年里出版的这些翻译作品中,除了 1907 年潘继秉翻译的《三国演义》是在河内出版的,其余 50 部都是在西贡出版的。由此可见,中国明清小说在越南的翻译风潮是从越南南方开始的。

20 世纪前 30 年里,在越南南方翻译出版的明清小说中有历史演义小说(《三国演义》《东周列国志》《隋唐演义》等)、英雄传奇演义(《岳飞传》等)、神魔小说(《西游记》《封神演义》等)、公案侠义小说(《三侠五义》《绿牡丹》等),也有人情小说、才子佳人小说等,其中各类演义小说占据了大部分,并出现了多次再版、多人重译、多地出版的现象。然而,这一时期在南方翻译出版的作品中杰作很少,只有《三国》(1907 年)、《水浒》(1906 年)、《封神演义》(1906 年)、《西游记》(1914 年)几部而已。

在 20 世纪前 30 年里,全越南有 56 位译者参与了翻译明清小说的工作,这些译者有的翻译了一部小说,有的翻译了几部、十几部小说,也有几个人共同翻译了一部小说。他们大都是一些精通汉文与国语字,并担任当时一些报纸主编的人。在这些译者中,陈丰色(Trần Phong Sắc)、阮正瑟(Nguyễn Chánh Sắt)、阮安姜(Nguyễn An Khương)是这一时期的"南圻三大翻译家"②。他们翻译的范畴广泛,从诗、赋到小说,都有翻译,但翻译最多的仍然是小说,其中阮正瑟翻译了 19 部小说,陈丰色翻译了包括《封神演义》在内的 17 部小说。

---

① 数据统计依据:1.颜保:《中国小说对越南文学的影响》;2.[越南]裴德静:《1866—1930 南方与西贡的文学目录》;3.[越南]武文仁:《1945 年以前在胡志明市国语字文学》;4.[越南]阮圭:《19 世纪末 20 世纪初南圻国语小说形成过程初探》;5.[越南]刘红山:《〈三国演义〉的影响以及 20 世纪初南圻对该小说的接受》;6.美国哈佛大学、康奈尔大学等学校图书馆的藏书书目;7.笔者个人收藏的明清小说越南语译本。

② *Tam-hạp bửu-kiếm*, Trần Công Danh dịch, Sài Gòn: Imp.J.Nguyễn Văn Viết&Files, lời rao căn kíp.

第三节　越南明清小说翻译风潮出现的原因

一、法国殖民者为削弱中国对越南的影响推广国语字

1862年6月5日,潘清简和林维浃代表阮朝同法国海军少将普纳签订了丧权辱国的《西贡条约》。这个条约的签订,不仅使越南割让了边和、嘉定、定祥三省和昆仑岛给法国,并且也被迫打开了长期封闭的门户,开放土伦、广安、巴叻三港给法国、西班牙自由通商。这个条约的签订也意味着越南开始沦为法国的殖民地。

法国殖民者来到越南后,"为了消除越南人民的民族意识和民族文化,他们有意限制汉文化的传播和发展,而宣传西方的思想文化"①。他们妄图彻底切断越南与中国在文化上的联系,削弱中国对越南的影响。而消灭作为传播汉文化媒介的汉字就成为法国殖民者迫切要解决的问题。他们希望可以用传教士于17世纪时创造的拼音文字——国语字逐步代替汉字,之后再用法语替代国语字,以达到在越南法语化的目的。皮吉尼尔(Puginier)主教1887年5月4日在写给法国殖民大臣的信中建议道:

>……取缔汉字,首先用欧洲字母写的、称之为"国语"的安南字取代汉字。但此事只宜慢慢地、逐步地进行,以免触犯习惯于使用汉字的民众,出于政治上的考虑,为了避免冒犯中国,此事不宜张扬出去。并宜及早用欧洲字母拼写的他们自己的语言来教安南人,使他们能读会写。不需几年就可强制规定正式公文禁止用汉字写,须用本国文字来写,所有的公职人员都须学会读写用欧洲文字拼写的安南字。其实,教法语就会见效,使整整一代公职人员都学习我们的语言(法语)。也许经过20年或25年,我们将强制用法文来

---

① 何成轩:《儒学南传史》,北京:北京大学出版社,2000年,第365页。

写全部公文,这样即使不禁止学习汉字,汉字也必将会被慢慢地抛弃掉。

当实现了这样宏伟大略的一步,我们就可以从中国那里夺得在安南的很大一部分影响,而且仇视法国势力的安南儒士也将会慢慢地被清除掉。

这是一个具有重大意义的问题。在天主教的地位得到确立以后,我把取缔汉字连同先用国语字逐渐取代之,继而再用法文来取代的这样一个部署看成是实现在北圻建立一个远东的小法国的一种具有政治眼光又很实效的方案。①

为了达到上述目标,法国殖民者对越南的教育体系也做出了相应的调整,如在科举考试里有科目要用国语字作答;学校里的汉文课程大幅度减少,学生们升到高年级(第二级)后就不再学习中文,而法文和国语字的教育大幅度增加,使学生很快地掌握法文和国语字,而忘记了中文。

1880年开始,在越南南圻的乡村都出现了一些教授国语字的学校,并且规定升迁、工作等诸多事情都须通晓国语字。在推行初期,国语字被越南人特别是士大夫阶层所排斥,但渐渐地他们发现了国语字所带来的好处,他们认为使用国语字能使国家更加进步、社会更加文明。于是,他们开始接受并积极推广国语字。

然而在19世纪末的时候,西方的文化、书籍等都无法被越南人民接受,一是因为民众对侵略者的文化有抵触心理,二是因为东西方文化上的各种差异,这些都阻碍了国语字的普及使用。为解决这个问题,法国殖民者想到了以翻译中国文学作品吸引民众阅读,从而学习国语字的办法,有官员建议"如果我们用国语字代替安南语言翻译一些中国的基础或经典作品,那么人们将不再反抗学习用拉丁字母拼写的文字"②。这里十分讽刺的是,法国殖民者本是想通过普及使用国语字,从而切断越南在文化上与中国的联系,但是,毕竟中国文化已经在越南渗透了将近2000年,在他们推广越南国语字的过程中,仍然无法绕开中国文化。因此,明清小说的翻译成了法国殖民者推广学习国语字的途径,小说翻译潮的出现推动了国语字在越南的普及,而国语字的普及为明清小说读者群的形成又提供了基础。因此,20世纪初在越南出现的明清小说翻译潮与国语字的普及有着紧密的联系。

---

① Nguyễn Văn Trung: *Chữ, văn, quốc ngữ thời kỳ đầu Pháp thuộc*, Sài Gòn: Nam Sơn xuất bản, 1974, tr. 21–22. 本文中的译文引用的是马克承在《汉字在越南的传播和使用》一文中的翻译。

② Nguyễn Văn Trung: *Chữ, văn, quốc ngữ thời kỳ đầu Pháp thuộc*, Sài Gòn: Nam Sơn xuất bản, 1974, tr.109.

二、明清小说翻译潮在越南南方率先出现的原因

在越南北圻、中圻、南圻中,南圻受法国的影响最早也最深,南圻接受国语字的时间也要远远早于北方。在 19 世纪末的时候,国语字在南方就已经十分普及。19 世纪末,一些为法国人工作的越南人就开始着手用国语字翻译中国经典的工作,代表人物有张永记、张明记、黄净古三人。张永记用国语字翻译了"四书五经"等中国儒家经典及中国古诗,张明记则翻译了《诗经》(1886 年)并刊登在越南第一份国语字报纸《嘉定报》上,黄净古则是从《庄子》《战国策》《史记》《聊斋志异》等作品中摘译了部分作品合编成《解忧故事集》(1885 年)。这三位的共同点是认为国语字会给国家带来好处,并让国家进步、文明,因此他们希望通过各种手段寻找普及国语字的方法。他们将翻译中国经典作为普及国语字的方式:所选择翻译的作品大多是老百姓本已十分熟悉、符合老百姓审美爱好的作品,以让老百姓在快乐中学习国语字。

当时,越南南方的经济要强于北方,报业也得以较大发展。1865 年 4 月 15 日,由法国人发行的第一份国语字报纸《嘉定报》面世,此后陆续出现了《农贾茗谈》《南歧六省》等报纸。许多明清小说的翻译作品都是在这些报纸上首次面世,供广大读者消遣、娱乐的。

此外,越南南方居住着大量的华人,数量也远远多于北方,因此明清小说较早进入越南南方,并得到了一定的流传。

正是因为上述这些原因,20 世纪初的明清小说翻译潮从越南南方开始出现。

三、明清小说翻译作品畅销的原因

中国明清小说在越南的影响历史悠久。如上所述,越南 20 世纪以前的文学作品深受中国明清小说的影响,越南人民都十分熟悉明清小说中的内容和人物,甚至一些著名人物的名字都可以作为流行语在日常生活中使用。因此,明清小说无疑是最能被越南民众快速接受的文学翻译作品。

在刚刚开始使用国语字时,由于越南本国的小说创作几乎还是一片荒芜,没

有什么像样的作品出现,因此中国明清小说自然比本国的小说更能吸引读者。这也是为什么很多越南作家选择先翻译明清小说后创作的原因。

另外,越南南方人,"特别是西贡人血管里流着那种英雄侠义的血液"①,明清小说中演义小说、侠义小说十分受南方人的欢迎。而小说中捍卫的忠、信、义的传统道德,也得到了南方读者赞同。因此明清小说逐渐成为越南南方人民的精神食粮。

由于明清小说的读者群稳定,译作都有着良好的市场,因此,为了满足读者的需求,出于一定的商业目的,译者争相翻译。这也是一本畅销书往往有几个人重复翻译的原因。比如《三国志》(即《三国演义》)就在1906年和1911年分别由阮安康和阮正瑟翻译出版,《东周列国志》是在1911—1930年间先后四次被四位译者翻译(1911年、1914年、1928年、1929年),《万花楼起义》《北宋演义》《五虎平南》《五虎平西》《反唐演义》《说唐演义》等在1900—1930年间都曾被多位译者多次翻译出版。

在20世纪初,"明清小说的译作出版大概占据了书籍市场一半的份额"②,可以说,那个时候明清小说走入了每个越南人的家庭,对越南人的生活、文化、语言都产生了巨大的影响。

第四节 1900—1930年越南翻译明清小说的特点

第一,在20世纪前30年里,越南明清小说翻译潮的出现主要是为了服务于国语字的发展与普及,同时满足公众阅读的需求。翻译的作品以通俗类的明清小说为主。值得说明的是,这一时期翻译的明清小说题材与20世纪以前翻译的明清小说有很大的区别。在20世纪以前,在越南流传的明清小说以才子佳人题材为主,而这段时期翻译的明清小说主要以侠义和历史小说为主。这些作品都是老

---

① Vũ Hạnh, "*Nghĩ về sự ham đọc các sách truyện Trung Hoa của người Sài Gòn*", Tạp chí Văn(1973), tr. 24.
② Tôn Thất Dụng, *Sự hình thành và vận động của thể loại tiểu thuyết văn xuôi tiếng Việt ở Nam Bộ giai đoạn từ cuối thế kỷ XIX đến 1932*, Hà Nội: uLận án tiến sĩ, 1993, tr. 52.

百姓十分熟悉的内容,因此得到了老百姓的欢迎。

第二,通过中国明清小说更好地传存传统文化,向那些不精通汉文的阶层传播传统文化,在传统和现代之间搭建桥梁。越南历史上长期使用汉字和喃字作为国家的通用语言,但因为两种文字的复杂性等原因,一直没有得到普及。为了更好地保存传统文化,在翻译时,译者常常会选择翻译那些有着忠孝、节义、刚直等优秀道德传统的小说,在介绍传统文化的同时,在传统和现代之间搭建桥梁,并兼具一定的教育作用。一些翻译作品中还会添加注解和评论,以方便公众理解作品。

第三,20 世纪初,明清小说翻译到越南后,读者散布在各个阶层,不分职业、不分城市还是农村,大家都被明清小说深深吸引,这也足以看出明清小说在这个时期对于越南社会的影响是十分广泛和深入的。

第四,进入 20 世纪后,越南报业和出版业的发展为明清小说译本的刊登与出版提供了便利的条件。当时,明清小说的译本大都是在报纸上连载,或印成单行本,受到欢迎后才印成书出版。这种形式更加接近老百姓的平常生活,对于国语字的传播也起到了很有利的作用。另外,正是因为以连载、单行本的形式与读者见面,所以译文的文字须简练、生动、口语化,这对日后越南语言的发展也起到了一定的推动作用。这些明清小说的翻译作品,因书中人物及所体现的忠孝节义等传统思想十分贴近越南人民的情感需求,因此受到越南人民的喜爱,也由此开始对国语字产生了亲切感。

第五,这一时期明清小说译本的语言简练、朴实,接近老百姓的生活口语。以黄净古的《解忧故事集》为例,在故事集中有 112 篇选译自《聊斋志异》,其中大部分为因果、劝善惩恶的故事。为了使故事好读、易懂,黄净古将原文改成符合越南百姓习惯的民间叙事形式,并使用南方平民的日常口语将故事讲出,使人们毫无困难地接受这些中国故事。

以往很多的中越学者认为,在 20 世纪初期所翻译的中国明清小说,常常只是翻译原作的大意或是主要故事情节,以便读者理解,并不忠实于原作,"读者也并不注意译文是否准确,对这些作品是否忠实于原作也并不关心"①。但笔者在比对《东周列国志》《绿牡丹》《三侠五义》《粉妆楼全传》等15部小说的译本后发现这些译本内容翻译准确翔实,除有译本将原作中的诗歌省略不译外,基本都将原作的内容完整地翻译了出来。这些译本的语言都十分贴近老百姓的日常口语,很好理解。使用简单的口语来翻译中国明清小说多多少少都会降低作品本身的艺术价值,但却有利于越南本地读者对中国明清小说的接受,这也大大加快了中国小说在越南的传播与普及。

第六,1900—1930年出现的明清小说翻译潮为日后越南国语字文学的发展提供了很好的养分,建立了良好的基础。越南国语文学的发展、越南文学的现代化正是从翻译开始的。这一时期的很多翻译家也是优秀的作家,他们大都经历了翻译到仿作再到创作的过程。

结　　语

综上所述,在1900—1930年,越南翻译了大量的中国明清小说。这些明清小说在越南受到了民众的欢迎,盛行一时。越南人民通过阅读这些小说,加深了对中国文化的了解。这些小说也深深影响了20世纪初越南人民的生活及国

(王嘉,北京外国语大学亚非学院)

---

① Tôn Thất Dụng, *Sự hình thành và vận động của thể loại tiểu thuyết văn xuôi tiếng Việt ở Nam Bộ giai đoạn từ cuối thế kỷ XIX đến 1932*, Hà Nội: uLận án tiến sĩ, 1993, tr. 51.

第二章 老挝

老挝文《三国时期的政治》与中文《三国演义》的比较研究

罗贯中的《三国演义》是中国文学史上第一部长篇小说,也是中国历史演义小说的经典之作,描述了蜀、魏、吴三个政治集团之间的政治和军事斗争。凭借其波澜壮阔的历史画面、扣人心弦的故事情节、生动传神的人物形象,《三国演义》不仅在中国家喻户晓,还被翻译成多种文字,在多个国家流传。作为中国的近邻,老挝学者也对三国故事进行了翻译。目前可查的老挝文三国故事有两种版本:一为宋帕万·因塔冯(Somphavan Inthavong)于1974年翻译整理的《三国时期的政治》(*Kan Meung Sa Mai Phaen Din Samkok*);一为占梯·德安沙万(Chanthy Deuansavanh)翻译的《三国节选》(*Samkok Khad Chon*),曾连载于1994年9月16日至30日、10月1日和10月7日的《新万象报》,后来在1998年4月至12月及1999年全年《芦笙之声》杂志上连载;根据译者个人的兴趣(参见北京外国语大学陆蕴联老师的采访记录),该译本主要介绍了关于曹操的部分故事,不是情节连贯的译本。本文侧重分析宋帕万·因塔冯的《三国时期的政治》,试图从翻译目的、文本内容、叙事结构和艺术特色等方面,对《三国时期的政治》和中文《三国演义》进行比较研究。

第一节　译者介绍

《三国时期的政治》的译者为宋帕万·因塔冯。除了翻译该书,该作者还翻译了《知己知彼,百战不殆——解读〈孙子兵法〉》。宋帕万·因塔冯于1936年2月27日出生于首都万象,1941—1947年在法国殖民主义者于万象开办的学校上小学,1948—1951年在国内读中学,1954年赴法国巴黎深造,1961年25岁时成为首位获瑞士土木工程文凭的老挝人,1971年在法国获博士学位。他精通法语、英语,自学过越南语、汉语和俄语。1972年开始写作,1994年曾用英语撰写 Notes on Lao History。宋帕万·因塔冯1975—1997年任国会议员,1996年起任老挝作家协会副主席,1998年任老挝总理府部长兼国家审计署署长,现已退休。

第二节　翻译目的

"翻译是转换承载信息的语言,即把一种语言承载的信息用另一种语言表达出来。"[①]关于翻译的目的,各派学者观点不一。弗米尔的翻译目的论认为:"……翻译是以原文为基础的有目的和有结果的行为,这一行为必须经过协商来完成。翻译必须遵循一系列法则,其中目的法则(skopos rule)居于首位,也就是说,译文取决于翻译的目的。"[②]一些翻译评论家则认为,古典文学作品的翻译是为了促进

[①] 王德春:《语言学通论》,南京:江苏教育出版社,1990年,第570页。
[②] 冯修文、严大为编著:《实用文体翻译》,上海:上海交通大学出版社,2012年,第7页。

文化交流。《三国时期的政治》一书，从书名和主体内容来看，中文《三国演义》的"演义"一词在《现代汉语词典》中的解释是："以一定的历史事迹为背景，以史书及传说的材料为基础，增添一些细节，用章回体写成的小说。"老挝文版本《三国时期的政治》书名突出了"政治"，虽然译者在前言开篇即注明："事实上，《三国时期的政治》一书不仅是一部政治小说，也是一部集军事、社会和外交于一体的小说。"但从全书的内容来看，政治军事谋略被放在一个极为突出的位置。接着，译者在前言中写道："然而，虽然历经了 1700 年，三国时代的种种政治军事阴谋，今天却依然被老挝的邻国所借用。因为这个国家还没有放弃封建主义和君主制。贵族阶级依然如三国时期一样争权夺利，尔虞我诈。正因为如此，三国故事值得一读，它将提醒我们关于还未在这个世界消亡的封建主义的卑鄙。"译者在正文中提到："对于还在争取国家稳定的老挝而言，这是一个值得吸取的重要政治经验。我们绝不能支持战争在我国的土地上爆发，因为这样将导致我国失去支柱，从而被外国占领，或者成为邻国的殖民地。我们应该坚定反对战争和建立和谐的目标。"①回顾历史，老挝于公元 1353 年建立澜沧王国，曾是东南亚最繁荣的国家之一。1707—1713 年逐步分裂成琅勃拉邦王朝、万象王朝和占巴塞王朝，导致国力衰微，1779 年到 19 世纪中叶逐步为暹罗征服，之后又相继被多个国家殖民。该书翻译于 1974 年，译者的目的并不在于古典文学作品的引进，而在于"别求新声于异邦"(鲁迅语)，以古论今，为我所用。

第三节　文本内容

老挝文版《三国时期的政治》不是完整的《三国演义》翻译版本，虽然一些主要情节都得到了体现，如桃园三结义、斩黄巾、貂蝉戏吕布、三英战吕布、三顾茅庐、草船借箭、赤壁之战等，但综观全书，译者不但从篇幅上将《三国演义》原文的 120 回缩短为 45 回，全书内容只翻译到原文的第六十七回，即"曹操平定汉中地"

---

① Somphavan Inthavong, *Kan Meung Sa Mai Phaen Din Samkok*, Vientiane, Bakbasa Press, 1974, p.76.

一节;细节内容也进行了较多删减和改编。可以说,该译本是译者对原著的一次再创造。"再创造是译者对原作的内容与形式的审美把握。"①作者使用的改编方式大致有以下几种:拆分和合并章回、调整情节顺序、情节改写、情节简写和情节省略。

一、拆分和合并章回。原文第一回"宴桃园豪杰三结义 斩黄巾英雄首立功",译文则分成了几回,分别讲述各个故事,如第三回"黄巾军",第四回"招纳贤士讨伐黄巾",第五回"豪杰三结义"。在《三国演义》中,赤壁之战是全书最重要、规模最大、人物最集中的战事。赤壁之战的描写一共用了八回,即从第四十三回到第五十回,"诸葛亮舌战群儒 鲁子敬力排众议","孔明用智激周瑜 孙权决计破曹操","三江口曹操折兵 群英会蒋干中计","用奇谋孔明借箭 献密计黄盖受刑","阚泽密献诈降书 庞统巧授连环计","宴长江曹操赋诗 锁战船北军用武","七星坛诸葛祭风 三江口周瑜纵火","诸葛亮智算华容 关云长义释曹操",译文只用了一回"曹操兵败于周瑜"。从题目来看,原文多次提到诸葛亮在这次战争中发挥的重要作用,生动形象地勾画出一个智谋超人的诸葛亮形象,如"诸葛亮舌战群儒""孔明用智激周瑜""用奇谋孔明借箭""七星坛诸葛祭风""诸葛亮智算华容"。译文题目则重点突出了三国中的两位国主及此次战事的结果。这种命名方式在该译文中俯拾皆是,如"曹操攻打刘备""袁绍再次攻打曹操""曹操攻打马超""孙权设计灭刘备"等等。

二、调整情节顺序。如"赵子龙单骑救主"一节,中文《三国演义》的情节为赵云战胜夏侯恩得青釭宝剑,继而糜夫人投井托孤,之后曹操惜才下令活捉赵云,赵云因此得以携后主逃生。译文将曹操惜才下令活捉赵云一情节挪到了最前面,其后才提到赵云战胜夏侯恩得青釭宝剑和糜夫人投井托孤。在赵云与刘备会合之前,仅以一句话过渡,"然后上马杀敌,突出重围,到达刘备处"②。此处的改编不太符合逻辑,纵使赵云再神勇,也难以在兵败之后以一敌众冲出敌人的包围圈,更何况还抱着一个孩子。

三、情节改写。如"关云长义释曹操"一节,中文《三国演义》的情节是,关云

---

① 郑海凌:《文学翻译学》,郑州:文心出版社,2000年,第219页。
② Somphavan Inthavong, *Kan Meung Sa Mai Phaen Din Samkok*, Vientiane, Bakbasa Press, 1974, p.211.

长跟孔明谎称"关某无能,因此被他(曹操)走脱",孔明料到"此是云长想曹操昔日之恩,故意放了",因此"既有军令状在此,不得不按军法","遂叱武士推出斩之"。最后是刘备求情,"昔吾三人结义时,誓同生死。今云长虽犯法,不忍违却前盟。望权记过,容将功赎罪"。孔明这才饶了关云长性命。译文的情节是,关云长曾许诺,若不能擒得曹操的首级回来,将以自己的首级代之。因此,放走曹操以后,他想以自杀实现自己的诺言。拔剑之际,孔明抢下剑阻止他,说道:"此次我们让你去截杀曹操,本意就在于让你报答他的恩情。所以,我们不会问罪于你的。你以自杀来实现自己的诺言,实在是难得的忠臣啊!"①

四、情节简写。简写是译本《三国时期的政治》用得较多的手法。如庞统投奔刘备一节,《三国演义》细致地描写了庞统与刘备的对话和庞统的心理活动,尤为详细地叙述了庞统任耒阳县令时的种种奇事,先是故意"不理政事,终日饮酒为乐",待刘备大怒,派张飞前去调查情况时,"宿酒未醒,尤卧不起",之后却"不到半日,将百余日之事,尽断毕了",直至"飞大惊"时,庞统方才拿出荐书。这些生动详细的细节描写和一段离奇故事的叙述,使庞统这个形象立体丰满。相比之下,译文只用了几句话进行概括:"庞统前往投奔刘备时,恰逢孔明外出。刘备见庞统不曾行礼,心里多有不悦。再仔细打量时,只觉得庞统相貌丑陋,愈发不满。这就是人的外貌的重要性啊。但不管怎样,之后当刘备得知庞统的卓绝才华,且孔明也回到城中时,还是向庞统道歉并拜他为军师,地位与孔明相当。"译者完整地叙述了刘备拜庞统为军师的大致经过,只是省略了"刘备得知庞统的卓绝才华"的过程,这样的简写并不影响读者对全书内容的理解。

五、情节省略。由于译文的篇幅较之原文相差悬殊,除了简写,译者还省略了许多内容。以神怪描写为例,虽然书评者褒贬不一,但此类描写在《三国演义》中所占的分量却是不容置疑的。如预示吉凶祸福的神怪描写,以原书第九回中描写董卓将亡的段落为例,先写"那马咆哮嘶喊,掣断辔头",次日,"正行间,忽然狂风骤起,昏雾蔽天",当夜,听闻一群孩子在郊外悲切地唱歌:"千里草,何青青!十日卜,不得生!"译文以两句话叙述了这个事件:"天子下诏,欲见董卓,以行赏赐。当董卓入朝时,吕布及众大臣蜂拥而至,杀死了董卓。"次日清晨,"忽见一道人,

---

① Somphavan Inthavong, *Kan Meung Sa Mai Phaen Din Samkok*, Vientiane, Bakbasa Press, 1974, p.228.

青袍白巾,手执长竿,上缚布一丈,两头各书一'口'字"。又如"七星坛诸葛祭风"一节,吴蜀联盟,共同抗魏,万事俱备,只欠东风。周瑜急火攻心,"口吐鲜血,不省人事",诸葛亮自称"曾遇异人,传授奇门遁甲天书,可以呼风唤雨",其后建一高九尺的"七星坛",按苍龙、玄武、白虎、朱雀六十四卦布旗布人,诸葛亮则"沐浴斋戒,身披道衣,跣足散发","焚香于炉,注水于盂,仰天暗祝"。将近三更时分,果然"霎时间东南风大起"。译文则用解释性的语言叙述了这一事件:"孔明精通天文气象知识,所以可以预测起风的时间和方向,从而协助周瑜烧毁了曹操大量连在一起的船只。"译文对这些神怪描写的省略应该是有考虑的。因为神怪描写大多与民间文化关系密切,而老挝读者对这些中国特色的民间文化并不熟悉,很难理解其中深意。译者省略这样的情节,避免了过于晦涩的描写,有利于读者流畅地阅读全书。但由于删去了某些内容,艺术性会受到一定的影响。比如译文省略了大家耳熟能详的"七星坛诸葛祭风"一节,诸葛亮神机妙算的智慧形象和故事的浪漫主义色彩受到了一定程度的削弱。

第四节　艺术特色

《三国时期的政治》整体风格为历史小说,但带有话本的性质。在第三十九回庞统的故事中,译者叙述了刘备因庞统相貌丑陋而没有重用他后,评论道:"这就是人的外貌的重要性啊。"①第十五回,在叙述刘备接纳吕布之后,译者添加了自己的评论:"接纳吕布就像在鸡笼中养了蟒蛇。吕布一定会以忘恩负义来报答刘备的好意。因为从吕布平素的所作所为可以看出,他从来不记得谁的恩情。"②原文中并没有这样直接描写的句子,而是通过大臣之口说出来:"吕布乃虎狼之徒,不可收留;收则伤人矣。"译者这样的处理让人读起来颇有些在茶馆听评书的现场感。

---

① Somphavan Inthavong, *Kan Meung Sa Mai Phaen Din Samkok*, Vientiane, Bakbasa Press, 1974, p.244.
② Somphavan Inthavong, *Kan Meung Sa Mai Phaen Din Samkok*, Vientiane, Bakbasa Press, 1974, p.65.

为了拉近与读者的距离,在《三国时期的政治》中译者还插入了一些跟老挝实际情况有关的解释。如译本第十六回中介绍当时中国各诸侯国情况时,译者做了一个对比:"谈及那个时期中国各城邦的疆域,我们可以先想想中国幅员多么辽阔。因此,各个城邦的面积可能比同时期的老挝和越南都大。"①这种与身边事物相联系的方式,虽不合乎翻译的要求,但的确能让老挝读者感觉到亲切。又如第二十四回中,大臣指鹿为马一节之后,译者写道:"大臣们指鹿为马的故事,跟老挝古典小说《西沙瓦》中的一个场景如出一辙。大臣们说乌鸦粪很甜,尽管大家实际上都觉得苦得要命。因而那帮大臣被戏称为乌鸦粪大臣。"②此外,译者还在某些用词上实现了地方化的转译。如第三十五回中形容青釭宝剑的锋利,译者用"削铁如香蕉"③替代了原文的"削铁如泥"。关于香蕉的俗语是老挝语中较常见的,如中文的"瓮中捉鳖"一词,对应的老挝语却成了"塞香蕉入嘴"。这些转译是基于文化背景及自然环境的差异而做出的合理调整。若按原文直译,则会使处于不同文化背景下的老挝读者感到困惑。因此,考虑到贴近读者的心理,译者进行了变通。虽然某些地方在一定程度上削弱了原文的文化意蕴,但总体上还是方便了读者的理解。

第五节　叙事结构

从叙事结构来看,老挝文《三国时期的政治》基本采用章回体的形式,但回末省略了"……如何,且看下文分解"的句子。回与回之间的衔接不像原著那样紧密。略举一例,原文第四十二回结尾处的情节为:"鲁肃遂别了玄德、刘琦,与孔明登舟,望柴桑郡来。"第四十三回开篇即衔接道:"却说鲁肃、孔明辞了玄德、刘琦,登舟望柴桑郡来。"译文中相对应的内容在第三十五回到第三十六回,没有承上启下的句子,给人以独立故事的错觉。

---

① Somphavan Inthavong, *Kan Meung Sa Mai Phaen Din Samkok*, Vientiane, Bakbasa Press, 1974, p.74.
② Somphavan Inthavong, *Kan Meung Sa Mai Phaen Din Samkok*, Vientiane, Bakbasa Press, 1974, p.130.
③ Somphavan Inthavong, *Kan Meung Sa Mai Phaen Din Samkok*, Vientiane, Bakbasa Press, 1974, p.211.

从每回的标题来看,原文标题详尽且富于动态,如第一回"宴桃园豪杰三结义 斩黄巾英雄首立功",第二回"张翼德怒鞭督邮 何国舅谋诛宦竖",第三回"议温明董卓叱丁原 馈金珠李肃说吕布",这样的题目"更加突出人的主体性,由历史人物所引导出来的历史事件,展现出富于动态的叙事风格"①。译本《三国时期的政治》的标题大多较为扁平化,如第十回"十八路诸侯讨伐董卓",第十四回"曹操攻打吕布",第二十九回"刘备遇到好人",等等,历史人物与事件之间的联系被淡化了,事件也被剪枝去叶,只留下一副躯干。虽然这样改编使行文较为平淡,但故事情节却更加清晰。

第六节 《三国演义》及中国其他文化经典在老挝流传的前景

中国古代文化经典被翻译成老挝文的屈指可数,目前可掌握的仅有《三国演义》《孙子兵法》和《西游记》,分别被译为《三国时期的政治》与《三国节选》,《知己知彼,百战不殆——解读〈孙子兵法〉》和《孙悟空》。而且大多从别国文字间接翻译,精华流失较多。原因是多方面的:其一,印度两大史诗《罗摩衍那》和《摩诃婆罗多》很早就被介绍到老挝,并出现了许多版本的翻译和各种艺术形式的改编,这与印度和老挝两国古典文化的契合是分不开的。中老两国文化却存在较大的差异,因此,中国古典文学作品在老挝民众中难以达到如印度两大史诗一样的接受度。其二,早期到达老挝的华人华侨文化素质较低,近代的又以经商为主,对促进中国古典文学在老挝的传播影响有限。其三,老挝知识分子识读泰文的能力较强,而泰国对《三国演义》的翻译史较长,译本也很多,这样可能造成老挝知识分子的文化依赖。

尽管如此,一些学者对中国文化在老挝的传播持较为乐观的态度,如:"可以说在不久的将来,中国文化对老挝的影响会更加深刻和广泛,老挝将迎来中国学

---

① 赖志钧:《〈三国演义〉史传叙述模式的研究》,台北:政治大学,硕士学位论文,2005 年,第 64 页。

研究的热潮。"①"在拥有了大量的语言人才和较强的语言能力的条件下,中老两国翻译界一定有能力将代表中国传统文化的古籍经典较为详尽准确地翻译为老挝文,让老挝人民也能够欣赏和分享中国文化的博大精深和无穷魅力。"②笔者却对此存在一定的疑虑。首先,虽然近些年来两国学习对方语言文字的人不在少数,但多出于外交和经贸目的,因而没有时间也很难投入精力潜心研读厚重的中文古典文学作品,更不用说进行耗时耗力的翻译了。其次,虽然现在语言学习者众多,但对两国语言造诣皆深者实属凤毛麟角,难以胜任对语言能力要求很高的文学翻译。再次,老挝目前的读者群较小,开展大型文学作品翻译活动的动力不足。因此,笔者认为,中国古典文学作品在老挝的传播还需要较长的时间和艰辛的努力。

结　　语

从以上几个重要方面的对比来看,译本《三国时期的政治》和《三国演义》原文相比,基本保留了主要情节,去除了某些修饰成分,必要的时候进行了高度地方化的语句转换,并加入了一些个人注解,有利于读者的接受。已翻译部分情节较为完整,但行文不够生动和饱满。当然,我们不能以此否定该译本的成就。无论译者当初翻译的目的如何,这是《三国演义》首次被翻译成老挝文,从而为三国故事在老挝的流传创造了更好的契机,也为中老文化的交流架起了新的桥梁。

(李小元,北京外国语大学亚非学院)

---

① 陆蕴联:《老挝的中国学研究及汉语教育》,《亚非研究》(第3辑),北京:时事出版社,2010年。
② 李锷:《〈西游记〉缩写版本——〈孙悟空〉在老挝的翻译和传播》,《亚非研究》(第5辑),北京:时事出版社,2011年。

《西游记》缩写版本——《孙悟空》在老挝的翻译和传播

第一节 中国古籍经典在老挝的传播情况

中国和老挝是山水相连的友好邻邦。有信史可考,中老两国人民之间有着近2000年的传统友谊和相互交流的历史。最早可追溯到《竹书纪年》中记载的(周成王十年,前1054年)"越裳氏来朝",一些学者认为越裳即今天的老挝。由此可见,早在3000年之前两地人民就有了往来。明清时期,中国和老挝均多次互相遣使、互赠礼品,并且逐渐有了贸易往来,主要是中国商人携带蚕丝、绸缎、瓷器、烟草、盐及其他日常用品深入老挝内地进行贸易,换回老挝的安息香、象牙、犀角、藤等土特产。长期的贸易交往过程中,有的商人就在老挝当地娶妻生子,并定居下来。据史料记载,自明永乐年间(1403—1424年),中国人已经开始侨居老挝。明末清初,侨民数量逐渐增加。除了商人,还有一些华人是因为逃亡、避难等各种原因而迁居到老挝生活的,例如:反抗清代的"改土归流"政策及太平天国时期苗民抗清斗争失败而迁入老挝的苗族、瑶族。这些中国移民的迁入给老挝带去了中国先进的生产技术、生产工具和优秀的传统文化,他们同当地人民一起在老挝生存繁衍,虽然经历了漫长的历史变迁,但是从现在老挝的语言、服饰、风俗习惯等方面,还能寻觅到中华文化的印记。

中老两国之间的相互交流是如此历史悠久、影响深远,但是中华文化宝库中最璀璨的明珠——中国古籍经典在中老两国近2000年的交流史上却难觅踪影,目前能找到的在老挝流传的中国古籍经典是少之又少,大多是于20世纪70年代后期才被老挝学者翻译成老挝文的,例如:《孙悟空》(Sun Ngo Khong)、《三国时期的政治》(Kan Meung Sa Mai Phaen Din Samkok)、《三国节选》(Samkok Khad Chon)、《知己知彼,百战不殆——解读〈孙子兵法〉》(Hou Khau Hou Hao,Hoy Hob Bo Phai—Khai Khwam Tam La Som Kham Sun Wu)等。中老两国之间有着如此悠久和深入的友好交流历史,为什么中国古籍经典在老挝的传播却刚刚起步呢?究其原因,大致有以下几点:

第一个原因是老挝国家统一的历史较短,14世纪法昂王统一老挝全境,创立了老挝历史上第一个统一的封建集权制国家——澜沧王国。之前老挝大地出现的多为城邦小国,生产力落后、国力衰弱,屡屡遭受邻国的入侵,文化的发展受到了很大的遏制。这些小国在与中国的交往中更注重的是生产技术和经验的学习和使用,而非更高层次的文化古籍经典的引入与学习。

第二个原因是近代的老挝连年战乱,遭受过多个国家的侵略和统治,民不聊生,政治、经济、教育等方面的发展受到很多破坏和制约,无暇顾及文化方面的交流和积累。

第三个原因是近现代老挝民族解放运动中,越南及苏联对老挝的影响较大,多为意识形态方面的影响,这期间老挝引进并翻译了大量的苏联和越南的文学作品。相比之下,中国在那个时期对老挝的影响很小。到了现当代,随着传播媒体的高速发展,中国文化开始慢慢进入老挝社会,但大多是以娱乐为主,体现在中国电影、电视剧、歌曲在老挝广泛传播,家喻户晓。

第四个原因是老挝国民总体教育水平落后,全民素质有待提高,对于外国纯文学作品的需求很少,尽管有一部分知识分子接触并欣赏这类文学作品,但也由于在本国没有传播的土壤而无力广为传播。

第五个原因是现在中老双方的交流侧重于经济贸易等有实际利益的方面,比如水力电力开发、矿产资源开发、铁路建设等方面的合作交流很多。文化交流方面也多为教育、艺术方面的交流,比如互派留学生、艺术团体相互访问交流等。而两国之间文学作品的引进、翻译、学习、研究等方面的交流很少。

第六个原因是相较于泰国、马来西亚和印度尼西亚,老挝的华侨影响力小,无暇也无力推动中华文化在老挝的传播。老挝地处内陆,交通不便,较为封闭,以前在老挝的华侨大多经营小本生意,他们本身的文化素质和在老挝的社会地位都不高,没有足够的经济实力和文学修养来大力推动中国古籍经典在老挝的传播。

以上种种原因造成了直到20世纪70年代后期才有老挝学者把有限的几部中国古籍经典引入并翻译成老挝文,使其在老挝得以流传。下面以老挝文版的《孙悟空》(《西游记》的缩写版本)为例,分析中国古籍经典在老挝的翻译和传播情况。

第二节 《西游记》缩写版本——《孙悟空》在老挝的翻译和传播情况

一、老挝文版《孙悟空》的译者介绍

将《西游记》翻译为老挝文的译者是老挝作家占梯·德安沙万(Chanthy Deuansavanh)。占梯·德安沙万于1940年10月6日出生在老挝北部川圹省。他从1953年开始参加革命。1955年毕业于越南小学四年级,之后在老挝教育部担任打字员。1957年担任时任老挝宗教与艺术部部长富米·冯维希(Phumi Vongvichid)的打字秘书。1959年老挝爱国战线领导人苏发努冯(Souphanouvong)被捕入狱后,他曾为其送过饭和情报。1961年他被选派到越南河内学习新闻专业,毕业后到巴特寮广播电台工作。1963年担任《老挝爱国战线报》总编。1969—1970

年再次被选派到越南学习创作专业。1971—1972年被派到万象平原从事敌后工作。1973—1975年被派往越南担任巴特寮通讯社驻越南的代表。1976年被召回老挝担任《人民之声报》和巴特寮通讯社的副社长,1979年担任上述报社的代理社长。1990年10月老挝作家协会成立,他出任秘书长,同年创办了老挝作家协会的刊物《芦笙之声》。2002年5月22日老挝作家协会召开第三次代表大会时,他当选老挝作家协会主席。现已退休,但仍担任老挝作家协会主席职务。

占梯·德安沙万从20世纪60年代开始从事文学创作,1965年他以亲身的经历为蓝本创作了他的第一篇短篇小说《革命的光芒》,1970年又将其改写成中篇小说《生活的道路》,后来又创作了《生活的道路》第二部、第三部续集。《生活的道路》6次再版印刷,并被老挝教育部选为初中、高中的革命文学教科书。1975年小说《生活的道路》被翻译成中文,在中国出版发行。除了《生活的道路》,占梯·德安沙万还创作出版了三部短篇小说集,收录了他的177篇短篇小说和回忆文章。占梯·德安沙万曾多次获得文学奖,如2001年的东南亚文学奖、2007年9月的河内湄公河奖等。此外,他还多次获得各类奖章,如自由勋章、劳动奖章、老挝人民革命党及老挝人民军奖章等。

占梯·德安沙万是目前翻译中国作品最多的老挝作家,除了《西游记》,他还翻译过《三国演义》和《红楼梦》,但遗憾的是他翻译的《红楼梦》手稿在战争年代被敌机炸毁了。他的夫人有中国血统,因而他对中国有着特殊的感情,对中国传统文化也有很深的了解和认知。他特别欣赏和喜爱中国古典文学作品。凭借作家独特的审美角度和深厚的文字功底,占梯·德安沙万把优秀的中国古典文学作品翻译并传播到老挝,为中老两国的文化交流,尤其是起步较晚的两国文学作品交流做出了很大的贡献。

二、译者对作品的选取

我国古代四大名著之一的《西游记》被缩写并翻译成老挝文版的《孙悟空》在老挝广泛流传,深受老挝人民喜爱。这一方面显示了我国古籍经典在国外,尤其是在周边国家有着较大的影响力;另一方面,在中国众多优秀的古籍经典中,老挝学者选取《西游记》作为翻译的对象,并使之在老挝得到广泛传播,这在很大程度上是受到印度史诗《罗摩衍那》(Ramayana)的影响。由于最早传入老挝的外国文学经典作品——印度史诗《罗摩衍那》在老挝社会中有着很深很广的民众基础，而老挝文版《孙悟空》和印度史诗《罗摩衍那》无论是作品的内容、人物，还是作品隐含的宗教、文化因素等都有一定的相似性，译者从老挝民众对于外来文学作品的接受度方面考量，把《西游记》作为翻译对象不失为一个比较恰当的选择。

公元 1 世纪初期，随着婆罗门教和大乘佛教的传入，印度的文学作品也随之传入老挝。老挝的许多古典文学作品就取材于当时传入的印度文学作品。对老挝文学产生巨大影响的《罗摩衍那》已经成为老挝古典文学的一个重要组成部分。《罗摩衍那》传入老挝后，被改编为老挝文版的《帕拉帕拉姆》(Palapalam)，得到广泛的传播。《帕拉帕拉姆》讲述的是佛祖托生为罗摩后发生的故事。除了文本，《罗摩衍那》的故事被改编为老挝传统舞剧，在民间演出，深受民众喜爱。《罗摩衍那》的故事情节还以壁画形式出现于老挝寺庙，如古都琅勃拉邦的香通寺、万象的乌蒙寺等。由此可见《罗摩衍那》在老挝是一部雅俗共赏、家喻户晓的文学作品，具有较强的知名度和传播力。

之所以说印度史诗《罗摩衍那》对《西游记》缩写版——《孙悟空》在老挝的广泛流传产生了极大的影响，是因为《罗摩衍那》中的神猴哈奴曼这个英雄形象在老挝民众心目中有着崇高的地位。《西游记》的老挝文版本被命名为《孙悟空》，而且每一册中也都着重翻译了《西游记》中与孙悟空相关的段落，这是因为老挝译者将《西游记》中的孙悟空理解成了《罗摩衍那》中的神猴哈奴曼，在中国也有不少学者认为孙悟空形象中含有哈奴曼"血缘"。《罗摩衍那》中的神猴哈奴曼在老挝已经拥有了广泛的受众群体，这为《西游记》在老挝的传播铺平了道路。另一方面是因为印度史诗《罗摩衍那》是一部充满了宗教色彩的小说，文本中频繁出现"天国""天宫""三昧""功德""牟尼"等宗教词汇。而《西游记》也是一部充满了宗教色彩的作品，其中的很多宗教词汇对于笃信佛教的老挝人民来说并不陌生，比较容易理解，也非常能够引起老挝读者的共鸣。

三、译作与原著的内容比较

《西游记》被誉为是一部具有丰富内容和光辉思想的神话小说。那些离奇古怪的故事情节里面融合了中国古代文化三大主流——儒、佛、道的思想精粹,其中广博的知识涉及政治、经济、军事、文化、禅、易、医、巫等,非常博大精深。可以说,《西游记》是一部集中国古代文化思想之大成的文学作品。《西游记》原著共有一百回,包括了唐僧师徒四人的出身传和降魔传,着重描述了师徒四人在十四年的时间里,历经千辛万苦,战胜各种妖魔鬼怪,终于到达西天,取回真经的故事。原著描写的唐僧、孙悟空、猪八戒和沙僧是四个生动鲜活、性格各异的人物,四个人物都有自己的优点和缺点,对孙悟空也并非一味地歌颂。整部作品是用魔幻的手法在描写现实的人类社会,直到今天人们对这四个人物的评价也是褒贬不一、不尽相同。原著中不但对师徒四人进行了详细的描写,各路神仙、妖魔鬼怪也个个都是有血有肉有个性的鲜活形象,这些人物的描写在读者眼前呈现出了一个缤纷绚丽、包罗万象的大千世界。

老挝文版的《孙悟空》正式出版发行于2007年,共三册。第一册是加插图的故事,共45页。第二册、第三册为连环画形式,均为94页。老挝文版的三册《孙悟空》从故事情节上来看并没有连续性,第一册和第三册的部分内容还有重复。第一册讲述了孙悟空出世、拜师学艺、自封美猴王、闹龙宫夺金箍棒、出任弼马温一职、大闹天宫、被如来佛压于五指山下、拜唐僧为师、收服猪八戒和沙僧、战胜金角大王和银角大王、过火焰山、到达西天、取得真经的简要故事,概述了《西游记》的主要内容,文字描述非常简略。第二册讲述了唐僧师徒四人在取经路上战胜红孩儿的故事,属于《西游记》中的一个故事,文字描述很详细。第三册讲述了孙悟空大闹龙宫夺金箍棒、出任弼马温一职、大闹天宫、被如来佛压于五指山下,和第一册部分内容重复,但文字描述比第一册详细。

从内容上看,老挝文版的《孙悟空》对原著《西游记》的内容进行了大量的删减,虽说每册译本节选的内容不一样,但都是以孙悟空为主线来展开,对他进行了大量的描写,其他人物都成了配角。原著中的孙悟空生性机敏、勇敢、忠诚、疾恶如仇,在中国文化中已经成为了机智与勇敢的化身,但仍然是一个优缺点并存的人格化的人物。而在老挝文版的《孙悟空》中,孙悟空这个形象除了具备原著赋予的优点,还俨然成了一个无所不能的完美的英雄人物,其他角色的存在只是为了烘托孙悟空的英雄形象。可见《西游记》在老挝学者翻译过程中被节选并更名为《孙悟空》,符合当时老挝民众呼唤英雄、崇拜英雄的心理需求,也符合他们对这类小说固有的认识定式,即对某位英雄人物超现实主义的歌颂和描写。这种对原著进行节选翻译的做法虽然有利于作品在老挝社会被迅速接受,并得到广泛传播,但却无法忠实于原著,不能把原汁原味的《西游记》经典名著完整地呈献给老挝人民,让他们品鉴、学习博大精深的中国文化。这是值得中老两国的学者共同关注和努力解决的问题。

四、本土化的翻译手法

原著《西游记》将善意的嘲笑、辛辣的讽刺、严肃的批判等巧妙结合的写作特点使得作品不仅生动有趣、引人入胜,还意味深长。《法国大百科全书》说:"全书故事的描写充满幽默和风趣,给读者以浓厚的兴味。"从19世纪开始,《西游记》就被翻译为日、英、法、德、俄、泰等多种文字流传于世。老挝文版《孙悟空》于20世纪70年代末期翻译完成,于2007年正式出版发行。

从翻译手法分析,老挝文版《孙悟空》最大的亮点在于译者采用了本土化的翻译方法,在词语的选择和使用方面都颇具老挝古典文学的色彩。《西游记》是一部优秀的神话小说,老挝的古典文学作品中也有大量的神话传说,《西游记》原著中出现了许多富有神话色彩的词语,比如各路神仙的名称、法术、武功、兵器等,译者都巧妙地将这些词语做了处理,找到了相对应的、贴切的老挝词语,这让老挝读者非常容易接受和理解,有助于译本在老挝的广泛传播。同时,《西游记》也是一部充满了宗教色彩的作品,其中有很多的佛教词语,比如"天宫""佛""菩萨"等。对于笃信佛教的老挝民众来说,这些都是他们听经念佛时或是在日常生活中时时会听到、说到的词语,译者在对这类词语的翻译上更是信手拈来、运用自如,使老挝读者在阅读时不会有任何的文化疏离感。可以说,是中老两国宗教、文化上的一些相似点和《西游记》原著的写作特点让老挝文版《孙悟空》的本土化翻译成为了现实。

尽管如此,还是有一些具有中国韵味的词语,由于语言和文化的差异,老挝译者无法做到准确体会和传神翻译,比如唐三藏、猪八戒、弼马温等词,老挝译本中都用了音译的方式,这样读者就不能体会到词语背后所蕴含的深层含义。

老挝文版的三册《孙悟空》都是配有文字解释的插画故事或连环画,虽然这些插图很生动有趣,但是在文字描述上,删节了许多原著的内容,并且用词简单直白,使得老挝文译本更像是一套浅显易懂的儿童读物。造成这种结果的原因,除了上面提到的老挝译者从作品受众的角度来考量,还有一个原因是译者占梯·德安沙万不懂中文,他是参考泰语和越南语的《西游记》文本来完成老挝文版《孙悟空》的翻译工作,这不可避免地会造成对原著认识和理解上的偏差。但这部老挝文版《孙悟空》的出现还是为中老两国文学作品的交流开创了先河,起到了很好的示范作用。

五、老挝文版《孙悟空》在老挝的传播情况

老挝文版《孙悟空》于 2007 年正式由老挝国家出版发行社出版发行,每册发行了 1000 本,共计 3000 本。在老挝由于受经济条件和民众购买力的限制,图书的发行量都不大。但这并不妨碍老挝人民对图书的阅读,会有一部分正式出版发行的书籍被分配到各个图书馆、大中小学校等,供大家借阅。浅显易懂的文字、丰富多彩的内容、生动有趣的图画让老挝文版《孙悟空》迅速在老挝流传开来,成为深受老挝人民喜爱的文学作品。作品中的人物和情节已经深入老挝人民心中,成了人们茶余饭后的聊天话题。

第三节 中国古籍经典在老挝传播的前景展望

一、中老两国都有文学作品交流的意愿

中国和老挝两国人民自古以来在很多方面就有交流与合作。近年来,两国在政治、经济、军事、文化、卫生等多个领域的友好交流与合作更是得到了不断地深化。随着两国在上述领域交流与合作的加深,两国在文学领域的交流和合作也在日益加强。

类似《孙悟空》这样的中国文学作品在老挝的翻译和传播，是中国传统文化在老挝传播的重要途径，也是让老挝社会深入了解中国传统文化和社会思想的重要载体。这种以文学作品为载体向外界传播中国文化、让世界深入了解中国文化的方法是比较温和的，而且是行之有效的。这也是中国一直在做并且会长期坚持做下去的外宣工作。

目前，在老挝的教育界、文学界也有很多知识分子逐渐意识到吸收和借鉴外来文学经典对于本国文化提升和本土文学创作有着巨大的推动作用，他们正在积极地进行对外国优秀文学作品的引进和翻译工作，其中当然少不了对中国古籍经典的引进和翻译。

二、中老两国都在积极培养具有较强的翻译能力的人才

在老挝，随着中老两国各方面交流合作的加深，两国高层互访频繁，中国企业大量到老挝投资开发，每年有大量老挝留学生到中国学习深造，孔子学院也在老挝设立了分校。两国的频繁交往在老挝社会掀起了势不可当的汉语热，许多老挝年轻人从小就开始接受汉语教育，汉语水平非常高，对中国的文学作品也非常感兴趣。

在中国，随着外交政策的发展和变化，国家越来越重视非通用语种的学科建设，对非通用语种教育的扶持力度不断加大。目前，我国有老挝语专业的大专院校在不断增加，北京外国语大学、洛阳解放军外国语学院、广西民族大学、云南民族大学等院校都设有老挝语专业。这些院校的老挝语专业拥有高水平的教师队伍、丰富的教学经验和高质量的学生来源，这使得近年来我国老挝语的教学和研究水平都有了突飞猛进的提高，为国家培养了大批的优秀老挝语人才。

在拥有大量的语言人才和较强的语言能力的条件下，中老两国翻译界一定有能力将代表中国传统文化的古籍经典较为详尽准确地翻译为老挝文，让老挝人民也能够欣赏和分享中国文化的博大精深和无穷魅力。

可以说，在不久的将来一定会有更为全面详尽的《西游记》译本和其他中国古籍经典译本在老挝得到广泛的传播。

（李锷，北京外国语大学亚非学院）

评析老挝文《知己知彼，百战不殆——解读〈孙子兵法〉》

第一节 《知己知彼，百战不殆——解读〈孙子兵法〉》译本内容

目前，《孙子兵法》被译成老挝文的仅有《知己知彼，百战不殆——解读〈孙子兵法〉》(*Hou Khau Hou Hao, Hoy Hob Bo Phai—Khai Khwam Tam La Som Kham Sun Wu*)一书。本书1991年由老挝国家出版发行社出版。译作者是宋帕万·因塔冯(Somphavan Inthavong)。

《知己知彼，百战不殆——解读〈孙子兵法〉》全部为手写稿，共287页。从第一篇的《计篇》一直到第十三篇的《用间篇》，每章都有译文，然后就原著的主要内容进行解释、评析并举例说明。例如，第一篇在译文之后，着重解释"道""天"

"地""将""法"的真正含义,并列举经典案例进行剖析,如引用《三国演义》第四十四回孙权决计破曹操、越王勾践采纳大夫范蠡制定的兴越灭吴九术的故事等来说明。译本所列的案例甚为丰富,如表 2-1 所示:

表 2-1 《孙子兵法》老挝文译本各篇引用名言及案例

序号	经典名句	经典案例
1.《计篇》	"利而诱之"——敌人贪利,就用小利引诱他。	金牛的故事:春秋战国时期,秦惠文王利用蜀王贪图小利的特点,借口说要送给蜀王玉彩金牛,但苦于道路不畅。于是蜀王征调全国青壮年、士兵去劈山开路,结果秦军沿着这条山路杀了进来,素有"天府之国"之称的蜀国落到秦国手里。
2.《作战篇》	"兵贵胜,不贵久"——用兵打仗贵在速胜,不宜旷日持久。	《战国策·秦策二》的坐山观虎斗:韩国与魏国连年打仗,不分胜负。秦惠文王听从大臣陈轸的意见,等韩、魏两败俱伤时再出兵讨伐,结果获得了胜利。
3.《谋攻篇》	"上兵伐谋"——最好的用兵方法是以计谋使敌屈服[①]。	虞诩添灶退敌兵:东汉元初二年(115 年),在东汉与羌族的战争中,武都太守虞诩决定先用假象分散羌军兵力,然后乘机突破崤谷天险,进占赤亭,直逼武都。在行军过程中,虞诩让官兵不断垒锅灶,羌军追到虞诩休息、做饭的地方,看到锅灶日益增加,以为汉军的援兵到了或者是附近郡县的军队和虞军合在一起了,不敢再追。虞诩利用计谋击退西羌,赤亭之战成为以少胜多的著名战役。
	"乱军引胜"——扰乱自己的军队,使敌人得胜。	岳飞抗金故事:从 12 世纪 20 年代起,黄河南北、两淮之间,掀起了轰轰烈烈的抗金战争。12 世纪 30 至 40 年代初,岳飞领导的军队在抗金战斗中收复了中原的很多失地,消灭了金军的有生力量,使金军发出了"撼山易,撼岳家军难"的哀叹。但是,外敌难以撼动的岳家军,却遭到了南宋朝廷内部投降派的摧残,遭受到奸臣秦桧等的陷害。金军不费吹灰之力,又把中原土地夺了回去。

---

① 周传荣:《孙子兵法导读》,厦门:厦门大学出版社,2008 年,第 42 页。

（续表）

序号	经典名句	经典案例
4.《形篇》	"先为不可胜，以待敌之可胜"——先创造条件，使敌人无法战胜自己，然后等待和寻求敌人可能被战胜的时机。	后燕开国皇帝慕容垂之子慕容农起兵打败石越：383年，前秦皇帝苻坚在伐晋的淝水之战中大败。384年，后燕人慕容农列人起兵，苻坚之子苻丕知道后，便派石越率步骑万余人前来攻打。慕容农看到石越士兵穿戴铠甲威严整齐，担心自己的士兵看到害怕，于是命令军士严阵以待等到天黑再进攻；看到石越军队装备精良，士兵众多，却不乘刚刚到达的锐气而进攻，反而立下栅栏加强防御，慕容农就知道他成不了什么事了。结果天快黑的时候，慕容农带领军队呼喊而出，越过栅栏攻了进去，后大败前秦军队，斩杀了石越。
5.《虚实篇》	"能使敌人不得至者，害之也"——能使敌人不能前来的，是牵制危害了他①。	《三国演义》第七十一回"占对山黄忠逸待劳 据汉水赵云寡胜众"：赵云、黄忠火烧天荡山曹操屯粮地。

---

① 黄葵：《国学大讲堂（孙子兵法导读）》，北京：中国国际广播出版社，2008年，第116页。

(续表)

序号	经典名句	经典案例
6.《军争篇》	"朝气锐,昼气惰,暮气归"——开始作战时士气旺盛;过一段时间,士气逐渐懈怠;到后来士气就衰竭了。	齐鲁长勺之战:前684年,齐桓公派兵攻鲁,当时齐强鲁弱,两军在长勺相遇。鲁军按兵不动,齐军三次击鼓发动进攻,均未奏效,士气低落。之后鲁军一鼓作气,打败齐军,获得了长勺之战的胜利。
	"以静待哗"——以自己的沉着镇静应对敌人的喧噪不安。	唐攻窦建德虎牢之战:在此次战役中,唐军按兵不动,两军相持月余,结果窦建德的军队不耐久候,人心思归,秩序大乱。这时唐军予以反击,以三千铁骑直冲敌营,一举击败窦建德。
	"军争为利,军争为危"——军争有利也有弊。"以逸待劳"——用自己部队的安逸休整来对付疲于奔命的敌人。	1806—1812年的俄土战争:俄国总司令库图佐夫故意把俄军撤至多瑙河左岸,迫使敌人脱离基地兵分两路,然后巧妙地实施机动,转入进攻,在斯洛博齐亚合围并击溃了4万土军。

(续表)

序号	经典名句	经典案例
7.《九变篇》	"圮地无舍"——在难于通行之地不可驻扎。	土木之役(1449年):明英宗朱祁镇亲征蒙古瓦剌,在土木堡(今河北怀来东南)突遭瓦剌军围攻,明军主力退至四面环山、水源缺乏的土木堡。瓦剌军控制了堡南的唯一水源,明军兵马饥渴难熬。结果未经几战明军即全军大溃,死伤数十万,英宗被俘。
	"途有所不由"——有的道路不宜通过。	马援取道壶头山:47年,南方武陵武溪蛮暴动,汉光武帝派老将马援前去征剿。当部队到下隽时,有两条路可走,一是经壶头山,一是经充县。经壶头山,路近,但山高水险;经充县,路远,但道途平坦。马援率军进驻壶头山。蛮兵据高凭险,紧守关隘。因水势湍急,汉军船只难以前进。加上天气酷热难当,马援的好多士兵得了暑疫等传染病而死,马援自己也身患重病,最终抱恨于壶头山上。
	"城有所不攻,地有所不争"——有的城池可以不攻,有的地盘可以不争。	李渊攻取长安之战:李渊权衡两种意见,即先攻下被固守且久攻不克的河东,然后再进入关中或迅速直捣关中,各取其长,分兵两路,留诸将围攻河东,自己率领李建成、李世民大军攻取长安。关中各支武装纷纷投降李渊,关中局势得以稳定。
	"无恃其不来,无恃其不攻"——不要寄希望于敌人不会来,不要寄希望于敌人不会进攻。	北宋时期宋军灭南唐后主李煜:浮桥渡江,围城打援。

(续表)

序号	经典名句	经典案例
8.《行军篇》	"处山之军"——在山地行军作战的处置原则。	《三国演义》第九十五回"马谡拒谏失街亭 武侯弹琴退仲达";第九十六回"孔明挥泪斩马谡 周鲂断发赚曹休"。
	"处水上之军"——在河川地带行军作战的处置原则。	潍水之战:汉王三年(前204年)九月,汉大将军韩信率军数万与20余万楚齐联军对峙于潍水两岸。韩信率军乘夜在潍水上游以沙袋垒坝塞流,拂晓,韩信亲率一部兵力渡河进攻,随又佯败退回西岸。楚齐联军以为汉军怯弱,率军渡河追击。汉军乘其渡河决坝,河水直下,将楚军分割在潍水两岸。汉军乘势迎击西岸楚军。东岸联军见势溃散。汉军乘胜追歼,平定齐地。潍水之战是楚汉时期重要的一场转折性战役。
	"处平陆之军"——在平原地区行军作战的处置原则。	岳飞收复襄阳等六郡之战:1134年,南宋派岳飞率军攻打襄阳城,伪齐大将李成自恃兵力数倍于宋军,违背步兵利险阻、骑兵利平旷的兵法常规,轻率布阵,左列骑兵于襄江岸边,右列步卒于旷野。岳飞洞察李成阵势漏洞后,采用以步兵制骑兵、以骑兵击步兵的战法,向伪齐军发起进攻,伪齐前列骑兵惊溃,将后列骑兵拥入江中,步卒死者更多,横尸20余里,李成率余部夜遁。岳飞没有使用什么计谋,只是根据地形的特点用兵就赢了这场战斗。

(续表)

序号	经典名句	经典案例
9.《地形篇》	"进不求名,退不避罪"——进不求战胜的功名,退不回避违命的罪责。	《后汉书》中记载:在刘秀统一天下的过程中,任征西大将军的冯异为刘秀平定关中立有大功,但从不居功自傲。当其他将领在一起互相争功时,冯异则独自在树下,并不与其争功,得到了"大树将军"的美名。冯异作战勇敢,常为先驱,善用谋略,料敌决胜,治军严明,关心民瘼,东汉创业,功不可没,实为一代良将。
	"视卒如婴儿,故可与人赴深溪;视卒如爱子,故可与人俱死"——对待士兵像对待婴儿一样,士兵就会跟他共赴患难;对待士兵像对待爱子一样,士兵就会跟他同生共死。	吴起的"父子兵法":战国时期的魏国大将吴起在做将军时,成立了一支"父子军",他很注意情感的运用,和最下层的士卒同衣同食。士卒中有人生疮,吴起就用嘴为他吸脓。在魏二十六年时,"曾与诸侯大战七十六,全胜六十四",既会统兵又善治国。
10.《九地篇》	"并敌一向"——集中兵力朝敌人一点进攻。	萨尔浒战役:明清之际的一场重要战役,也是集中优势兵力各个击破、以少胜多的典型战例。面对明军四路围攻,努尔哈赤采取了李永芳的"凭你几路来,我只一路去"的作战方针,集中八旗兵力,打歼灭战。
	"兵之情主速,乘人之不及,由不虞之道,攻其所不戒也"——用兵之法贵在神速,乘敌人措手不及的时机,走他预料不到的道路,攻他没有戒备的地方。	后唐灭后梁之战:923年,后唐庄宗李存勖乘后梁分兵北进、大梁空虚之机进行长途奇袭汴州(今河南开封)灭梁。

第二节 译本特色

一、内容丰富

《知己知彼,百战不殆——解读〈孙子兵法〉》不是纯粹地翻译原著的内容,而是翻译了原著之后,配有导读并举例说明。

在译文部分,编译者用大字号粗体字来突出一些自己认为重要的句子,如《计篇》中的"道""天""地""将""法""势者,因利而制权也",《作战篇》中的"兵贵胜,不贵久",《谋攻篇》中的"乱军引胜""知彼知己,百战不殆",等等。

在导读部分,为了使读者深刻理解原著内容,作者还与老挝的风俗做比较。例如:《计篇》的导读中解释了什么是"庙算",编译者写道:"在古代的中国,国家凡遇战事,都要告于祖庙,议于庙堂,这是中国的天神保护的一种信仰,与古代老挝的瓦西勐寺的功能一样。"在导读中,除了解释原著中重点句子的含义,还就个别词语用梵语或巴利语加以解释,如在《九地篇》中用老挝语解释道:中文的"军事力量"一词在老挝语中是由梵语的"军队中的人"和"权力,强大"两组单词构成。在解读原著较重要或难理解的语句时,编译者常用英语或法语做比照,如在解释《军事篇》中的"四治"时,比较了1905年P.F.Calthrop的译本和1910年Lionel Giles的译本,并把英语译法写出来,加注老挝文。

在举例说明部分,编译者共举了32个案例。这些案例涉及中外著名的战争,其中中国的古代战争几乎涉及每个朝代,有的案例详细,描写生动。有的案例中的故事并不是按中国史书上记载的顺序直译,而是编译者根据自己的理解,或打乱顺序或去掉人物对话,概括地介绍,如在《行军篇》中把《三国演义》第九十五回"马谡拒谏失街亭"和第九十六回"孔明挥泪斩马谡"的相关内容提取出来描述。有的案例还加上编译者的评论或看法,如在案例"武王伐纣"的最后,分析了周武王胜、纣王败的原因等。

二、译文通俗流畅、达意

虽然《孙子兵法》是古文,但译文读起来通畅,接近原意,对于老挝语学习者来说,译本是很好的学习用书。译本中丰富的案例所涉及的中国历史故事及地道的语言,对学习老挝语的中国学生来说,也是很好的知识积累和语言学习的素材。

三、译本对原著的解释、理解较为透彻

如上所述,编译者为了让读者领会原著的含义和思想而使用各种方法,如用英语、法语对照或用词语构成、来源来解释等。所有这些都充分表明了编译者对原文的理解具有一定的深度。例如:在《孙子兵法》现存十三篇中最长的一篇——《九地篇》中除了对重点句子如"兵之情主速,乘人之不及,由不虞之道,攻其所不戒也""并敌一向,千里杀将"等进行解释,还对"九地"进行详细的剖析。编译者解释道:"散地是指在本国境内作战之地。孙武说'不要在散地战斗',因为在散地作战,战场离家近,士兵容易逃亡、溃散去找自己的妻儿,军队就涣散。然而孙武又指出,一旦非要在散地作战,'一定要团结一心,同心同德'。"从这段描述我们可以看出,编译者是真正地理解了原著。

除了上述的特色,译本还在版面的空白处插上一些人物画、山水画或战争画面等,共9幅。虽然这些插画与文中内容无多大关系,但读者可以从插画中了解中国古人的衣着穿戴,领略中国的风光,感受中国古代战争场面的气氛,加深对中国的了解。

第三节 《孙子兵法》被译成老挝文的原因分析

一、中国古老的文明、璀璨的精神财富得到老挝及世界学者的认可

老挝著名诗人、作曲家、政治活动家西沙纳·西山(Sisana Sisane)在为译本写序言时写道:"全世界都公认中国广袤的大地是世界文化与文明的发祥地。几千年前,中国先民就知道了冶炼、造纸、印刷技术,发明了火药、指南针等。中国古人还发现了哲学规律,在数学、艺术、文学、军事等领域都有令人惊叹的、了不起的著作。……虽然宋帕万·因塔冯博士专攻其他专业,但他非常关注国内外的知识及文化遗产,认为这些文化遗产非常宝贵,老挝国人应该了解并加以利用。"

从上述的描述中,可以看出中国的文明与文化同样影响了老挝——经济文化等各方面都比较落后的东南亚唯一的内陆国家。为译本写序的西沙纳·西山在老挝是一位很有威望和影响力的领导和学者,经历丰富,担任过很多领导职务。西沙纳·西山1956年起就被选为老挝爱国战线中央委员,历任老挝爱国战线机关报《老挝爱国报》社长兼总编辑、老挝爱国战线文化协会主席、老挝爱国战线中央文工团团长、老挝爱国战线中央宣传教育委员会副主任。当过巴特寮通讯社社长,曾经是老挝宪法修改委员会成员、老挝保卫世界和平委员会和老挝亚非人民团结委员会的代表。1975年12月老挝人民民主共和国成立后,任宣传、新闻、文化和旅游部部长。1977年为老挝人民革命党中央候补委员;1977年12月任老挝人民革命党机关报《人民之声报》总编辑。20世纪40年代开始诗歌创作,以写短诗和歌词为主,同时谱曲,主要作品有《爱老挝》《老中友谊之歌》等。

二、《孙子兵法》在世界影响广泛且深远

"《孙子兵法》是世界上流传时间最长、传播范围最广、历史影响最大的兵学圣典。"①孙武被尊为"武圣人",《孙子兵法》被推崇为"世界第一兵家名书"。②"全美著名大学中,凡教授战略学、军事学课程的无不把《孙子兵法》作为必修课。"③世界上重要的工具书例如英国的《不列颠百科全书》等都介绍了《孙子兵法》。

在亚洲,"日本是国外研究《孙子兵法》最早、研究者最多、成果相对最丰富的国家"④。"《孙子兵法》在韩国不仅是畅销书,而且是常销书","在越南各大电视台,常年热播中国影视剧,其中就有十集的动画片《孙子兵法》。在新加坡、马来西亚、印度尼西亚、泰国等国,《孙子兵法》在民间很受推崇。"⑤

在欧美国家,"《孙子兵法》的西传,以法国神父约瑟夫·阿米欧在1772年于巴黎翻译出版的法文'中国军事艺术'丛书为最早。历史上第一部《孙子兵法》英译本由英国皇家炮兵上尉卡尔思罗普于1905年在东京发表。1910年,英国汉学家贾尔斯译的《孙子兵法——世界最古之兵书》在伦敦出版。1910年,布鲁诺·瑙瓦拉译为德文的《中国的武经》在柏林出版。到了现代,世界上许多国家都有《孙子兵法》的不同译本"。"(20世纪)70年代后期特别是80年代,美国对《孙子兵法》的研究运用已相当普遍深入。"⑥

如今,国外对《孙子兵法》的研究应用已从军事领域遍及政治、经济、文化、外交、体育等各领域。广大政治家、哲学家、文学家、历史学家,甚至连企业家、商人等也争相研读《孙子兵法》。《孙子兵法》已渗透到了人们的政治文化生活之中,"知己知彼,百战不殆"已成为人们的口头格言。

---

① 李军章、张景伦:《世界兵书——〈孙子兵法〉》,《走向世界》2003年第5期。
② 赵嘉朱主编:《〈孙子兵法〉在国外(1949年1月—1992年1月)》,北京:新华出版社,1992年,第294页。
③ 翟擎振编著:《一代兵圣——孙子》,北京:华侨出版社,1996年,第188页。
④ 程庆中主编:《实用兵法奇谋与方略》,北京:军事译文出版社,1992年,第40页。
⑤ 《〈孙子兵法〉在海外影响巨大应用广泛》,《滨州日报》2011年9月20日。
⑥ 戚文、周铁强等:《孙子兵法十讲》,上海:上海人民出版社,2007年,第171页。

在这种大背景下,《孙子兵法》被译成老挝文是很容易理解的。

三、译作者对《孙子兵法》的了解和喜爱

译作者在前言写道:"在唐朝(734年),日本奈良时代著名的遣唐留学生吉备真备把《孙子兵法》带回日本,之后开办专门教授《孙子兵法》的学府。当时研究《孙子兵法》的达50余人。据说,由于把《孙子兵法》运用于实践,战后的日本迅速崛起并成为当今世界强大的经济实体。孙武的战略观点同样影响了中国的世世代代,例如三国时代的曹操、诸葛亮、南宋时的岳飞,以及其他军事学家。法国、英国、俄罗斯、德国等都把《孙子兵法》译成本国语言。1988年英国霍德·斯托顿出版社出版的《孙子——战争艺术》的序言中有一段写道:'我深信,如果我们的政治和军事家读过这本非凡的兵书,越南事件就不会是这个样子,朝鲜战争也不会失败……'。"

从前言可以看出,译作者曾经看过很多关于《孙子兵法》的介绍,领悟到了《孙子兵法》的真谛,体会到了《孙子兵法》的伟大,编译者自己对孙武的军事理论也给予高度评价和赞美。他在《九地篇》中写道:"瑞士军事家A.H.若米尼(又译约米尼)发现的其本人认为是'世界独一无二'的'把军队的大部分兵力集中到战争区或作战地区决定点上去的战略',实际上就是孙武的'并敌一向'的理论,而孙武的理论要比若米尼的理论早两千多年。"

四、译作者具备相当的翻译写作能力

译作者宋帕万·因塔冯1936年2月27日出生于首都万象,1941—1947年在法国殖民主义者于万象开办的学校上小学,1948—1951年在国内读中学,1954年赴法国巴黎深造。1961年,他25岁时成为获瑞士土木工程文凭的老挝第一人;1971年在法国获博士学位,精通法语、英语,自学过越南语、汉语和俄语。1972年开始写作,他曾用英语撰写 Notes on Lao History(1994年)。曾担任过老挝作家协

会副主席,退休前为老挝总理府部长兼国家审计署署长①。

我们从上面的生平介绍了解了译作者出生在首都万象,从小受到很好的教育,这是非常难得的。我们知道,1893年开始,法国入侵老挝以后对老挝实行殖民统治达半个多世纪。在法国殖民统治期间,由于法国统治者实行愚民政策和奴化教育,老挝的民族文化受到严重摧残,老挝的教育事业十分落后,文盲占全国人口的

图 2-1 《孙子兵法》老挝文版译者 宋帕万·因塔冯

95%以上,学龄儿童大部分不能上学。"1945年全国只有近180所启蒙学校(寺庙学校)、5所小学和1所中学,没有大学。只有少数王族子弟从河内或法国的大学毕业。1949年以前,老挝全国只有梭发那·富马和苏发努冯兄弟俩是工程师。"②译作者不仅在国内得到接受教育的机会,还能到国外深造直至获得博士学位,就是在今天的老挝,能获得博士学位的还是非常少。译作者当过作家协会副主席,这说明译作者爱好写作,具有相当强的写作实力。他1972年开始写作,1974年就出版了《三国时期的政治》,写作能力由此可见一斑。

第四节 对《知己知彼,百战不殆——解读〈孙子兵法〉》的看法

作为目前唯一一本《孙子兵法》的老挝文译本,《知己知彼,百战不殆——解读〈孙子兵法〉》对于老挝国人了解中国无疑是很有意义的。本书不仅解读了《孙子兵法》的内容,还列举了丰富的案例,说明译作者对中国尤其是三国时期的历史

---

① 陆蕴联:《老挝的中国学研究及汉语教育》,《亚非研究》(第3辑),北京:时事出版社,2010年。
② 董友忱主编:《万国博览·亚洲卷》,北京:新华出版社,1998年,第501页。

很有研究。译作者除了编译这本书,还编译了一本关于三国的书,名为《三国时期的政治》,此书出版于1974年。这两本著作都使读者感受到译作者的忧患意识,折射出其编译的目的。

《知己知彼,百战不殆——解读〈孙子兵法〉》应该是参考英译本和法译本来编译的,因为书中多处加注英语和法语。译作者本人并不精通汉语,所以在一些案例中难免有错误。例如:在列举"齐鲁长勺之战"之案例中,译文写的是前674年,而中国史书记载的齐鲁长勺之战是前684年;在举例"萨尔浒之战"中,编译者写道:"在中国明朝,1816年由于农民起义爆发导致内政交困,女真族建立金朝……",实际上中国的明朝存在于1368—1644年,金朝的建立是在1115年。"辽天庆五年(1115年)正月初一,完颜阿骨打称帝,建国号大金,立年号收国。"①"万历四十四年(1616年)正旦,努尔哈赤在赫图阿拉举行开国登基大典,自称'覆育列国英明汗',定国号为后金,建元天命。"②所以译本"金朝"的概念不清。另外萨尔浒之战发生在1618年,译本中写的"1816年"肯定是错误的。

由于译本里还使用一些未规范成现代老挝语的旧文字,对于那些不太了解老挝文字的变化规则的老挝语学习者来说,有可能看不懂或影响阅读速度。

总的来说,该译本除了个别地方漏译了原著内容,例如《作战篇》最后一句"故知兵之将,生民之司命,国家安危之主也"没有翻译,译文基本上是完整的,具有一定的研究和学习价值。译作者把中国古代的作品不仅译成现代老挝文,还进行细致的解释、评论,并列举大量的案例来说明,很是令人肃然起敬。

(陆蕴联,北京外国语大学亚非学院)

---

① 樊树志:《国史概要》,上海:复旦大学出版社,1998年,第296页。
② 李伯钦、李肇翔主编:《中国通史 明卷7》,南京:凤凰出版社,2012年,第234页。

中国古代文化经典在老挝的翻译与传播

第一节 中国古代著作及著名文学作品的老挝语译本内容及特点

目前在老挝能找到的译成老挝文且比较完整的中国古代文化经典有《孙子兵法》《三国演义》和《西游记》,译本分别为《知己知彼,百战不殆——解读〈孙子兵法〉》(*Hou Khau Hou Hao, Hoy Hob Bo Phai—Khai Khwam Tam La Som Kham Sun Wu*)、《三国时期的政治》(*Kan Meung Sa Mai Phaen Din Samkok*)、《三国节选》(*Samkok Khad Chon*)、《孙悟空》(*Sun Ngo Khong*)。

一、《知己知彼，百战不殆——解读〈孙子兵法〉》及《三国时期的政治》

1.《知己知彼，百战不殆——解读〈孙子兵法〉》

《孙子兵法》被译成老挝文的仅有《知己知彼，百战不殆——解读〈孙子兵法〉》一书。本书1991年于老挝国家出版发行社出版，全部为手写稿，共287页。从第一篇的《计篇》一直到第十三篇的《用间篇》，每章都有译文，然后就原著的主要内容进行解释导读、评析并举例说明。译文读起来通畅，接近原文；对于老挝语学习者来说，译本是很好的学习用书。在导读部分，为了使读者深刻理解原著内容，译作者还与老挝的风俗做比较或者用梵语或巴利语加以解释，有的用英语或法语做比照。为了使读者对每一篇的重点含义理解清楚，译本共举了几十个案例。这些案例涉及中外著名的战争，其中中国的古代战争几乎涉及各个朝代，有的案例详细，描写生动。有的案例中故事的经过不是按中国史书上记载的顺序直译，而是编译者根据自己的理解，或打乱顺序或去掉人物对话，概括地介绍。有的案例还加上编译者的评论或看法等。

2.《三国时期的政治》

《三国时期的政治》不是完整的翻译版本，全译本共有四十五回，主要翻译原著的重要情节，如：桃园三结义、十常侍乱政、斩黄巾、貂蝉戏吕布、三英战吕布、三顾茅庐、草船借箭、赤壁之战等。有的章回不是翻译原著的内容，例如译本的第十六回讲三国魏、蜀、吴的家族血统，原著中并没有。译本的内容也不是按照原著的顺序来翻译，例如：译本的第二十回，郭嘉对曹操提出的对袁绍开战的曹方的十胜和袁方的十败，原著中出现在第二十二回。译本的第四十五回的最后一段写的是"中国大地在司马懿的后裔手中完成了统一"，实际上本书仅写到曹操取得汉中之地，张鲁、刘璋覆亡，刘备占取荆州、益州及孙权讨要荆州而不得。译本写到218年左右就停下了，实际上《三国演义》的原著是写到了280年。在译本的结尾，曹操、刘备、孙权均还没有称帝，可以说真正的三国"魏、蜀、吴"并没有正式出现。综观整部译本，译者的意图是突出"政治"，所以偏重叙事，对人物的描述偏少，人物性格塑造不到位，个别有特色的故事也没有讲述。另外，对于一些人名如何进、董卓、公孙瓒、卢植等的音译经常前后不一致。关于各大主要战役战场的地理位置也没有很好地标注。但是，值得欣赏的一点是，许多原著中的话，作者不仅用大一号的字体进行了凸显，还对其推敲并较准确地翻译了。由于译本的地名和人名采用老挝华侨方言的音译，所以译者在译本的开头就一些主要的人物和地名的音译与标准普通话做了比照。

二、《三国节选》和《孙悟空》

1.《三国节选》

《三国演义》的另一译本是《三国节选》，译作者是老挝著名作家占梯·德安沙万。在对《三国节选》的译作者采访中得知，译者是参考越南语和泰语的译本译成老挝语的，也不是全文翻译，而是翻译自己感兴趣的精彩段落，曾连载于1994年9月16日至30日、10月1日和10月7日的《新万象报》，后来在1998年4月至12月及1999年全年《芦笙之声》杂志上连载。在每一节段的故事结尾配有人物插图。

译文一共有20多节段，主要内容有孟德献刀、李肃说吕布、连环计、凤仪亭、除吕布、桃园三结义、张翼德怒鞭督邮、三顾草庐、火烧博望坡、赵云截江夺阿斗、赵子龙单骑救主、张翼德大闹长坂桥、曹操割发代首、关羽约三事、辕门射戟、张飞醉酒失徐州、武侯弹琴退仲达、孔明挥泪斩马谡及见木像魏都督丧胆等。

《三国节选》选取的内容多是三国时期关键的、重要的人物，如曹操、孔明、关羽等。因为这些人物在老挝几乎是家喻户晓，这样译本能吸引住读者。虽然只有20多节段，但都独立成篇。为了使故事情节完整，有时一个节段需要把原著的几个章回的内容甚至不按原著的章回先后顺序进行提炼、删减。有的段落还加上译作者自己的具体描写，以增加故事的可读性和趣味性。译本翻译的段落多是有警示作用的或是老挝读者感兴趣的，有的还是历史典故。如《三国节选》中的第19段"吕布帮刘备"，译文内容实际上是中国历史典故"辕门射戟"的故事。

2.《孙悟空》

老挝文版的《孙悟空》是以连环画形式出现的，出版于2007年，共三册。第一册45页，一半是画，一半是大字号的粗体字老挝语。第二册、第三册均为94页，因为是连环画的形式,每幅画的一角只有短短的一句或两句话,所以译文的内容非常有限。从故事情节上来看,三册的内容没有连续性,而是独立成册,第一册和第三册的部分内容还有重复。

第一册讲述孙悟空出世、拜师学艺、自封美猴王、闹龙宫夺金箍棒、出任弼马温一职、大闹天宫、被如来佛压于五指山下、拜唐僧为师、收服猪八戒和沙僧、战胜金角大王和银角大王、过火焰山、到达西天、取得真经的简要故事,文字描述非常简略。第二册讲述唐僧师徒四人在取经路上战胜红孩儿的故事。第三册讲述了孙悟空大闹龙宫夺金箍棒、出任弼马温一职、大闹天宫当上齐天大圣、被如来佛压于五指山下等故事,和第一册部分内容重复,但故事情节较详细,描写较生动,有具体的人物对话等。

虽然译本《孙悟空》是连环画,但还是很有可读性,因为译者是老挝著名的作家,文字轻快易懂,遗憾的是书的印刷质量有缺陷,有的文字不清,还有出版物不该出现的多处拼写错误。书的封面是彩色图画,但正文的图画全是黑白的。

《孙悟空》译本的出现正像译作者自己在序言中说的:"为了响应国家开展全民读书活动的号召,为了丰富出版物,国家出版社收集国外一些好的像《孙悟空》这样在中国及外国都享有盛名的古老民间故事来出版……"作者之所以编译《孙悟空》,是因为作者认为孙悟空的故事是"经久不衰的、民间故事之最"。

当然,作者翻译孙悟空的故事还有诸多原因。孙悟空的形象如同印度史诗《罗摩衍那》中的神猴哈奴曼一样,活泼、调皮、机敏、勇敢、忠诚、疾恶如仇、神通广大。随着《罗摩衍那》在老挝的广泛传播,哈奴曼也深受人们的喜爱,在一些寺庙正门前常见到哈奴曼的塑像。可以说,哈奴曼在老挝几乎是家喻户晓,哈奴曼与孙悟空又有相似的特点,作者采取连环画的形式来展现,既迎合了儿童的阅读口味,又满足了初级读者的阅读需求。

3.译作者简介

占梯·德安沙万 1940 年 10 月 6 日出生于川圹省,1955 年于越南小学四年级毕业。1961 年被派到越南河内学习新闻专业。1963 年担任《老挝爱国战线

图 2-2　占梯·德安沙万接受北京外国语大学陆蕴联教授的采访

报》总编。1969—1970年被派至越南学习创作专业。1971—1972年被派到万象平原敌后方工作。1973—1975年担任巴特寮通讯社驻越南的代表。1979年担任《人民之声报》和巴特寮通讯社的代理社长。2002年5月22日,被选为老挝作家协会主席。现已退休。

第二节 中国古代文化经典在老挝翻译及流传滞后的原因分析

通常来说,中国古典小说的翻译及传播需要具备以下三个条件:"一是需要有掌握汉文和当地语文的翻译人才;二是需要有传播的媒体和渠道;三是需要有懂得当地语文的读者群。"①以上三个条件,在老挝都不很成熟。

一、老挝缺乏掌握汉文和当地语文的翻译人才

究其原因,笔者认为有以下这些:

1. 历史上的原因

纵观老挝历史,可以说其实际上是一部备受外强侵略欺凌的历史。

首先是周边国家的入侵。"1479年,越南人大举入侵老挝,但受到老挝军队的英勇还击,越南人大败而归。此后,越南人又强占了老挝盆蛮地区,并设置镇宁府。"②据老挝史书记载,1536—1540年,暹罗阿瑜陀耶(Ayuthaya)王朝的国王举兵攻入老挝直至万象③;1550—1575年,受到缅甸的三次入侵④;1695—1893年多次受暹罗侵略并沦为暹罗的附属国。

其次是法国、日本和美国的侵略。1893年,法国入侵老挝,从此,老挝由暹罗

---

① 梁立基、李谋主编:《世界四大文化与东南亚文学》,北京:经济日报出版社,2000年,第112页。
② 董友忱主编:《万国博览·亚洲卷》,北京:新华出版社,1998年,第488页。
③ 欧沙根·塔马铁瓦等:《老挝历史》,老挝新闻与文化部,2000年,第175页。
④ 欧沙根·塔马铁瓦等:《老挝历史》,老挝新闻与文化部,2000年,第179页。

的属国变为法国保护国。1940年9月,日本军队入侵老挝,老挝处于日、法两个帝国主义的共同统治之中。1945年8月,日本宣布无条件投降,结束了对老挝的统治。但不到一年,1946年,法国第二次入侵老挝。1954年印度支那三国人民反法斗争的胜利,迫使法国签订《日内瓦协定》,承认老挝为独立和主权国家。然而,1954年以后,美国出于全球战略的需要,乘法国撤出老挝之际取而代之。1975年老挝人民民主共和国成立以前,美国新殖民主义者对老挝干涉侵略长达20多年。

在屡受侵略的过程中,老挝的政治、经济、教育、文化等各方面都受到牵制,尤其是在法国对老挝长达半个多世纪的殖民统治期间,由于法国统治者实行愚民政策和奴化教育,老挝的民族文化受到严重摧残,老挝的教育事业十分落后,文盲占全国人口的95%以上,学龄儿童大部分不能上学。"1945年全国只有近180所启蒙学校(寺庙学校)、5所小学和1所中学,没有大学。只有少数王族子弟从河内或法国的大学毕业。1949年以前,老挝全国只有梭发那·富马和苏发努冯兄弟俩是工程师。"①在这种历史背景下,老挝大多数老百姓对本国语言的掌握程度都不高,更别说是精通汉语并且能翻译中国的古典文学作品了。

2. 老挝向中国大量派遣留学生的历史较晚

中国古代文化经典得以在世界广泛传播,留学生的作用不可忽视。国外派遣的留学生到中国学习,接触中国的文学文化,并掌握了汉语,才会有把中国的文化经典译成本国语言的可能。例如:日本是国外研究《孙子兵法》最早、研究者最多、研究成果相对最多、对孙子评价最高的国家。早在8世纪唐玄宗时代(日本奈良时代),日本著名学者吉备真备被遣唐留学十八载,回国时,把《孙子兵法》等中国经典带了回去。吉备真备在太宰府任职期间,亲自聚徒讲授孙子的《九地篇》和诸葛亮的八阵图。此后的1000多年,日本的将领、学者十分尊重孙子,研究不绝,有关孙子的著作有百余部。虽然有的学者认为,《孙子兵法》传入日本在四五世纪,最迟不晚于6世纪,并且认为吉备真备并非将《孙子兵法》引进日本的第一人。但是日本人士自称《孙子兵法》自奈良时代传到日本以来,带给日本历史、日本人的精神方面极大的影响。不管怎样,《孙子兵法》在日本的广泛传播,吉备真备功不可没。本文提到的在老挝的中国古代经典译本的译者均有留学的经历,只

---

① 董友忱主编:《万国博览·亚洲卷》,北京:新华出版社,1998年,第501页。

是没到中国留学而已。那么,老挝派往中国的留学生或使节,或者说中老的交往情况是怎样的呢?

中老两国官方往来可以追溯到中国的三国时代。中国史书《三国志·吴志·吕岱传》中提到,三国时吴黄武六年(227年),堂明国(即今天的老挝)国王就遣使来进贡东吴朝廷了。从那之后,在中国的唐朝、明朝、清朝,老挝曾分别遣使4次、30多次和9次。在各个朝代的来往中,双方都有礼品互赠。中国历代朝廷回赠老挝使节的礼品大致分为5大类:纺织品、生活用品、服装用品、文化用品、工艺用品等。

1893年老挝沦为法国的殖民地,造成中老两国关系中断。1952年,寮国抗战政府代表团团长诺哈·冯沙万出席在北京举行的亚洲及太平洋区域和平会议期间,向毛泽东主席献旗表示致敬。这是中华人民共和国成立之后,寮方领导人首次访问中国。1961年4月25日,中老两国正式建立外交关系后,中国与老挝王国及老挝爱国战线在各方面的合作和交往日益增多,老挝的文化、艺术、新闻、工会、青年、妇女、体育、佛教等代表团陆续来华访问,其中20世纪60年代末至70年代中期,中国政府帮助老挝培养国家男女乒乓球队运动员,这些体育运动员在多年的训练期间学会了流利的汉语。在老挝抗美救国斗争的年代里,中国政府在广西南宁无偿援助老挝建立了一所"老挝爱国战线干部子弟学校"(简称"67学校")。在办学10多年时间里,每年有500名左右的学生在该校读书,但主要学的是老挝语课程。这些曾在67学校学习过的、会点中文的老挝人,现在几乎不大会说汉语了。1978—1985年期间,老挝在越南的唆使和压力下,恶化同中国的关系,给两国关系蒙上了一层阴影,甚至两国外交关系被迫中断,直至1989年才正常化。1999年老挝总理西沙瓦·乔本潘应邀访华时,中老双方在1994—1996年教育合作协议的基础上签署了《中老两国教育部1999—2001年教育合作计划》,计划中规定每学年中方向老方提供50名本科生、研究生、进修生赴中国各大学学习进修的奖学金。此外,每学年中方向老方额外提供5个名额的奖学金,为已经获得学士学位或更高一级学位的学生在中国某一所大学深造或进修。在之后的中老两国教育部签署的教育合作计划中,中方提供给老方的政府奖学金名额不断增加。

从以上中老两国的交往中,我们知道,官方的来往在历史上如唐朝、明朝曾很频繁。中国的明朝正是老挝历史上最繁荣的时期,两国这一时期是否有文化上的交流,如互派留学生等,由于史料不全,无从知晓。

后来老挝沦为法国殖民地直至中老两国恢复邦交正常化这段时期,虽然有老挝人到中国学习,但都不是真正意义上的来中国学习研究中国文化的学者或留学生。老挝政府真正有规模地派遣留学生到中国学习是在20世纪90年代之后。目前老挝在华留学人员已达数百名,他们在中国高等院校学习中文、历史、中医、经贸、农林、机械、水利等专业。

3. 老挝华侨的作用有限,老挝的汉语教育开设较晚

在中国古代文化经典的外传中,华侨往往扮演重要的角色。例如:泰国在1802年把《三国演义》译成泰文时,就是与华人合作来完成的。而在这方面,移居老挝的华侨的作用就非常有限。最初移居老挝的华侨主要有两个来源地:一是中国的云南和广西,分布在老挝的北部;二是中国的沿海省份如广东、福建、浙江等。"广东籍人占百分之九十"①,以潮州人居多,主要分布在老挝的中部和南部。他们大多数是出于避难或被迫出洋谋生的贫苦百姓,没有受过教育,以文盲居多。他们在当地结婚生子,孩子也没有条件受中国的教育。华侨学校开办得也比较晚,如老挝著名的中老文双语教学的寮都公学1937年才创办。老挝国内最著名的大学——老挝国立大学,2003年才开设汉语专业。

综上所述,老挝国内从历史上就缺乏高层次的精通汉语且对中国有所研究的翻译人才。

二、新闻报纸等媒体手段发展缓慢,读者群小

把外国的文学作品译成本国语言并进行传播,必须通过媒体或出版物,并且有喜爱阅读的读者。老挝的出版业起步很晚,主要的报刊如老挝全国规模最大、最有权威性的报纸——老挝人民革命党中央机关报,其前身是《自由老挝报》,创办于1950年;老挝全国第二大报纸——老挝人民革命党万象市委和万象市政府的机关报,前身是《万象邮报》,创办于1975年;老挝人民革命党中央机关理论刊物——《新曙光》杂志,创刊于1984年;老挝全国综合性文化艺术刊物——《文

---

① 郭保刚:《老挝华侨概述》,《印支研究》1984年第3期,第40页。

艺》杂志,创刊于1979年。老挝最早的广播电台是由原老挝爱国战线中央于1960年创办的"巴特寮广播电台"、原老挝爱国中立力量于1960年创办的"老挝之声广播电台"及原老挝王国政府于1952年创办的"老挝王国国家广播电台"3家广播电台合并组成。现在的国家广播电台创建于1975年。国家电视台于1983年才建立。老挝官方出版社——国家出版发行社,创建于1975年年底。而老挝相邻国家如泰国、越南,"19世纪末就开始发展新闻业,发行本国报纸了"①。另外,老挝人民群众的文化水平较低,对图书报刊需求量不大。例如20世纪70年代中期至80年代中期,在苏联的援助下,大量出版发行了翻译成老挝文的苏联作品,由于读者群小,一大批图书积压、滞销,造成极大浪费。

三、泰国文化对老挝的影响

泰语和老挝语相近,现在老挝的婴儿呱呱坠地就会听着泰语长大。老挝电视除了新闻和少有的几套节目,几乎就是泰国的电视剧或其他有趣的节目。

因为有能听得懂能交流的泰语,难免形成老挝人"拿来主义"的思想,这对直接翻译中国文学作品也产生影响。另外,中国古典作品难懂、深奥,从别国语言翻译要比直接从汉语翻译过来要容易得多。

本文中提到的中国文学作品老挝语译本都不是直接从中文译成老挝文的,因为译者不大精通汉语。他们是参考越南语或是法语、英语、泰语的译本再译成老挝语的。

除了以上所述的原因,还有其他原因致使中国文学作品在老挝没有大量被翻译或传播。例如:领导层或媒体不够重视。与世界上一些别的国家相比,这种情况更加明显。在日本,日本天皇曾带头学习中国的兵书;20世纪70年代,时任韩国总统朴正熙下达命令,重印韩文版《孙子兵法》;马来西亚前首相马哈迪一生最重视两本书,其中一本就是《孙子兵法》;新加坡资政李光耀说,不学《孙子兵法》,就当不好新加坡总理;在越南各大电视台,常年热播中国影视剧,其中就有十集的动画片《孙子兵法》。在泰国,《三国演义》的影响非常深广,"其中的一个重要原

---

① 梁立基、李谋主编:《世界四大文化与东南亚文学》,北京:经济日报出版社,2000年,第118页。

因是,它上得到王室和官方的重视和鼓励,下得到作家和百姓的喜闻和乐见"①。

结　　语

　　尽管中国古代著名文学作品被译成老挝文的屈指可数,但中国古代四大名著除了《水浒传》《红楼梦》目前没有看到老挝文的译本,其他都有改译本了。其实,据作家占梯·德安沙万自己介绍说他曾译过《红楼梦》,遗憾的是战争时期,文稿被敌机炸毁了。这的确令人感到惋惜。但令人惊喜的是,在世界广泛流传的《孙子兵法》终于有了老挝文译本。虽然译文有个别句漏译,但基本上是完整的,而且译文流畅,有导读,还有丰富的案例,为老挝国人了解中国提供了很好的读物。《三国演义》有两个译本,这说明《三国演义》在老挝流传比较广泛。的确,在老挝,一提到《三国演义》,上点儿年纪的老挝人几乎都知道。从《三国演义》的两个译本来看,尽管译者不同,但人名的翻译如曹操、孙权、孔明、关羽等都一样,而且是用华侨的方言音译的,这说明最初让本土老挝人知道《三国演义》故事的应该是华侨,尽管到目前还没看到由华侨翻译的《三国演义》的译本,但最初迁到老挝的华侨肯定给自己的子女们讲述过三国的故事。在老挝,在民间尤其是华侨中有"孔明缸""孔明鱼"这样的传说。笔者的老挝语启蒙老师是在老挝长大的华侨。她说,小时候就常听大人讲,位于老挝川圹省的石缸是孔明的酒缸,是孔明犒劳打胜仗的士兵喝酒用的。关于"孔明鱼"的传说是这样的:据说孔明带兵打仗时,到了一条河边,河水很清澈,却看不到鱼,孔明手一挥,鱼儿就出现了,士兵就有鱼吃了。这些传说把诸葛亮神化了,但也说明《三国演义》的人物形象已深深印在老挝人心中了。

(陆蕴联,北京外国语大学亚非学院)

---

① 梁立基、李谋主编:《世界四大文化与东南亚文学》,北京:经济日报出版社,2000年,第121页。

第三章

柬埔寨

中国古代文化经典在柬埔寨的传播

远在新石器时期,古高棉族就生活在湄公河下游一个叫作"谷特洛"的岛上,他们过着游牧部落生活①。后来,一位名叫柳叶的女首领,统一了该岛附近诸部落,自立为王,被人们尊称为柳叶公主。据《晋书》卷九七《列传第六七四夷》记载,68年,一位印度南部的婆罗门贵族沿水路来到岛上,"先事神,梦神赐之弓,又教载舶入海。混溃②旦诣神祠,得弓,遂随贾人泛至扶南外邑。叶柳率众御之,混溃举弓,叶柳惧,遂降之。于是混溃纳以为妻",建立了扶南王国。随着印度文化的扩张,古老的梵文逐步传入扶南,6世纪左右,古高棉产生了文字,柬埔寨进入了有文字记载的新的历史时期,也开启了柬埔寨文学和翻译作品的创作之门。

中国文化经典博大精深、源远流长,在世界上享有崇高的地位。歌德在阅读了中国清代小说《好逑传》和一些诗歌之后,十分重视其中的儒家精神,于1820年

---

① 邓淑碧:《柬埔寨文学》,《国外文学》1990年第1期,第89页。
② 在《晋书》《通典》《文献通考》中称为"混溃",在《南齐书》《梁书》和《太平御览》中则称为"混填"。

提出了"世界文学"的宏伟构想。美国的庞德也认为"中国的诗是一个宝库","正如文艺复兴从希腊人那里找到的一样"。① 在数千年的对外友好交往中,很多经典著作被翻译成各国文字,丰富了世界文化的海洋。如:《三国演义》最早的外文译本是日译本,在欧美、亚洲等很多国家也有相应的译本。《水浒传》最早是由法国汉学家安托尼·巴赞(Antoine Bazin,1799—1863年)介绍给西方读者的,在德、英、美、日本和亚洲其他国家都有译本流传。《西游记》最早的片段译文出现在英国,后被翻译介绍到法国、德国,《西游记》在日本、朝鲜和亚洲其他国家都有相应的译本传播。

虽然自扶南建国以来,作为中国的一个近邻,中国与柬埔寨一直保持着较为密切的交往,但中国文学对柬埔寨文学影响的迹象始终是通过"暗示和猜测"才看得出来的。直到20世纪,这种影响才被明确地表现出来,主要见诸一些廉价的书籍、连载小说和连环画。这些作品包括元朝周达观(约1266—1346年)所著的《真腊风土记》,元末明初著名小说家、戏曲家罗贯中(约1330—约1400年)所著的《三国演义》,以及鲁迅的部分作品等。但在红色高棉时期的极端文化高压下,很多珍贵的译著资料没有能够保存下来。本文将介绍有据可查的译本。

第一节 历史巨著《三国演义》在柬埔寨的传播

《三国演义》是我国较早的一部历史小说,代表着中国古代历史小说的最高成就。小说采用浅近的文言文,明快流畅、雅俗共赏,笔法富于变化,情节波澜曲折,以宏伟的结构把纵贯百年、纷繁复杂的事件和众多的人物组织得完整严密,叙述得有条不紊、环环紧扣,是中国古代历史小说中影响最大的一部作品。同样,《三国演义》在世界文坛也有很大的影响力。《大英百科全书》1980年版第十卷评价《三国演义》是一部"广泛批评社会的小说",认为罗贯中是"第一位知名的艺术大师"。

---

① 宋柏年主编:《中国古典文学在国外》,北京:北京语言学院出版社,1994年,前言第Ⅴ页。

在亚洲，这部作品于1802年在泰国首译足本，后来重印多次，需求量惊人。在1935—1940年间单是《赤壁之战》单行本就发行了25万册。在越南，《三国演义》可谓家喻户晓，小说中的主人公关羽备受膜拜，很多地方建起了关帝庙。20世纪20年代，"巴萨克戏剧"传入柬埔寨，这种受到中国巨大影响的戏剧形式同时也把《三国演义》带进了柬埔寨。1936年，柬埔寨诞生了周刊《那加拉瓦达》（Nagara Vatta）。在这本杂志上，当时柬埔寨政府的一些新贵以连载的形式发表了由《三国演义》改编的故事。《三国演义》的高棉文译本是由柬埔寨佛教学院学者努肯（Non Kon）翻译创作的。这部柬文译著的翻译母本是1927年在泰国曼谷出版的《三国演义》泰语译本。1948—1961年，努肯一直致力于该书的翻译工作。目前，该译本始终是柬埔寨书店里唯一的《三国演义》译著，也出现在绝大部分的柬埔寨租书店里。

第二节　珍贵文献《真腊风土记》在柬埔寨的传播

《真腊风土记》是一部反映柬埔寨吴哥时代人文历史的汉文史籍，作者是元朝人周达观。元成宗元贞元年（1295年），浙江永嘉县人周达观奉命率使团前往真腊国，使团取海路从温州起航，经七洲洋、占城、真蒲、查南、半路村、佛村（菩提萨州），横渡淡洋至吴哥城登岸。周达观在此逗留约一年后于1296年7月回国。回国后，他以游记形式创作了《真腊风土记》。全书约8500字，描绘了真腊国都吴哥城的建筑和雕刻艺术，详细叙述了当地居民的生活、经济、语言和文化习俗，记载了真腊的山川、物产，还记载了居住在真腊的海外华人的状况，当时他们被称作"唐人"。著作中记载的内容翔实可靠，很有历史研究价值，是现存的与真腊同时代对该国的唯一记录，是世界各国研究柬埔寨历史文化、建筑艺术的学者必读的书籍。清朝《四库全书总目提要》称此书"文义颇为赅赡，本末详具，可补元史佚阙"。

19世纪初期，随着法国对中南半岛的入侵，《真腊风土记》开始为西方汉学家们所关注。《真腊风土记》先后被译成法文、日文、英文和德文。其中以由法国学

者戴密微(P.Derniville)和赛代斯(G.Coedes)整理、在1951年出版的法国东方学家伯希和(Paul Pelliot,1878—1945年)遗著增订译注本为最佳。

而《真腊风土记》的高棉文译本是由柬埔寨作家协会主席李添丁(Ly Theam Teng)翻译创作的。柬埔寨作家李添丁曾读过于越南西贡出版的中文本《真腊风土记》,并给予了高度评价:"这本书是一部研究柬埔寨历史的宝贵资料。迄今为止,有关柬埔寨的任何历史书籍和教科书都没有超过周达观的《真腊风土记》。"在阅读过许多法国学者和其他西方学者撰写的有关柬埔寨历史的著作之后,他决心将《真腊风土记》翻译成柬文,以改变其他译本因对柬埔寨风土人情不熟悉而使译文失真的状况。20世纪50年代末,他开始着手翻译用文言文写成的《真腊风土记》。1962年,他率领柬埔寨作

图3-1 柬文版《真腊风土记》封面

家代表团访问中国。访问期间,在我国文化界领导人的帮助和支持下,他在当时的北京图书馆(现中国国家图书馆)查阅了许多中国学者在14—17世纪所写的有关柬埔寨历史和中柬两国关系的文献资料。回国后,在好友殷莱和马寅的帮助下,李添丁开始翻译《真腊风土记》。殷莱有较高的文学修养,写过许多柬文小说,精通现代汉语和古汉语。而马寅则是在金边华侨学校任教的一位教师。① 最终,《真腊风土记》的柬文译本于1971年在金边出版。《真腊风土记》的柬文译本受到柬埔寨学者和华侨的欢迎,1972年和1973年又两次重印发行,三次共发行近20000册。近年来,柬埔寨在发展经济的同时,越来越重视对本国历史的研究和对本国文化的挖掘,各综合类大学中都恢复了高棉文和柬埔寨历史专业。但是,由于多年战乱,柬埔寨很多学术著作被毁,很多研究需要借阅西方学者的外文成果,因此,这部柬文版的《真腊风土记》成为柬埔寨学者研究柬埔寨古历史、古文化的敲门砖。

---

① 晏明:《〈真腊风土记〉柬文本及其译者李添丁》,《东南亚纵横》1982年第3期,第49页。

第三节　其他文学作品在柬埔寨的传播

　　1955 年，李添丁、林金、连合安、夏森帕等 12 位作家共同发起组织柬埔寨作家协会，该协会于 1956 年 3 月 11 日正式成立。柬埔寨作家协会以发展柬埔寨民族文学和文化、保护作家权益、促进国际间作家交往为宗旨，是亚非作家大会成员，为中柬文化交流做出了不可磨灭的贡献。李添丁本人对中国的文化历史深有研究，在他的努力下，鲁迅的很多作品被翻译成高棉文字，并介绍到了柬埔寨。20 世纪 60 年代末，柬埔寨进入政局动荡、国家战乱的时期，人民生活在水深火热之中，李添丁翻译的《鲁迅作品年选》不仅让当时的柬埔寨青年坚定了打败帝国主义的信念，更教育了一批盲目崇拜西学的柬埔寨学者，安心研究和传承柬埔寨传统文化。

　　此外，一部分中国小说还被改编成柬埔寨传统戏剧，由说书人以说唱的形式辗转于各处演唱，或者在舞台演出。柬埔寨从事中国小说说唱的多为华侨或其后裔。约至 17 世纪中叶，就已经有许多中国戏在柬埔寨剧院上演了。[1]

（顾佳赟，北京外国语大学亚非学院）

---

[1] 颜保：《喜读〈中国传统小说在亚洲〉》，《国外文学》1985 年第 4 期，第 128 页。

第四章 缅甸

《红楼梦》缅甸语译本赏析

《红楼梦》缅甸语译本是由缅甸著名作家、诗人及翻译家妙丹丁（Mya' Than: Tin'）①晚年时翻译完成的，缅文书名为 *Kan: Hsaun Ni Ein' Met*。这部译著集中体现了他几十年积累的翻译经验和深厚的文学功底，因此其翻译水平和艺术成就都达到了很高的高度。这套书共9卷，1988年5月由缅甸新力出版社在仰光出版发行并在当年获得缅甸"国家文学翻译奖"。该书发行量为1000册，这个数目在缅甸算是相当可观的。但该书发行后不久即告售罄，至今没有再版，原版书册已经成为罕见的珍藏本。

图 4-1　《红楼梦》缅甸文版译者妙丹丁

妙丹丁是现当代缅甸最有成就的文学家之一。他生于 1929 年 5 月 23 日，

---

① 本文中所有缅文字符都按发音用拉丁字符表示，这些拉丁字符只有表音功能，没有表意功能。

1998 年 2 月 18 日因病在仰光逝世,身后为世人留下了 118 部作品。妙丹丁既是作家,又是翻译家和诗人,他一生中翻译了许多外国文学作品,其中中国的文学作品有曹雪芹的《红楼梦》、曹禺的《雷雨》、老舍的《茶馆》。据说他还计划翻译中国的另一部古典名著《水浒传》,可惜《水浒传》的翻译还没有完成他就辞世了。妙丹丁的翻译作品中,《红楼梦》、《战争与和平》、《飘》、《欢喜城》(*City of Joy*, Dominique Lapierre)、《超越爱情》(*Beyond Love*, Dominique Lapierre) 等 5 部作品获得了缅甸翻译界的最高奖项"国家文学翻译奖"。

缅甸地处热带,80% 以上的国民信仰上座部佛教。中缅两国虽然山水相连,但两国在自然条件、物质文化及宗教信仰等方面相差甚远,因此,要准确地理解对方的文学作品有一定难度。尤其是《红楼梦》这样的文学巨著,它篇幅巨大,涉及四大家族,人物众多、关系复杂、场景壮观、描写细致,加上书中有很多诗词曲赋,往往都隐喻着某个人物的命运或某个事件的发展,甚至连《红楼梦》中某些人名也被赋予了某些特殊的含义。因此,缅甸读者要想完全理解这部作品有很大难度。翻译这部作品既要忠实原文,又要符合缅甸语的表达习惯,让缅甸人读起来朗朗上口则更加不易。妙丹丁凭借他深厚的文学功底和高超的翻译水平,在翻译时既忠实于原文,又注重灵活性,尤其是对一些细节的翻译,他倾注了非常多的心血,使这部《红楼梦》的缅译本有血有肉,引人入胜。除了自身的翻译功底深厚,译者选择了一个好的英译本做底本也是缅文译本成功的原因之一。妙丹丁并不懂汉语,他是通过《红楼梦》的英译本将其翻译成缅甸语的。《红楼梦》的英译本中最著名的是大卫·霍克斯及其女婿闵福德翻译的《石头记》(*The Story of the Stone*) 和杨宪益及其夫人戴乃迭翻译的《红楼梦》(*A Dream of Red Mansions*)。妙丹丁参考的应是杨宪益夫妇的译本,缅文书名的意思为"红楼梦",而不是"石头记"。妙丹丁对《红楼梦》的结构、内容、故事情节的准确把握首先依赖英译本的高超的翻译水平。因此,缅文版《红楼梦》的成功也是对其参考的英译本的肯定。

妙丹丁翻译的《红楼梦》既忠实原文,又很注重表达的灵活性,使其符合缅甸人的表达习惯。既有直译,也有意译。缅译本忠实原文,首先体现为对全书的章回结构和叙事风格的完整保留和对故事情节的完整翻译。缅文译本完整地翻译了《红楼梦》的 120 回,对章回结构和叙述方式没有进行任何改动。在每一回中,从章回题目、场景描写、人物对话到诗词曲赋,妙丹丁都进行了完整准确的翻译,忠实完整地展现了《红楼梦》的故事情节。《红楼梦》中最精华的部分是诗词曲赋,但对于翻译而言,这是最难的部分。妙丹丁没有因畏难而对书中的诗词曲赋进行删改,而是在理解了原诗内容的基础上进行了再创作,他再创作的这些诗歌的优美程度不亚于原文。这是一项艰苦卓绝的工作,也是一项意义非凡的成就。而在灵活性方面,妙丹丁充分利用了缅甸文化和中国文化同属东方文化这一优势,也充分发挥了他在文学和诗歌方面的才华,把缅甸的文化和文学因素悄然融入其中。加之妙丹丁是用通俗的缅甸语来翻译,译文通俗易懂,全然没有生涩之感。

第一节 《红楼梦》缅译本里的诗词曲赋的翻译

诗词曲赋的翻译是《红楼梦》缅译本里最大的成就和亮点,妙丹丁不仅是翻译家,也是作家和诗人,他对《红楼梦》里的诗词曲赋不是简单地翻译,而是一种再创作。

缅甸是一个佛教国家,缅甸人情感细腻,重视精神生活和内心感受,他们喜欢用优美的语言来描述对生活、社会和环境的感受,因此缅甸人爱诗,很多作家同时也是诗人。缅甸既有诗也有歌,而且诗歌的种类和体裁很多,但不论是哪种体裁的诗歌,韵都是诗歌的灵魂。缅甸的传统诗是韵诗,其中一种常见的韵诗每三行为一节,第一行四个字,第二行三个字,第三行五个或七个字。第一行的第四个字、第二行的第三个字、第三行的第二个字押一个韵。图示如下:

　　×××○

　　××○

　　×○×××

一首诗往往由若干节组成,而各节之间在韵脚上又相互衔接,因此一首诗中往往有多个韵脚。如:

　　×××○

　　××○

×○××□

×××□
××□
×□×××

以这种韵诗为基础,诗人们又创作出了行数、字数各异的其他各种韵诗。由于韵诗对字数的要求太严格,要做到既押韵又充分表达出诗人的意思很难,因此后来的诗人们对韵诗进行了一些改造。现在,一些新生代的诗人发明了自由诗,这种自由诗不押韵,行数、节数和每行的字数都不受限制,但其受欢迎程度远远不及韵诗。

妙丹丁把《红楼梦》中的诗词都译成了韵诗,这些韵诗词句工整,韵律优美,几乎看不出翻译的痕迹。除了诗歌,妙丹丁对对联、偈语、判词、顺口溜等的翻译也做到了贴切、工整、优美。除了形式和韵律上的优美,妙丹丁对《红楼梦》诗词的翻译忠实于原文,他准确地理解了每首诗词的含义,然后用优美的缅甸诗词把这些含义表达出来。如:

满纸荒唐言,一把辛酸泪。

都云作者痴,谁解其中味。

在缅文译本里,这首诗被翻译成六行,每一行有两个句子,每个句子里有 4 个字,全诗共有 5 个韵脚。这首缅文诗的结构和原文已经大相径庭,变得更为复杂,韵律非常优美,而且原诗的意思都表达得准确无误。① 又如:

世人都晓神仙好,惟有功名忘不了;

古今将相在何方?荒冢一堆草没了。

世人都晓神仙好,只有金银忘不了;

终朝只恨聚无多,及到多时眼闭了。

---

① 由于缅甸字符属于异体字符,在文章中插入缅甸字符会给编辑和排版带来诸多不便,且中国读者绝大部分看不懂缅文,因此文章中省略了缅文诗词。

世人都晓神仙好，只有姣妻忘不了；
君生日日说恩情，君死又随人去了。

世人都晓神仙好，只有儿孙忘不了；
痴心父母古来多，孝顺儿孙谁见了？

这首《好了歌》语言浅显如话，句式工整，朗朗上口，主要的特色是每一节都有"好"和"了"，但是翻译成缅文时，"好"和"了"无法确切地翻译出来。因此，妙丹丁采用了意译法，根据原诗的意思创作了一首缅文诗歌。这首缅文诗歌的意思与《好了歌》一致，但诗的整体结构与原诗不同。整首诗共有五节，第一节反映的是原诗第二节的意思，第二节反映的是原诗第一节的意思，第四、五两节反映的是原诗第四节的意思。每一节都以"人人都想天堂好"开头，和"世人都晓神仙好"相对应。中文诗里每节的第二句都有"忘不了"，但缅文诗没有直接译这三个字，而是分别用了其他文字来表达这个意思，在第一节里用了"渴望"，第二节里用了"舍不了"，第三节里用了"迷恋"。这首缅文诗的特点是韵律优美，句式工整，它不但押韵，而且每一节有好几个韵，其韵律比中文诗更显复杂，但韵脚跟"好"和"了"没有关系。除了押韵，该诗的句式非常工整，每四个字为一句，每两句为一行。又如：

陋室空堂，当年笏满床；
衰草枯杨，曾为歌舞场。
蛛丝儿结满雕梁，绿纱今又糊在蓬窗上。
说什么脂正浓、粉正香，如何两鬓又成霜？
昨日黄土陇头埋白骨，今宵红绡帐底卧鸳鸯。
金满箱，银满箱，展眼乞丐人皆谤。
正叹他人命不长，那知自己归来丧！
训有方，保不定日后作强梁。
择膏粱，谁承望流落在烟花巷！
因嫌纱帽小，致使锁枷扛；
昨怜破袄寒，今嫌紫蟒长；
乱烘烘你方唱罢我登场，反认他乡是故乡。

甚荒唐,到头来都是为他人作嫁衣裳!

这首《好了歌注》的语言较《好了歌》精致,但句式没有那么整齐划一。妙丹丁在翻译时也遵循了《好了歌》的翻译原则,首先是在结构上不拘泥于原文。其次是讲究押韵和句式工整,仍然是每句话四个字,每两句为一行,因此它整体上比原文还工整。缅文译本里用了十二节才把这首注解的意思表达完整,每一节的行数不一,最少的三行,最多的八行。在翻译策略上,主要是意译。如最后一句"甚荒唐,到头来都是为他人作嫁衣裳!"缅甸语里找不出与"荒唐"意思很贴切的词,因此缅译本里没有译出这个词,"为他人作嫁衣裳"是中文里特有的一种表达法,如果直译成缅甸语是无法表达其确切含义的,因此译者把它译成:"我辛苦工作创造的财富,最终自己没有得到而别人得到了。"

仅从这些诗歌的翻译中,我们就能看出妙丹丁深厚的诗词功底和他对原文透彻的理解,以及他对这部译著所倾注的心血。可以说,在诗词的翻译上,妙丹丁的成就是显著的。

第二节　缅译本中对章回题目的翻译

《红楼梦》章回题目的翻译也是一个难点,因为章回题目往往只用短短两句话就概括出整回故事的内容情节。有些题目用词极其精练雅致,即使是当代中国读者,如果不看故事内容,也能准确理解章回题目的意思。因此在翻译章回题目时,如果仅仅靠词对词地直译,很难准确表达其含义。如第四十六回"尴尬人难免尴尬事,鸳鸯女誓绝鸳鸯偶","尴尬"和"鸳鸯"在缅文里都有对应的词,但是如果用这两个词来直译回目的话,根本无法表达原文的真实意思,于是妙丹丁根据对故事情节和人物个性的理解对回目进行了意译。缅文回目的意思为"捣乱的人提出与身份不符的请求,鸳鸯发誓永不结婚"。又如第四回 "薄命女偏逢薄命郎,葫芦僧乱判葫芦案"里,妙丹丁没有把"葫芦"一词直译为对应的缅文词"bu:dhi:",即"葫芦瓜",而是把"葫芦僧"译成了"胡作非为的还俗僧人","葫芦案"译成"乱七八糟的案件""糊涂案"。而在第一回里,译者把"葫芦庙"里的"葫芦"一词直译成了"buːdhiː",由此可见妙丹丁翻译的灵活性。第五十八回"杏子阴假凤泣虚凰,茜纱窗真情揆痴理",这两句话本身就很难懂,翻译时直译几乎不可能,因此,妙丹丁也采取了意译法,译为"女戏子在杏树下为男戏子伤心落泪,①怡红院少主为少女的爱情感动不已"。第四十八回"滥情人情误思游艺,慕雅女雅集苦吟诗",缅文译为"一个挨了打的混人决定远走他乡,一个痴迷诗歌的女仆努力作诗",在这个题目中,"滥情人""情误"等都没有译出来,译者根据故事情节和题目内容进行了意译。除了对一些无法直译的题目进行意译,妙丹丁对大部分章回题目采用了直译或者直译和意译相结合的译法。总体来说,《红楼梦》缅译本里章回题目的翻译远不如诗词曲赋的翻译精彩。原文的回目用词精练,对仗工整,每个题目两句话,每句话八个字。而缅文版的章回题目则重在意思的阐发,用词精练和句子工整程度稍有欠缺。

第三节 缅译本里人名的翻译

在人名的翻译上,译者也采用了音译和意译相结合的策略。在翻译人名时,缅译本主要采用音译法,但在音译时,译者考虑了缅甸人取名的习惯。如"黛玉"的缅译名为"htait yu′",而不是"tait yu′",其实后者的发音更接近"黛玉",但"tait"字有"战斗、碰撞"等负面的含义,缅甸人取名时不用这个字,而"htait"有"合适、适宜"等正面的含义,缅甸人的人名里常常用到。又如"宝钗"的缅译名为"paut kyi",这个名字里"kyi"的发音跟"姬"相近,跟"钗"相差很远,但这是缅甸取名时常用的一个字,具有"明亮、清澈、喜爱、愉快"等意思,这个字用在宝钗身上也非常贴切。除了音译,缅译本里有些人名则采用了意译法,如"王熙凤"是按"凤姐"的意思意译的,其中"凤"译为"神鸟",以体现王熙凤的高贵和能干。又如"袭人"直接译成"花",这是根据袭人的姓氏翻译来的,它体现了袭人的美丽和聪慧,而缅甸人也非常喜欢用这个字作为人名。而"尤氏"中的"氏"是中国古代对

---

① 妙丹丁对第五十八回的题目理解有偏差,他误以为药官是男性,因此对该题目的翻译不够准确。

女人的一种特有的称呼,直接音译欠妥,而意译又很困难,因为缅甸没有这种称呼,因此妙丹丁把"尤氏"译成了"尤姐姐"。

第四节 对神仙僧道的翻译

由于缅甸是一个佛教国家,缅甸人对神仙僧道并不陌生。因此,对文中出现的神仙僧道的翻译,缅译本充分利用了缅甸的佛教和神话元素,使用了很多巴利语的名称,并且采用了音译和意译相结合的译法。巴利语是记录南传上座部佛教经典的专门用语,缅甸语里很多与佛教和神仙鬼怪有关的词都借用巴利语。在《红楼梦》缅译本中,"空空道人"就用了一个巴利语称号。如第一回里讲到"因空见色,因色生情,……空空道人遂易名为情僧……","情僧"里的"情"也译成了巴利语"空、没有","情僧"译成缅文后就是"看空一切的僧人",这个称呼是译者根据自己对前后文的理解进行的意译。除了大量使用巴利语,在神仙僧道的翻译中译者还采用了音译和意译相结合的译法,如"女娲"译为"称为女娲的仙女","神瑛侍者"译成"神瑛园丁"。有的则完全采用了意译法,如"绛珠仙草"译为"红珍珠草","警幻仙子"译为"诡计多端的仙女"。译者使用的这些巴利语中,很多是缅甸人熟悉的,甚至是缅甸人名里常用的。

第五节 对地名的翻译

缅译本中对地名的翻译也采用了音译和意译相结合的译法,同样也融入了一些佛教和神话的因素,利用了很多巴利语词汇,使这些地名既切合原文又优雅不俗,这是《红楼梦》缅译本的一大亮点。如把"蜂腰桥"译成"蚁腰桥",又如:大荒山、无稽崖、青埂峰、太虚幻境、大观园、大观楼等地名的翻译都使用了巴利语词汇,融入了一些佛教和神话的神秘色彩。可以说,妙丹丁对地名的翻译把缅甸语和巴利语的词汇运用到了极致。

妙丹丁对大观园里各处院落居所的翻译更是精彩。译者对这些居所多数进行了意译，并在意译的基础上加入了自己对作品的理解。他把"潇湘馆"译成"竹林精舍"，把"蘅芜苑"译为"长满沙姜的住所"，"浣葛山庄"译为"浣洗麻布的茅屋"，"怡红院"译为"红色的愉悦之所"。译者对"潇湘馆""蘅芜苑""浣葛山庄"三个名称的翻译中注入了他对林黛玉、薛宝钗和李纨三个人物命运的理解，可谓用心颇深。"潇湘馆"是林黛玉的住处，以翠竹多而盛名，因此缅译本把它译为"竹林精舍"，这是缅甸佛教故事里一位神仙的住所，体现了林黛玉超凡脱俗、高洁儒雅的品格和婀娜多姿的形象。"蘅芜苑"是薛宝钗的住所，院里种满奇草仙藤，异香扑鼻。译者在翻译时用到"沙姜"这种植物，"沙姜"是一种耐旱耐瘠的植物，可以入药，香味奇特，其药用部分是埋在地下的根茎，地面以上的枝叶并不突出。这种植物象征了薛宝钗冷情寡欲、矜持自持、喜怒不形于色的性格，也暗示了她终生无法获得爱情的无奈命运。"浣葛山庄"是李纨的住处，李纨年纪轻轻就守寡，无欲无求，只是一心一意抚育儿子，缅译本把"浣葛山庄"译成"浣洗麻布的茅屋"，象征了李纨那种清心寡欲的生活。"怡红院"是贾宝玉的住所，从字面意思来看，译者想体现贾宝玉贪玩、喜欢跟女孩子混在一起的性格。

第六节　人物对话的翻译

缅译本里人物对话的翻译是最灵活的。为了使书中的对话符合缅甸人的表达习惯，妙丹丁在翻译时使用了很多语气助词和感叹词。缅甸语的感叹词和语气助词很丰富，缅甸人通常用这类词来表达各种情感、态度和人物关系。人们往往根据不同的年龄、性别和地位使用不同的感叹词和语气助词。在《红楼梦》的缅译本里，几乎每段对话都有这类词的出现。这些词的使用使书中每个人的性格和身份、人与人之间的关系表现得更加生动清晰。

除了使用大量语气助词和感叹词，译者对人物之间的称呼也进行了灵活处理，使之符合缅甸人的语言习惯。缅甸人在对话时，相互之间的称谓比较复杂，人们很少直呼"你""我",只有非常亲密的朋友之间或者是上级对下级才会这样称呼。人们往往会根据不同的年龄和关系来称呼对方和自己,称呼反映了对话者之间的关系和说话者的态度。如长辈和晚辈讲话时,通常称对方为"孩子""儿子""闺女""孙子""孙女"等,称自己为"爸爸""妈妈""阿姨""叔叔""爷爷""奶奶"或者直称"我"。而晚辈与长辈讲话时,通常称呼对方为"妈妈""爸爸""叔叔""阿姨""爷爷""奶奶"等,而称自己为"女儿""儿子""侄女""孙女"等,或者直呼自己的名字。在缅译本里,贾母和林黛玉讲话时就总是称她为"我的孙女",王夫人则称黛玉为"我的侄女",黛玉称呼自己时也不用"我",而是直呼自己的名字"黛玉",宝玉和黛玉之间则用缅甸年轻情侣之间常用的昵称互称。

通过译者的巧妙处理,《红楼梦》缅译本的对话部分非常符合缅甸人的语言习惯,使缅甸读者读起来朗朗上口。《红楼梦》的故事情节和场景描述对缅甸人来说是陌生的,为了忠实于原文,译者不可能在这些方面进行太多的处理,比如把建筑风格和服饰改成缅式的。但经过对这些对话的巧妙处理,在不改变对话内容的基础上,减轻了缅甸人对这部作品的陌生感。

总体来说,《红楼梦》缅译本达到了极高的水准,在现在和将来相当长的时期内,不论是懂英语或中文的缅甸人,还是懂缅文的中国人,在翻译中国古典文学作品时要超越这一高度都将是巨大的挑战。但是,妙丹丁的译本也并非完美无缺,这些缺憾是由多方面的原因造成的。首先是由于两国在文化和物质生活上的差异和缺乏视觉上的真实感受,导致理解的偏差和词汇差异。其次,缅甸文是12世纪左右才创造出来的,迄今只有不到1000年的历史,而中国汉字从甲骨文算起已经有3000多年的历史,因此中文的词汇量远比缅文丰富,这对翻译造成一定困难。例如在服饰的翻译上,由于缺乏视觉体验,加上缅甸是热带国家,缅甸人服饰非常简单,描述服饰的词语也很少,因此对人物服饰的翻译对于译者来说非常困难,翻译不够贴切在所难免。如第四十七回的题目"呆霸王调情遭苦打,冷郎君惧祸走他乡",译者把"呆霸王"译成了"乱搞男女关系的浑人",实际上薛蟠不只是贪恋女色,还贪恋男色,在该回中,他正是因为贪恋柳湘莲的色相才挨打的,译者对"呆霸王"的翻译并不贴切。再如前文中提到的第五十八回"杏子阴假凤泣虚凰,茜纱窗真情揆痴理",译为"女戏子在杏树下为男戏子伤心落泪,怡红院少主为少女的爱情感动不已",实际上这里提到的两个戏子藕官和药官都是女性,而译者误以为药官是男性。第五十三回的题目"宁国府除夕祭宗祠,荣国府元宵开夜宴"里,"宗祠"一词被译成了"坟墓",因为缅甸人没有姓氏,没有宗族观念,也没有"宗祠"这种东西,因此译者没有真正理解"宗祠"的含义,在缅甸语里也找不到对应的词,于是出现了错译。上面的三个例子都是因为文化上的差异导致译者对某些问题的理解出现了偏差,从而出现误译。还有一类错误则是因为两国物质生活上的差异导致两国在语言词汇上无法完全对应,因此翻译时无法找到对应的词语。如第六十回题目"茉莉粉替去蔷薇硝,玫瑰露引来茯苓霜",缅甸没有蔷薇和茯苓这两种植物,缅甸语里也没有对应的词,因此译者把蔷薇译成了"玫瑰",把茯苓译成了"兰花"。"硝"在缅文里也没有对应的词,译者把它译成了"粉"。此外,"露"和"霜"在缅甸语里其实可以找到对应的词,但译者似乎没有分清"露"和"霜"的区别,于是两个字都译成了"露"。缅译本中此类误译或不贴切的译法还有多处,限于文章篇幅,此处不便一一列出。

(赵瑾,北京外国语大学亚非学院)

中国文学作品在缅甸的传播和影响

第一节　中国文学作品在缅甸的传播概况

中缅两国是山水相连的邻邦,如果从缅甸的骠国时期算起,两国交往的历史已有1000多年。当缅族于1044年在缅甸建立第一个统一的封建王朝时,中国的封建社会已经进入极盛时期,文化已经高度发达。但是,在1885年之前的整个封建时期,中国文化并没有对缅甸产生什么影响。缅甸在文化方面主要受佛教文化的影响,文学形式主要是佛教文学和宫廷文学,从事文学创作的人群主要是王公贵族和僧侣。他们的创作一般都拘泥于经典著作、佛本生故事或神话传说,并且认为只有这样才能登大雅之堂。"缅甸古典文学就其内容而言,不外乎歌颂佛主神威,宣讲佛教哲理;记载帝王逸事,颂扬王朝威德;描写王孙爱情,抒忧思之感,发眷念之情。"①在整个封建时期,缅甸文人几乎没有关注过中国文化和文学作品,更谈不上翻译和研究。中国文化开始影响缅甸是在缅甸沦为英国殖民地之后。缅甸于1885年沦为英国的殖民地,随着西方文化的进入和近代教育制度的建立,小乘佛教开始衰落,传统文化受到冲击。此外,由于殖民经济对资本、劳动力和技术工人的大量需求,华人大量进入缅甸。缅甸国内的变化和华人的大量进入为中国文化在缅甸的传播打下了一定基础。同时,缅甸一些具有国际眼光的知识分子也开始关注中国。在1948年缅甸独立以前,已有少量关于中国的著作被翻译成缅甸文,如埃德加·斯诺的《红星照耀中国》。但这一时期还没有一部中国古典名著被翻译成缅甸文。

1948年缅甸获得独立,1950年6月8日,中缅两国正式宣布建立外交关系,缅甸是最早承认中华人民共和国的国家之一。随着中缅两国关系日渐密切,缅甸的官方和学者也更加关注中国这个庞大的邻国。20世纪50年代,在毛泽东《在延安文艺座谈会上的讲话》的影响下,缅甸文坛兴起了一场"新文学运动",部分文学家提出文学应该倾向于无产者、被压迫者一边,文学应该反映人民群众的生活等观点。缅甸著名作家登佩敏(Thein∶phei myin')在1956年12月3日作家纪念大会上的讲话中提道:"如果把继承过去的精华比喻为树苗扎根,那么联系当今社会、当今人民的生活,就等于给树浇水、吸取空气、晒太阳、施肥料一样。如果树木离开了水、空气、阳光就不能生存,脱离了人民的生活就产生不了文学。"②1950年2月出版的第一期《新文学》杂志指出:"新文学应该是站在劳动阶级一边,批判当今资产阶级社会,反映群众革命和群众生活的,不满足于当前社会制度,而是向前看的、进步的。这就是新文学的主张。"③在这次新文学运动的影响下,缅甸兴起了一次翻译中文著作的高潮。鲁迅的《故乡》《阿Q正传》,曹禺的《雷雨》,老舍的《骆驼祥子》《茶馆》,茅盾的《子夜》,郭沫若的《屈原》,周立波的《暴风骤雨》,赵树理的《传家宝》,柳青的《创业史》,刘白羽的《火光在前》,孔厥与袁静的《新儿女英雄传》,以及《中国民间故事》《中国历代诗歌选》等作品先后被翻译出版,但还没有人翻译中国古典名著。1962年军政府上台后,缅甸的文学发展陷入

---

① 姚秉彦、李谋、蔡祝生编著:《缅甸文学史》,北京:北京大学出版社,1993年,第215页。
② 姚秉彦、李谋、蔡祝生编著:《缅甸文学史》,北京:北京大学出版社,1993年,第245页。
③ 姚秉彦、李谋、蔡祝生编著:《缅甸文学史》,北京:北京大学出版社,1993年,第215页。

低谷,对中国文学作品的翻译也陷入停滞状态。直到 20 世纪 80 年代,缅甸作家妙丹丁(Mya' Than Tin')才把中国的古典名著《红楼梦》翻译成缅文并出版。之后,《西游记》《孙子兵法》也被翻译成缅文。这些译著中,只有《红楼梦》是由缅甸著名的文学家翻译而成,有非常高的翻译水平和文学价值,《西游记》和《孙子兵法》则是由缅甸华人作为业余爱好翻译的,其影响和文学价值远不如前者。

缅甸与中国有 2000 多公里的边境线,从面积上看,缅甸是东南亚第二大的国家。但是缅甸翻译出版的中文著作数量却远不及东南亚的许多国家,仅仅和老挝、柬埔寨相当。中缅两国作为有着传统胞波友谊的友好邻邦,缅甸为什么对中国文学作品的关注和翻译如此之少呢?其中的原因值得我们深入探讨。笔者认为,缅甸华人华侨社会形成晚、成熟度低是原因之一,另一个原因则是缅甸近现代文学的特殊发展历程。

第二节 中国文学很少传入缅甸的原因

在中文著作的翻译和传播过程中,海外华人华侨是一股重要力量。但是相对于马来西亚、新加坡等海岛国家,缅甸的华人社会形成比较晚、规模较小、经济实力较差、文化水平较低,因此在翻译和传播中国文学作品方面几乎没有发挥作用。

由于东南亚的海岛国家处在东西方海上交通要道——海上丝绸之路上,早在秦汉时期,就有中国商船到达东南亚。到唐宋以后,随着海上贸易的发展,开始有中国商人和船员长期居住在这些地区。北宋朱彧著的《萍洲可谈》一书提道:"北人(华人)过海外,是岁不归者,谓之住蕃。"有的"住蕃十年不归"。[①] 到了明朝,中国的海外贸易空前发达,移居东南亚的中国人数量有所增加。到明末时,侨居海外的华侨已达 100 万左右,仅在吕宋、爪哇两地就有六七万华侨。[②] 到了清朝,尽管清政府实施了严厉的海禁政策,禁止中国人出海和移民海外,但仍有大量中

---

① 张晔编著:《东南亚华人华侨历史与现状》,北京:旅游教育出版社,2001 年,第 8 页。
② 张晔编著:《东南亚华人华侨历史与现状》,北京:旅游教育出版社,2001 年,第 9 页。

国人移居东南亚。17—19世纪,由于西方殖民者占领东南亚后,需要大批劳动力开发这一地区,因此出现了中国人移民东南亚的高潮。这期间,前往东南亚各海岛的华工数量最多,据不完全统计,到1890年已达82万余人(其中菲律宾5万,新加坡12.2万,印度尼西亚43万)。① 由此可见,中国人移民东南亚海岛地区不仅时间早,而且数量多。

相比于海岛国家,缅甸是一个传统的农业国家,海上贸易不是其主要经济活动,因此中国移民到达缅甸的时间较晚,数量也较少。中缅两国从西汉时期就通过南方丝绸之路建立了贸易联系,但在2000多年的交往中,移居缅甸的华侨并不多。华人移居缅甸主要始于19世纪中叶。一方面是因为英国殖民者占领缅甸之后,开发殖民地需要大量的劳动力和中间商,英国人开始从中国东南沿海地区和其海峡殖民地大量吸引华人前往下缅甸。另一方面是鸦片战争后,中国局势动荡,战火连绵,东南沿海和云南边境地区的居民被迫向缅甸移民,移居缅甸的中国人迅速增加,到清朝末期,缅甸的华人社会基本形成。据1891年统计,缅甸的华人华侨有37000人。② 由此可见,与东南亚海岛地区相比,缅甸的华人社会形成得较晚,数量也较少。

进入20世纪后,缅甸华人华侨的人数不断增加,但与马来西亚、印度尼西亚、新加坡、泰国等国家相比,在人口数量、占所在国人口比例、经济实力、政治和文化影响等方面都还是比较弱。

据20世纪80年代末的统计资料,亚洲约有华人华侨2200万,其中80%分布在东南亚,主要分布在以下几个国家:印度尼西亚600万,马来西亚509万,新加坡210万(占新加坡总人口的76.5%),缅甸71万,菲律宾125万,越南111.6万,泰国645万。③ 整个20世纪,缅甸的华人华侨人口占缅甸总人口的比例从未超过2%。

除了人口少,缅甸华人华侨的经济状况也比较差。由于受缅甸本国经济政策和民族政策的影响,缅甸几乎没有大型的华人企业,大部分华人主要经营杂货店、餐饮业和小型企业,目前东南亚著名的华人企业中没有一家属于缅甸华人。

---

① 张晔编著:《东南亚华人华侨历史与现状》,北京:旅游教育出版社,2001年,第10页。
② 林锡星:《中缅友好关系研究》,广州:暨南大学出版社,2000年,第23页。
③ 张晔编著:《东南亚华人华侨历史与现状》,北京:旅游教育出版社,2001年,第14页。

除了上述这些客观条件,缅甸华人华侨的特殊的教育状况也是造成他们没有能力翻译中国文学作品的主要原因之一。从古至今,移居海外的华人群体主要是以苦力和手艺谋生的社会底层民众,知识分子阶层移居海外的并不多。这些人移居海外的主要目的是赚钱、谋生,缅甸华人亦如此。而在一个社会中进行文化传播的主要人群是知识分子,尤其是精通中文和所在国语言文字的知识分子。早期移居缅甸的华人华侨很多是文盲,他们来缅甸的主要目的是赚钱,然后回国买房置地,娶妻生子。20世纪初,缅甸的华文教育开始发展起来,华人华侨子女可以在缅甸接受华文教育。但当时的华文学校是一个特殊的教育机构,它只针对华人子弟,只开设华文课程,这使它具有很强的封闭性。缅甸政府曾如此评价当时的华文学校:"华侨并不希望政府承认他们的私立学校,而宁愿采取独立的民族特有的方针来管理这些学校。"该报告还称:"某些学校得到了中国教育协会的资助,而所有的学校都是由华侨各社团支持的。……全部华校在缅甸构成了一种独立的学校制度——在这种制度下,由一个中国人的教育团体管理和监督教育事宜,并任命人员和供给经费,其课程是与公共教育无关的。"[1]此外缅甸政府还认为:"中国国语学校是一种绝无仅有的制度,它是以孙中山的三民主义为基础的,它不适合于融入到任何外国的国民教育体制中。"[2]在这种封闭的教育机构中,华人子弟完全脱离了缅文的系统教育,而在华文学校也只有一部分学生坚持上到高中。这种特殊的华文教育体系导致缅甸华人华侨的缅甸语水平都比较低,甚至有些华侨终身生活在缅甸,却不会讲缅甸语。1962年,奈温军政府上台后,缅甸的华文教育走向衰落。1964年,缅甸政府把所有私立中小学收归国有。1967年,又颁布了《私立学校登记条例》,该条例规定,除了单科补习班,不许开办任何形式的私立学校。后来,连开办家庭补习班也被禁止。这一举措导致缅甸华人华侨群体的汉语水平急剧下降。这种状况直到20世纪90年代才得到改善。由于失去了语言这一文化载体,相当一部分华人华侨,尤其是下缅甸的华人华侨迅速被缅化,连汉语都不会讲,更谈不上翻译中国文学作品。

可以说,华人社会的成熟度、人口数量、经济实力和文化水平是中国文学作品

---

[1] 林锡星:《中缅友好关系研究》,广州:暨南大学出版社,2000年,第56页。
[2] 林锡星:《中缅友好关系研究》,广州:暨南大学出版社,2000年,第56页。

翻译和传播的基础,由于缅甸华人社会在这些方面一直没有形成优势,因此他们一直没有能力参与到中国文学作品的翻译和传播中。

第三节　缅甸近现代文学的特殊发展历程导致中国文学作品很少受到缅甸文学界的关注

如前所述,在缅甸的整个封建时期,缅甸从事文学创作的人群是僧侣和王公贵族,创作的内容主要是佛教文学和宫廷文学。随着缅甸封建王朝的结束,近代教育得以发展,接受过近代教育的知识分子成为文学创作的主体。缅甸的近代教育体系始于19世纪中叶,是由英国殖民政府建立的。英国殖民者占领缅甸后,逐步在缅甸建立了一些用英缅文授课的近代学校,这些学校培养出来的人才英语水平较高,这为他们接受外国文学的影响打下了基础。

缅甸的近代文学是以近代教育为基础、在西方文学的启蒙下发展起来的。19世纪末20世纪初,缅甸学者开始把外国文学翻译介绍到缅甸。瑞图塞提(Shwei tu:hsan di)翻译了《伊索寓言》(1880年出版),阿布杜拉·拉哈曼(S.A.Rahman)翻译了《天方夜谭》(1896年出版),1902年,吴波佐(U bo zaw)翻译出版了英国小说《鲁滨孙漂流记》。① 这些作品的翻译和出版为缅甸近代文学的产生打下了基础。1904年,根据法国著名作家大仲马的《基督山伯爵》改编而来的缅甸第一部近代小说《貌迎貌玛梅玛》(Ma' Yin Ma' Maun Me Maun)问世,在缅甸引起了巨大反响。以此为开端,缅甸的近代文学逐步发展起来。缅甸近代文学家大多都接受过良好的英文教育,能熟练运用英文,有些作家还在英国学习生活过,因此,他们的文学创作是在西方文学的影响下开始的。尽管他们的作品侧重于反映缅甸的社会现实,体现人民要求维护民族传统文化、反对帝国主义侵略、争取民族独立的愿望,但他们的创作形式却深受西方文学影响,这种影响一直持续到独立前。因此在独立前,缅甸的文学家主要关注西方文学,而很少关注中国文学。此外,19

---

① 姚秉彦、李谋、蔡祝生编著:《缅甸文学史》,北京:北京大学出版社,1993年,第187页。

世纪后半叶及 20 世纪前半叶,中缅两国都处于深重的民族灾难中,争取民族独立、反对帝国主义和殖民主义是两国人民的主要使命,两国在文化方面的交流很少。因此这一时期缅甸缺乏翻译研究中国文学作品的主观和客观条件。

1948 年缅甸独立后,经过了短暂的民主化尝试后国家陷入内战和分裂的危机中。1962 年奈温军政府上台,开始在国内推行缅甸式社会主义政策,政治上实行独裁专制,经济上实行国有化,文化上强调维护传统文化,在思想意识领域实行严格控制,对外则闭关锁国。奈温政府的这些政策导致缅甸国内各个方面的发展都陷入困境。同时,军政府的这些政策也严重束缚了文学家们的创作活动,缅甸的文学发展跌入低谷。在奈温政府统治期间,缅甸文学界的最高奖项——国家文学奖经常陷入没有作品可评的尴尬境地。1964 年政府取消了小学学校中的英文课,缅甸英文教育迅速衰落,这导致 20 世纪 60 年代以后成长起来的文学家们的英文水平和国际眼光都远不如前,对外国文学的关注和外国文学作品的翻译能力大大降低。因此,尽管这一时期缅中关系有了很大发展,但中国文学作品在缅甸的翻译和传播并没有取得相应的发展。

《红楼梦》的翻译者妙丹丁是缅甸独立前成长起来的最后一批文学家之一,他在英文方面有很高造诣,有国际眼光,不但关注西方世界,也关注东方国家。他在诗歌和文学创作方面都取得了很大成就,因此他主观上有翻译中国文学作品的愿望,客观上也有这个能力,这成就了缅文版《红楼梦》(*Kan:Hsaun Ni Ein' Met*)在他笔下的诞生。但是在妙丹丁的译著中,西方文学作品的比例远远大于中国文学作品。他的 5 部译著曾获得"国家文学翻译奖",这 5 部作品是《红楼梦》《战争与和平》《飘》及多米尼克·拉皮埃尔(Dominique Lapierre)的《欢喜城》(*City of Joy*)、《超越爱情》(*Beyond Love*),其中 4 部是西方文学作品。

除了上述两个原因,近几十年来中缅两国文化交流流于形式、缺乏深度也是造成中国文学作品很少被翻译成缅甸语的原因之一。缅甸独立后,中缅两国的文化交流不断加强,但交流的形式主要是互派文化代表团参观考察、举行文艺表演或展览等,两国政府没有有组织地资助和推动过对对方文化作品的翻译出版。

20 世纪 90 年代后,由于缅甸政府放宽了相关政策,加上中国经济发展和两国经济交往的加强,缅甸的华文教育迅速发展起来。近几年,在中国政府的资助下,每年都有一些缅甸留学生到中国学习,有些还取得了硕士和博士学位。但这些人未来是否有能力翻译中国文学作品,还有待观察。在军政府执政的这半个多世纪里,由于大部分大学被关闭,缅甸的年轻人无法正常接受系统的高等教育,加上外语热的影响,现在缅甸年轻人的缅甸语水平呈现下降的趋势,华人华侨的子女尤其如此。此外,文学创作和翻译是一项辛苦而清贫的工作,现在的年轻人很难静下心来从事这项工作,向来有经商传统的华人更是如此。因此未来一段时期内,中国文学作品,尤其是古典文学作品在缅甸的翻译和传播形势也不容乐观。

(赵瑾,北京外国语大学亚非学院)

第五章 泰国

《论语》在泰国的翻译与传播

第一节 1990年以来出版的《论语》泰文译本

随着华人的迁徙,孔子思想和《论语》很早便已传入泰国社会,起初只在华人圈传播,但是后来影响范围逐渐扩大,介绍孔子生平、思想的编译作品也逐渐出现。例如:星·素帕瓦苏在1964年便出版了关于孔子生平事迹的译作,译自中国学者李长之的《孔子的故事》。1974年,隆纳空出版社出版了劳·萨田拉素(Lo Sathianrasut)翻译的《论语》,译本名称为《孔子经典》(*Khamphi Khongchue*)。

1990年后,《论语》译本增多。从整体上看,可以分为两大类:一类是改编作品,包括编译本(节译本)和介绍孔子生平、思想的作品,以及介绍中国哲学的作品,这些作品中往往会涉及《论语》中的思想和言论。另一类便是具体译本,是保存了20章完整内容的全本。

1990年,高盖出版社再版了劳·萨田拉素的《孔子经典》。该译本并非全本,为了方便读者阅读和理解孔子的思想,译者打乱了《论语》原书的顺序,将原本20章的内容压缩为7章,分别以"生活的哲学""教育""仁""礼、乐、道德""统治""弟子言论"和"弟子评论孔子"为章节名称,从不同的角度对孔子及其思想进行阐释。该译本的一个特点是,译者在翻译中采用加注括号的形式加入自己的理解,以追求语言上的流畅和意思上的通达。

1996年,朱拉隆功大学出版社出版了素婉纳·萨塔阿南(Suwanna Satha'anan)的作品《中国哲学潮流:关于自然、权利和传统的辩论》(*Krasae Than Pratya Chin Khotoyaeng Thammachat Amnat Lae Charit*),发行1000册,2000年,该书再版,发行量仍为1000册。素婉纳女士是朱拉隆功大学语言文学学院哲学系的副教授,主修学术领域包括中国哲学、日本哲学、女性主义、宗教和社会关系等。该书作为中国哲学课的教材使用,分章节介绍了孔子、老子、庄子和韩非的思想体系,其中涉及了若干文化负载词的处理,值得借鉴和分析。作者在序言中表示:该书是高等教育阶段中国哲学课的教材,但同时,书中的内容和评论应该能使更广大的民众从中获益。

1997年9月,道育出版社出版了阿提空·撒瓦迪严(Athikhom Sawatdiyan)的作品《民间哲学版孔子》(*Khong Chue Chabap Pratya Chaoban*)。该书共222页,分11章介绍了孔子的生平事迹和思想。该书编译自三国时期学者何晏的《论语集解》。作者认为,《论语集解》中的思想时至今日仍未过时,有着重要的启示意义。道育出版社在序言中表示:出版社决定出版该书,希望在经济衰退的当前,该书将会有助于净化人们的思想,促进社会的和谐稳定。

2007年3月,春纳瓦出版社出版了阿蒙·通素(Amon Thongsuk)编译的作品《哲圣孔子》(*Khong Chue Chom Prat Haeng Phaendin*),该书于2009年7月再版,2010年2月三版,其影响可见一斑。该书编译自春礼的《孔子》,原书出版时间为2002年1月。阿蒙保留了原书的章节体例,章节名称一一对应,全面介绍了孔子的生平。

2000年,自然出版社出版了巴查·欣柴(Pracha Sinchai)的《论语》译本——《论语:孔子言论经典》(*Khamphi Lun Wi:Khamphi Chariyawat Khong Chue*),该译本为全本,保持了原本20章的体例。作者在序言中提到自己的翻译策略时说:该书用古文写成,且版本众多,年代各异,难免有些重复、遗漏之处,有些内容读起来不太流畅,理解起来也比较困难,为了便于理解,使内容衔接得更为紧密,译者在有些地方采取了括号加注的形式,对时代背景等加以解释,并汇集其他学派的各种不同译法。在每章的开头,译者都会用简短的一段话来概括每章的主要内容,行文中,除括号加注外,作者还会采取脚注的方式,对一些含有特殊意义的词语进行解释。例如第一章第四节在提到"吾日三省吾身","三省"在这里指"多次"或"一次又一次"。

2001年6月,素可帕斋出版社出版了素婉纳编译的作品《中国哲学:从孔子到毛泽东》(*Pratya Chin: Chak Khong Chue Thueng Mao Choe Tong*),该书共分为14章,前12章译自冯友兰的《中国哲学简史》,后2章译自冯友兰的《中国现代哲学史》。《中国哲学简史》是由冯友兰先生于1947年在美国宾夕法尼亚大学受聘担任讲座教授时,讲授中国哲学史的英文讲稿整理而成的,之后被译成多门语言,成为西方人了解中国哲学的入门书。《中国现代哲学史》内容更为丰富,该书系统介绍了历史上包括孔子和毛泽东在内的多位哲学家的哲学思想,涉及诸多文化负载词的处理,译者在译者序中提到了一条重要的翻译原则:翻译的简单的技巧是尽量保留原语的内容和意味,以能够让读者理解为重心,而不是让读者困惑或误解。

2004年,心灵出版社出版了婉提·欣苏宋(Wanthip Sinsungsut)的《孔子:生活箴言》(*Khong Chue: Suphasit Nai Chiwit Pracham Wan*),该译本由《论语》英译本转译而来,该书序言中提到:本书依照了多个英文原本,有些地方参照了中文源本,以译者自己的理解和判断作为最终标准,坚持了简洁、易懂的原则。译者在书后给出了参考文献,表明其依据的英文版本包括戴维·亨顿(David Hinton)的《论语》(*The Analects*),庞德(Ezra Pound)的《不可动摇的中枢,伟大的汇集:论语》(*The Unwobbling Pivot, The Great Digest: The Analects*)等。

为了抵制社会的不良风气,宣扬道德,促进社会和谐,泰国的公益慈善基金会和译者开始翻译中国古代先贤的经典,宣传中国的儒家思想。德惠杂志社(Klum Warasan Toe Hui)于2006年翻译了《论语》,将书名定为《格言汇编》(*Chumnum Khatip*)。该书分为上、下两册,并非由单个译者,而是由一个团队合作完成,该书并未标注出版年份,出版年份是由该书编辑——朱大语言文学系学生本拉·本尤透露。该书序言中提到,译本依照的是宋代朱熹的《论语集注》,为传播孔子的哲学思想,使更多的泰国人了解到孔子学说,将《论语》翻译成了泰语,同时,为了方便懂中文的读者对读和进一步研究,附有中文原文。同巴查的译本一样,该书在每章的开头,也都会用简短的一段话来概括本章的主要内容,行文中,作者会采用注释的方式,对一些人名等专有名词和含有特殊含义的词语做出解释。

春纳瓦出版社于 2006 年出版了阿蒙·通素的《论语》译本——*Khamphi Lon Wi*,译本的第一部分是孔子及其 28 名主要弟子的生平简介,穿插有《论语》中涉及这些人物的言论和评价,便于读者捕捉人物形象,从而在阅读译文时能够更好地理解文本含义。在该书的最后,译者附有孔子年表和专有名词索引,便于读者了解孔子生平及检索重要词汇在书中出现的页码。此外,译本以中文为原本,且配有中文原文,这一方面方便读者对读和赏析,一方面也体现了译者对读者和译本负责的严谨翻译态度。该译本译注数量较多,且译注质量较高。总体来看,该书译注分为以下几类:

一、对人名、地名等专有名词和文化负载词进行解释;

二、添加背景知识;

三、对于读者理解起来可能会有困难或者会引起歧义的句子加注解释;

四、译者有感而发;

五、对其他学者的释义加以援引和评析。

同样以宣传道德、促进社会和谐为目的的天道善书中心于 2008 年 1 月出版了素帕尼弥(Supphanimit)的《论语浅释》(*Khamphi Tham Phichan*)。该书也打乱了《论语》原书的顺序,共划分为"道德""仁""孝悌""忠信"等十章,分门别类进行阐释。该书同样附有中文原文,每一节都先给出中文原文,然后加注括号,用泰语将原文内容音译出来,继而给出泰语译文。该译本的另一个特点是对话性较强,因为授明堂经常会用该书作为布道的教材,为方便读者理解,译者在某些段落后会加注括号,对段落内容进行进一步补充说明。

2008 年,朱拉隆功大学出版社出版了素宛纳·萨塔阿南的作品《论语:对话孔子》(*Lun Yi:Khong Chue Sonthana*),该书是素宛纳女士"十年磨一剑"的作品,作者在书中表示:重译《论语》的主要目的是将其定义为学术翻译,同之前的针对普通读者的翻译区别开来。全书形式完整,内容翔实,由介绍《论语》内容、文化负载词、孔子思想和《论语》在泰国的译介情况等内容的首章、译文、中文原文、参考文献、关键词索引和作者简介组成。译者首章中关于"仁""礼""君子""小人"等文化负载词的处理方法和译者的翻译策略考量是本书的一大亮点,也体现了译者严谨的翻译态度和学术态度。此外,附录中的中文原文和关键词索引方便读者对读查阅。比如,译者在提到自己的翻译策略时表示:翻译《论语》的原则是忠实于原文的字词和内容,尽可能地紧贴原文,不妄加一字一词。

2011年,哲学出版社出版了奔柴·翟音(Bunchai Chaiyen)的作品《像哲人般生活》(*Chai Chiwit Khit Yang Prat*),该书共分为四章,依次介绍了中国历史上的四位著名人物——孔子、孔明、孙武和老子的哲学思想,第一章介绍孔子的部分中,涉及许多孔子的哲学思想,作者虽未明确表示,但其中多数与《论语》有关。正如译者在序言中说的:孔子没有自己的哲学著作,但是我们可以从《论语》中得到启示。

2011年,星光出版社出版了吉萨达·通隆洛(Chetsada Thongrungrot)的译作《孔子学说》(*Kham Son Khong Khong Chue*),该译本序言中表示:《孔子学说》译自英文版《孔子的论语》(*Analects of Confucius*),开篇单独列章,介绍了孔子的生平,然后是20章正文,语言简洁,穿插有解释性的译注。但是由于译自英文,许多语句上的理解会和译自中文的版本有所不同。

第二节　文化负载词的处理方法探究

文化翻译从来不是一件易事,它要求作者在掌握两种语言的同时,还要熟悉双文化乃至多文化的知识,特别是要对两种语言的民族心理意识、文化形成过程、历史习俗、宗教文化及其地域风貌等一系列互变因素有一定的了解。

儒学是政治伦理哲学,作为儒家思想主要载体的《论语》自然属于哲学书籍,其中的一些文化负载词,如"仁""义""礼""孝""君子""小人""天""道""德"等,反复被提到,代表了孔子思想的精髓。如何处理这些文化负载词,便成了每位《论语》的译者都不得不面对的问题。

以"礼"为例,《论语》中的"礼"的意义有别于今日的理解,至少包括如下两层意思:首先,"礼"是一套等级制度,社会上不同的人,按照"礼"的要求都得明确自己的定位;其次,"礼"指"礼仪",也就是将内心的敬意表现在身上的行为规范。

萨田拉素版将"礼"译为"礼仪""伦理";巴查版将"礼"译为"习俗";德惠版将"礼"译为"伦理";阿蒙版也将"礼"译为了"伦理",但译者注意到了该词在不同语境下意义的区别,因此,在"礼"第一次出现的时候增加了注释;素帕尼弥版将"礼"译为"伦常";素宛纳的处理方法较为特殊:他意识到了在泰语中无法找到一个词来同"礼"对等,因此,他多数情况下采取的是音译,即将"礼"译为"li",但是在能够明确该词的具体意义的时候,又会将其处理为"仪礼"或"习俗"等单个词语。

鉴于"礼"等文化负载词的含义比较广泛,在泰语中无法找到单一对应的词语来翻译,因此,阿蒙通过用泰语中意思相接近的词语将该词表达出来,然后适当加注,进一步解释或表明该词在不同语境中意义有别的做法,和素宛纳音译和意译相结合的办法都是值得提倡的,体现了译者严谨、负责的翻译态度和对中国文化的深刻理解。

第三节 《论语》难解文字的译法评析

《论语》距今年代久远,历来学者对其中的每一句话几乎都会有不同的理解,时至今日,对于某些词句的理解仍无定论。因此,译者在翻译这些语句时,无疑会面临着更大的困难。

就以第一章第八节的"毋友不如己者"为例。巴查将这句话译为"交朋友要小心";德惠版将这句话译为"没有不如自己的朋友";阿蒙将这句话译为"不和比自己低的人交朋友",还加注说"近朱者赤,近墨者黑,因此,不和比自己低的人交朋友指不和坏人交朋友,以免蒙受损失,应该和好人交朋友,提升道德水平";素帕尼弥将这句话译为"不要和道德远逊于自己的人混在一起(帮助不了他,反而会被他拖累)";素宛纳将这句话译为"不和不像自己的人交朋友"。从字面上来看,这句话的意思是说:不和不如自己的人交朋友。鲁迅曾说:这是势利眼。很多学者认为这有损孔子的形象,强调说孔子本意与之相反:没有哪个朋友不如你。比如南怀瑾便是这样认为的,他说:世界上每个人都有他的长处,我们应该用其长而舍其短。德惠版的译法便和南怀瑾的说法相同,这种解释,对保护孔子形象有利,但是恐怕有违孔子的本意。孔子的说法,其实有其依据,《吕氏春秋·观世》中有一段话说:"故周公旦曰:'不如吾者,吾不与处,累我者也;与我齐者,吾不与处,无益我者也。'惟贤者必与贤于己者处。贤者之可得与处也,礼之也。"《中论·贵验》中也有类似说法:"故君子不友不如己者,非羞彼而大我也。不如己者,须己而植也。然则扶人不暇,将谁相我哉？吾之偾也,亦无日矣。"由此看来,孔子的本意就是说要和道德高、本事大的人交朋友,意思很清楚,用不着拐弯抹角。巴查和素宛纳的理解有偏颇,阿蒙和素帕尼弥的译法比较贴近。

结　　语

随着中泰关系的不断发展,中泰文化交流日益频繁,中国古代经典开始不断被译介到泰国,作为儒家经典的《论语》的泰译也逐渐兴盛起来。1990年以来,《论语》译本有逐渐增多的趋势,在译法上也有日臻成熟的趋势。

总之,关于《论语》泰译的研究和译本对比是一项长期的工程,不可能一蹴而就。随着语言的发展和读者群体的更替,任何译本都不可能被奉为永恒的圭臬,笔者希望本论文可以起到抛砖引玉的作用,为今后研究和翻译儒家经典的学者提供参考。

（汪洋,中华人民共和国外交部）

《孟子》及相关著作在泰国的翻译与传播

目前,《孟子》在泰国的译介虽然相较儒家的另一大经典《论语》还有非常大的差距,但《孟子》仍然称得上是译介最多的儒家经典之一。除了在泰国出版的图书,关于孟子的译介文字还出现在以传播中国文化为目的的网站上。

从译介的形式来看,《孟子》泰语译介可分为全译本、节译本,以及关于孟子及其著述的介绍性文字。节译本主要根据《孟子》的内容,选取一个或几个角度,辑录出相关的部分,或只把《孟子》中较为重要和有名的段落摘译出来。介绍性文字主要是对孟子思想或孟子生平的简要介绍,一般出现在关于中国古代哲学或道德修养类的书籍、网站文章中。

值得一提的是,由于中国研究孟子的学者非常多,相关著作也很多,所以《孟子》的泰语译本不仅有从《孟子》或某注疏本翻译过去的,还有从一些其他相关研究成果翻译过去的。

第一节　《孟子》译本

《孟子思想》(Pratya Moeng Chue)由世界宣明会泰国基金会组织，颂瑟坤纳帕出版社出版，由素帕尼弥翻译。这是目前可以找到的唯一泰文全译本。该书版权页中没有注明出版年代，但这个基金会成立于1972年，可推断该译本的出版年代为1972年以后。译本大量引用原文，编译团队的成员也都有中文及泰文名字，可以推测是依据《孟子》中文原文译出的，但没有注明是否参考了哪些注疏本或注释本。该书首先介绍了孟子的生平。译文和《孟子》原文的排序一致，共分14卷。书后还附有人名索引及著名人物的画像。

1986年素可帕斋出版社出版了《孟子》(Methi Moeng Chue)，由奔萨·萨拉维(Bunsak Saengrawi)翻译。该书前言提到，这本书是从台湾庄严出版社出版的蔡孟光所著《孟子的故事》翻译而成的。译文中的人名，除孔子、孟子用了泰国人熟悉的拼法外，都是按照中文普通话音译的。该书记述了孟子的生平和思想。这本书2008年由素可帕斋出版社再版，更名为《孟子的政治思想》。

1988年，文学艺术出版社出版了索·素宛(So Suwan)翻译的《治国经典——〈孟子〉选》(Khamphi Kan Pokkhrong San Niphon Moeng Chue)。出版社认为，虽然经历了2000多年的时间考验，孟子关于治国的思想依然对当代民主社会时期的政治学家是个很好的借鉴。书中译介《孟子》中著名的典故，如"五十步笑百步""率兽而食人也""与民同乐""吾力足以举百钧，而不足以举一羽""缘木求鱼"等。

1992年，泰国阴阳出版社出版了阿顿·拉达纳曼葛塞(Adun Rattanamankasem)翻译的蔡志忠的漫画《孟子说》，译为《孟子：道德思想》(Moeng Chue: Pratya Haeng Khunnatham Katun Pratya)。泰译本完整地翻译了《孟子说》原文，1992年出版至今仍在泰国图书市场销售。蔡志忠编绘的《孔子说》《韩非子说》《老子说》等也由该社出版。

第二节　与孟子相关的著述

《东方哲人》(*Methi Tawan-Ok*)由陈明德(Sathian Phothinantha)编著,1963年由芦苇出版社第一次出版,到1966年已经是第6版。这本书1965年曾经获得了联合国教科文组织的奖项,在教育界拥有很高的地位。其中,孟子部分译介了孟子的生平、政见、公共管理及与梁惠王和齐王的对谈、经济政策等。

由章侬·通布拉瑟(Chamnong Thongprasoet)编写的《中国实用哲学》(*Pratya Prayuk Chut Chin*),由品雅传播出版社于1972年出版。这本书是章侬在广播电台讲哲学课程的讲课记录。这个电台节目从1967年1月起,每周一的17:00—18:30都开讲,后面直到付梓成书,持续了5年时间。在节目中,他讲述了东西方及印度哲学,受到许多人的关注。但是章侬认为,关注哲学的人还是很少,人数虽然在逐年增加,但是还没有到达应该有的数量。本书的出版旨在让更多民众喜欢哲学书籍,关心、了解中国哲学,因为中国哲学思想在哲学史上占有很重要的地位。本书第17、18两章的内容是关于孟子的,分别题为"孟孔学说的关键人物——人民的重要性与革命理论"和"孟子的治国与人性——什么是人性之本——义、礼、智"。

《中国哲学》(*Pratya Chin*)是1980年泰国兰甘亨大学人文学院哲学系教师班提·布拉谢礼素[Panthip(Suppha Nakhon) Prasoetsuk]撰写的讲义,供人文学院文学本科课程教学之用。第一部分"中国哲学家思想史"的第二章即对孟子的译介,分为"孟子""人之本""治国之道""孟子论战争"四部分,对孟子和孟子的思想做了介绍。

《哲人这样教育孩子》(*Prat son luk*)由拉塔亚·萨拉坦(Ratthaya Saratham)编译,该书1989年由自然出版社出版。这本书是针对在教育孩子方法上有困惑的父母们出版的,里面是关于教育子女方面的故事,其中收录了孟母三迁的故事。

《论中国古代哲学的"善"》(*Kansueksa Choeng Wikhro Rueang Khwamdi Nai Pratya Chin Samai Boran*)是马里·西培查拉普(Mali Siphetcharaphum)在朱拉隆功

大学哲学专业的文学硕士学位论文,提交于1983年。论文第二章为简论孔子、孟子、墨子眼中的"善",其中第二部分是孟子的部分,作者从孟子人性本善到治国的"善",对孟子的"善"论做了全面的总结分析。

《中国哲学概论》(*Puang Pratya Chin*)由艺术大学语言文学系的教师纷·岛波(Fuen Dokbua)编写,1985年由艺术大学出版社出版,并于1999年2月及2006年8月再版。这本书介绍了中国重要的哲学家,从这些哲学家的思想到他们的地位及评价都有描述。正文之前先介绍了一些关于中国的基础知识。在本书的前言部分提到,翻译中国典籍一个重要的问题就是音译,因为中国有许多方言,如潮州话、海南话、闽南话、广东话等,这本书里面提到的专有名词并非完全从普通话译出,有少部分是根据方言音译的。本书的作者在学校教授中国哲学这门课程,他认为中国哲学十分重要,故写了此书。本书第六章题为"关于孟子哲学",分为孟子的生平、孟子的哲学、人生哲学、经济哲学、政治哲学、孟子哲学总结及孟子哲学评价六部分。

《孔孟及其他哲人的做人之道》(*Chanya Suphapchon Nai Thatsana Khong KhongChue Lae Pratya Than Uen*)由吴提差·门拉辛(Wutthichai Munlasin)和章侬·阿迪万娜新(Chamnong Adiwatthanasit)编译,1989年由芦苇出版社出版。这本书并未提到是从哪个原本翻译的,书中孟子的部分节选了许多《孟子》中的言论,分段把这些言论罗列出来。

《中国哲学》(*Pratya Chin*)由清迈大学人文系哲学与宗教专业的副教授诺·蓬萨尼(Noi Phongsanit)编写,1990年由Odeon Store出版社出版。这本书作为清迈大学及人文系的重要教学成果,在本学校及其他学校相关专业中都体现了相当高的价值。在本书第二章"中国古代哲学的意义、特点及目的"中提到了孟子,从孟子对人性的看法、治国之道、经济策略、理想和幸福的标准几个方面对孟子进行了译介。

《如何做领导——中国古代三条龙》(*Withi Haeng Pramuk: Sam Lila Mangkon Chin Boran*)由戈木提·散巴瓦纳(Komuthi Saenpawattana)编写,明宽出版社1998年出版。本书分为三个部分——法家、孟子、庄子,从如何领导的角度出发对上述三部分做译介。在孟子的部分,书中以孟子生平游说为线索,详细提炼了孟子关于如何领导人民的思想。但是本书并未提到是参照了哪些著作或者是从哪些著作翻译而来的。

《中国哲学家名言——生活的哲学》(*Wa Tha Amata Khong Nak Prat Chin*:*Pratya Samrap Kan Damrongchiwit*)由 Wang Weiming 翻译编写,维莱拉·卜克乐(Wilailak Bunkhlueap)重写成韵文,2006 年由 Max 出版社出版,里面包括孟子的名言。

网络上也出现了对孟子的介绍,如中国国际广播电台网站在《中国百科》栏目对孟子也做了简单译介,篇幅较短,只用了 500 余词,介绍了孟子的概况和主要思想。维基百科泰文版中也有孟子的相关词条,里面对孟子其人其书做了概述。网络孔子学院的泰文网站上,在"重要人物——先秦时代人物"中对孟子有中泰对照的译介,评述了孟子的历史地位。

第三节 对《孟子思想》的评价

由于《孟子思想》是目前唯一的泰文全译本,本文就以此译本的译例作为评析对象。整体来说,这个译本无论是从形式上还是内容上都基本展示出了《孟子》的原貌。许多句子,尤其是一些文化负载词的翻译堪称佳译,既符合泰国读者的文化习惯,又忠实地表达了原文的意思,语言通顺流畅。例如"万乘之国,弑其君者,必千乘之家;千乘之国,弑其君者,必百乘之家"一句中"万乘之国""千乘之国"的"国"与"千乘之家""百乘之家"的"家"在中文里用的是同样的字,但是在译文中,译者做了不同的处理,以体现不同阶层的差异。

此外,译本在一些成语、典故的翻译上为其他《孟子》相关译介或著述提供了很好的参考。但是,在书中仍然可见一些错译、漏译的现象,如"时日害丧,予及女皆亡""万取千焉,千取百焉,不为不多矣"等处的翻译都有值得商榷的地方。由于语言文化的差异,一些理解的偏差也在所难免,而且这些细微的错处并没有影响整部译本的水准。可以说,这是一部非常有价值的《孟子》译本,推动了《孟子》在泰国的传播。

(彭少艾,中国国际广播电台)

中国佛教典籍在泰国的翻译与传播

中国文化典籍的泰译历史如果从曼谷王朝初期1802年昭披耶帕康（洪）[Chao-phraya Phrakhlang(Hon)]完成《三国演义》的经典译本算起，迄今已200余年。从《论语》《道德经》《孙子兵法》等诸子经典，到《诗经》、《楚辞》、陶渊明诗、唐诗宋词，再到《三国演义》《水浒传》《西游记》《金瓶梅》《红楼梦》等长篇章回小说，都有了节译、选译或全译本问世。有的经典如《论语》《道德经》《三国演义》等还出版过多种全译本。就翻译成果而论，可以说泰国翻译界较为广泛地译介了中国文化的经典，中国经典和印度经典、西方经典一同构成了外国文化经典泰译的三大主流。这些译著的影响渗透到泰国的政治、经济、文化、教育等诸多领域。泰国翻译界对中国佛教典籍的译介，虽然在数量上少于文学经典，却也不乏独树一帜的重要成果。

第一节　从佛使比丘到陈明德居士

佛使比丘（Buddhadasa Bhikkhu）[①]即鄂·因陀般若（Nguem Inthapanyo，1906—1993年），生于泰国万仑府的一个华人家庭，祖籍福建。20岁时在家乡出家，法号因陀般若，后赴曼谷学习。他认为当时泰国社会的佛教已偏离释迦牟尼教诲的本真，于是回到万仑府猜耶县实修，建立解脱自在园，自号佛使（佛陀的侍从）。主要著作有《跟随阿罗汉的足迹》《人的手册》等，其言传身教均对泰国信众产生了重要影响，被誉为觉音论师之后的"南传佛教第一人"。[②] 佛使比丘曾译介中国大乘佛教禅宗思想，在泰国社会一度引发巨大争议。

图 5-1　一代高僧佛使比丘

泰国绝大多数居民信奉的宗教是南传佛教，在风气相对保守的社会环境中，提倡和宣扬禅宗空观论自然会被有些人视作叛逆，并认为这会影响泰国佛教的根基。然而，佛使比丘严守修持，从巴利三藏经中寻求理论依据，力证禅宗空观思想是佛教思想体系的根基之一。

佛使比丘对中国大乘佛教思想在泰传播所做的最大贡献是翻译了《六祖坛经》和《传心法要》。1953年佛使比丘据黄茂林（Wong Mou Lam）英文本转译了禅宗经典《六祖坛经》。佛使比丘译出前七品，余品由巴威·拉达纳朗希（Prawit Ratanarueangsri）译出。该译本

图 5-2　佛使比丘所译《六祖坛经》

[①] 佛使比丘（1906—1993年），泰国著名比丘，出版《佛说四圣谛》《十二因缘》等著述。
[②] 郑振煌：《南传佛教第一人：佛使尊者》，郑州：中州古籍出版社，2011年，第5页。

在泰国多次重印,流传广泛,影响巨大。佛使比丘还根据约翰·伯菲尔德(John Bolfeld)的英译本转译了黄檗禅师的《传心法要》。

和其他中国汉传佛教经典的翻译推广者有所不同,佛使比丘并没有选择汉译大乘经典进行翻译,而是选择了两位中国禅师六祖慧能和黄檗禅师的著作,这是汉传佛教体系对佛教思想发展的重要贡献,足见佛使比丘开创风气的魄力和见地。

放在更长远的文化交流史的角度来看,笔者认为,佛使比丘翻译《六祖坛经》和《传心法要》两部经典,其影响并不仅限于宗教信仰一途。我们知道,1802年泰国权臣昭披耶帕康(洪)组织翻译了《三国演义》,其被尊为泰国翻译文学经典,开创了延续100多年的中国古代小说(尤其是历史演义小说)的翻译高潮。中国历史小说的影响延续至20世纪20年代至30年代。二战后,泰国军人当政,在冷战、反共的背景下,华文教育步入低潮,中国文化的传播也一度受阻。而佛使比丘对中国禅宗经典的推介,实际上引领了泰国读者对更广泛的中国文化经典的关注,禅宗、道家、儒家思想渐次在泰国得到翻译和传播。说佛使比丘开启了中国历史小说译介高潮之后的又一轮中国文化传播当不为过。

陈明德居士是中国大乘佛教经典泰译的另一重要人物,他泰文名萨田·菩提南塔(Sathian Phothinantha,1929—1966年),被誉为泰国的佛学大师,是泰国大乘佛教研究的开拓者。他出生在曼谷的华人家庭,祖籍广东潮州。他自幼聪慧,在很小的年纪时就表现出对佛事的浓厚兴趣。曾就读于培英华校,两年后即可阅读中文三藏经,18岁即在泰国佛教协会(Phutthasamakhom Haeng Prathetthai)开讲。1950年,发起成立泰国佛教青年会(The Young Buddhists Association of Thailand),其宗旨为在青年信众中传播佛教思想。该组织后获得泰国王室的支持和赞助,在泰国影响巨大,并延续至今。23岁起,陈明德在泰国皇冕佛学院(Mahamakut Buddhist University,又译玛哈蒙固佛学院)任教,主讲佛教史和大乘佛教,是该学院最年轻的教师。他虽然英年早逝,但留下了许多著作,如《佛教史》《泰国佛教》《大乘佛教哲学》《中亚佛教》等。《东方哲人》一书1965年获得联合国教科文组织优秀图书奖。他翻译的主要的大乘佛教经典收录在《大乘经集》(*Chumnum Phrasut Mahayan*)一书里,包括《金刚般若波罗蜜经》和《维摩诘所说经》等。

陈明德居士翻译的《金刚般若波罗蜜经》和《维摩诘所说经》忠实于原文,仅根据泰国读者的阅读习惯,做了少量的删减。译文畅达,至今仍受到读者的推崇。

随着1992年泰国汉语教育政策的调整,泰国迎来了汉语热。新一代学者、教师已经成长起来,释圣杰即其中之一。释圣杰(Phiksuchin Visawaphat)1979年生于泰国彭世洛府。2006年,在北碧俯华宗寺庙普仁寺剃度出家。1998年开始翻译佛经,并曾受到诗琳通公主(Princess Maha Chakri Sirindhorn)的译经资助。他主持的译经活动2010年由泰国普密蓬·阿杜德国王赐名为"崇圣大乘佛经中泰翻译组"(The Chinese-Thai Mahāyāna Sūtra Translation Project in Honour of His Majesty the King),迄今已从中文翻译20部大乘佛教经典,这些佛经广为印发流传。下文提及的《观世音菩萨普门品》的泰译本之一即出自释圣杰的译笔。

第二节 《妙法莲华经》的泰译

在译成泰文的大乘经典中,《妙法莲华经》是非常值得关注的。首先,《妙法莲华经》是泰译本最多的大乘佛教经典,目前已有8种译本,即查素曼·伽宾邢(Chatsuman Kabinsing,即释法喜)译本(1982年)、萨汕·洛珊拉(Saksan Rotsaengrat,即释萨迦瓦罗)译本(1986年)、占隆·萨拉帕讷(Chamlong Saraphatnuek)译本(1987年)、泰国创价学会(Soka Gakkai Thailand)译本(1999年)、华宗僧务委员会(Khana Nikaisongchin)查湮·盖尔开(Cha-em Kaeokhlai)译本(2004年),以及三个《观世音菩萨普门品》译本:梁·萨田拉素(Liang Sathianrasut)译本(1986年)、帕普·翁拉达纳披汶(Phakphum Wongrattanaphibun)译本(1999年)和释圣杰译本(1999年)。除了查素曼译本、占隆译本和华宗僧务委员会译本依据的是梵文本《法华经》,其余五个译本均直译或转译自鸠摩罗什汉译的《法华经》。其中泰国创价学会译本是全译。萨汕译本虽有所删节,但主要是通过删除韵文和散文的重复之处,或在韵文和散文中选择文意、叙事较为清晰者。实际上,萨汕译本保留了鸠摩罗什译《妙法莲华经》全部28品的主体结构和主要内容,是一部可以让读者窥见全本概貌的节译本。可见,就复译次数而言,鸠摩罗什译《妙法莲华经》在大乘佛教经典翻译活动中堪称独树一帜,即使置于更广阔的文学翻译领域也属罕见。

《妙法莲华经》出现多种泰译本,显示这部经典在泰国宗教界、学术界受到的重视。20世纪上半叶,泰国社会逐步将华宗佛教纳入社会宗教的管理体系,正式接纳中国大乘佛教为泰国宗教文化的一支。此后,泰国学术界、宗教界也开始对中国大乘佛教进行研究和介绍。在此背景下,《六祖坛经》等大乘经典或直接译自中文,或借助英文译本转译,自20世纪中叶相继问世。至1980年代初,依据汉传佛教经典翻译的大乘经典在泰国已经具备了一定的传播基础。此前即已开始恢复发展的中泰文化交流①也在客观上促进了泰国民众对中国文化的关注和了解。这即鸠摩罗什译《妙法莲华经》翻译成泰文的大环境。同时,泰国华人中的观世音崇拜有较广泛的基础,也是促使《观世音菩萨普门品》以单行本形式翻译与传播的原因之一。② 此外,与日莲宗渊源甚深的国际创价学会也非常注重《妙法莲华经》在泰国的推广,由泰国创价学会主持推出了据华兹生(Buton Watson)英译本转译的泰文全译本和相关论著,虽然另有其宗教理念,但客观上仍然是对鸠摩罗什译《妙法莲华经》的传播。

鸠摩罗什所译《妙法莲华经》是汉传佛教的重要经典,是三个现存《法华经》旧译本中流传最广、影响最大的译本,在中国、朝鲜、日本、越南等国的传播已有1600年的历史,成为了解汉文化圈佛教文化的重要文本。11—13世纪,什译《妙法莲华经》先后有了西夏文、回鹘文等民族语译本。至19世纪,法文、英文、越南文、印尼文等外文译本相继面世。鸠摩罗什译《妙法莲华经》也具有很高的文学价值,因文辞简练,雅俗共赏,在民间广为流传,越来越受到文学研究者的重视。在泰国,根据英译本转译的鸠摩罗什译《妙法莲华经》及直接译自中文的《观世音菩萨普门品》已构成独立而完整的译文系统,与梵文系统的泰译本形成了双峰对峙、二水分流的局面。

萨汕译本收入萨汕·洛珊拉(释萨迦瓦罗)1986年出版的《〈妙法莲华经〉与

---

① 中泰两国于1975年建立外交关系,20世纪70年代末至80年代初是汉语言文化教育在泰国逐步恢复发展的时期。汉语教学在泰国的全面恢复始于1992年。
② 与《妙法莲华经》泰译本大多转译自不同英文本不同,在泰国出版的独立的《普门品》译本大多直接译自中文。究其原因,大抵因为该品篇幅不长,且观世音崇拜在泰国华人中有很深的基础,因而由华裔在家出家译者完成的机会较多。近30年汉语教育在泰国的恢复与发展,也为大乘汉文经典的直接移译打下了一定基础。

大乘佛教的源流》(*Phrasatthampunthariksut Lae Kamnoet Phutmahayan*) 一书,由曼谷蒙固王佛学院出版社于 1983 年出版。译者萨汕·洛珊拉生平未详,书末仅注明披集府县城农派寺(Wat Nongphai),法号萨迦瓦罗(Satchawaro Phiku)。萨汕在后记中提到三个主要的英译本,H. Kern 的 *The Lotus of the True Law*,Bunno Kato 的 *The Sutra of the Lotus Flower of the Wonderful Law* 与 Hurvitz 的 *The Lotus Sutra*。这部《〈妙法莲华经〉与大乘佛教的起源》是作者在"研读各种书籍,收集纲要,归纳编撰而成,旨在探究大乘训义,供读者审评,而信仰之事由读者自行判断"①,"作者本意不在塑造神圣的经典。写作(翻译)中取其大意,归纳而成,但章节俱全。因章节俱全,读者可以经书视之;因删繁存要,可以读本视之;因经文规格俱在,读者可得见《法华》面貌"②。虽然作者提及了《妙法莲华经》的三部英译本,也没有明确注出自己的泰译本转译自哪一个英译本,但根据作者的译文及书后罗列的 30 种书目和扉页的英文书名可以判断,本书主要是从 Bunno Kato 的英译本转译而来。萨汕自 1980 年开始着手编撰此书,全书完稿是在 1985 年。

萨汕译本还附有一篇长文《大乘佛教与上座部佛教》,即书名中"大乘佛教的源流"部分的具体阐述。该文论述了佛教历史上前四次三藏经的结集与大乘佛教产生的根源、大乘佛教教义及大乘经典。在论述大乘佛教产生的根源时,从佛教部派承传、印度教的势力影响等方面归纳了大乘佛教兴起的原因。

萨汕译本的特点之一是对原本文字做了删繁取要的处理,正文中重复或文意不够明朗的地方大多略去,并将前后文字连缀起来,不至影响到阅读的流畅和对义理的理解。散文、韵文重复叙述的部分,萨汕往往会根据篇幅、语义及叙事的清晰程度选择其一翻译。

泰国创价学会译本 1999 年由曼谷素帕(Supha)出版社出版。这部译本未注译者姓名,只署名泰国国际创价学会。该译本的源语文本是由华兹生翻译、1993 年由哥伦比亚大学出版社出版的 *The Lotus Sutra*。国际创价学会(Soka Gakkai International,缩写为 SGI)成立于 1975 年,其背景为日本日莲宗社团。泰国创价学

---

① Saksan Rotsaengrat, *Phrasatthampunthariksut Lae Kamnoet Phutmahayan*, Bangkok: Mahamakut Buddhist University, 1986, p.244-245.
② Saksan Rotsaengrat, *Phrasatthampunthariksut Lae Kamnoet Phutmahayan*, Bangkok: Mahamakut Buddhist University, 1986, p.245.

会由池田大作1961年访问泰国时创建,以弘扬日莲宗信仰为重要宗旨。日莲宗推崇的鸠摩罗什译《妙法莲华经》也因此被再度翻译成泰文,是第三个泰文全译本。该译本译文翻译态度严谨,少有删改。在专有名词的翻译上采取了音译、意译混合的方式。

创价学会的泰译本因依赖英文文本,力求亦步亦趋,翻译出华兹生译本中所有的内容,在不少地方因缺乏译者的辨析,导致出现问题。完全遵从于源语文本是创价学会的特点,这也是赞助者对译者的要求。从译文来看,译者确实严格遵守了要求。但也正是这种完全"忠实"于源语文本的政策和态度,湮没了译者的主观能动性,在许多段落文意的推敲上不如萨汕译本准确。

梁·萨田拉素译本出版于1986年,收入陈明德所著《菩萨的功德》(*Khunnatham Praphothisat*),是最早译自中文的鸠摩罗什译《法华经》篇章。译文总体上平实准确,部分译法体现了译者对中文的敏感和娴熟。

帕普译本出版于1999年,题名为《法华经普门行愿品》,受万德圆通坛资助,作为泰国国王七秩晋二寿辰的献礼赠书。经文唱偈俱全,且附有《普门品》的中文原文和英译。

释圣杰译本出版于1999年,收入2006年出版的《佛陀与大乘经典》(*Phraphutthachao Lae Phra Tham Sut Fai Mahayan*)。释圣杰译本与帕普译本高度一致,经文部分和偈文部分仅有个别词语出入,且都译于1999年,2006版文字修辞更为细致。

有不少译例可以证明,帕普译本可能参考过梁·萨田拉素译本,而释圣杰译本又对帕普译本做了改进、订正的工作,可以说,帕普译本是梁译本到释圣杰译本之间的衔接。

第三节 几点观察

在泰国译者对中国文化典籍的移译中,中国大乘佛教典籍的翻译是较为特殊的。因为佛教是泰国主体民众的信仰,佛教文化处于泰国社会文化的主体地位;而泰国佛教又属于南传佛教,所信奉的经典、修证目的和方法与大乘佛教不同。

但南传佛教与大乘佛教又被视为同源的、有着同一本质的宗教,在义理、见解上有着千丝万缕的联系。此外,泰语中梵语、巴利语化词语众多,且多与宗教信仰和修持有关,因此泰国译者翻译中国大乘佛教典籍在译入语环境、文化背景和接受心理上有着先天的优越之处。在一定程度上,对大乘佛教经典的翻译,尤其在词汇和经文形式与风格上带有"复译"或"回译"的性质。译者在以现代泰语的语言和风格再现同源本质却又在具体思想和内容方面差异明显的文本,在翻译操作的过程中,从文化思想的角度是以"还原"为主体;但同时在信仰的层面上,也面临着不同教派在佛学见解上的根本差异,不能完全"化汉为泰"或"化汉为梵",以致丧失了对大乘佛教经典特质的传递。

泰国信奉的南传佛教与汉传佛教同源,根本义理趋同。泰文佛教经典根植于巴利语大藏经,同时,由于受到婆罗门教等印度文化的影响,梵文、巴利文对泰文产生了重大影响,泰文中存在相当多的梵巴化的语词。南传佛教的影响可以说渗入到泰国民众生活的方方面面。大乘佛教虽然不属于泰国的传统宗教信仰,但在移译大乘经典的过程中,语词层面的归化却造成了文化"回归"的现象。这种文化"回归"体现了同源的大乘佛教与泰国南传佛教间在义理上契合的一面,但译者也会在理解和解释过程中出现疏离与偏差。契合的一面有利于读者的理解和接受,疏离和歧异的一面让我们看到大乘和南传佛教在文化上的碰撞与分化。

虽然南传佛教是从原始佛教教派中分立出来的,但基本教义尤其是构成教义的佛学知识系统与大乘佛教有着共同的根基,这就构成了译者与经典、南传与大乘之间对话的可能性与合理性。无论源语文本译成梵巴化的语词或是译成现代泰文,都是采用了南传佛教社会认可的话语系统。在文辞上构成了向佛教话语系统的回译,在文化上形成了同源宗教的回归。但这种归化翻译并未抹杀或消弱大乘经典所呈现的新义,新兴的概念、义理仍透过现有的话语系统通过譬喻、说理和偈颂呈现出来。泰国译者通过现有的话语系统创制新的概念语词以达到引起读者关注的效果;但在概念与义理在回归的过程中,当大乘佛教源语语词与泰国南传佛教的对应语词出现歧异时,这种新概念、新义理的力量就受到影响,甚至被译入语文化所掳获,不能实现传递新义的目标。

在对中国佛教经典泰译的考察过程中,笔者发现多位译者拥有特殊的身份,他们既是译者,同时也是佛教的皈依者。对比通常意义上的翻译,尤其是通常意义上的文学翻译,这是比较特殊的情形。这意味着,译者从事翻译的同时也是其信仰理念的实践过程。

泰国宪法规定,国王必须是佛教徒,而泰国95%的人口都信奉佛教。《六祖坛经》《传心法要》的译者佛使比丘是一代高僧,《法华经》的译者萨汕,还有《观世音菩萨普门品》的译者释圣杰也都是出家人,而陈明德和帕普则是虔诚的居士、佛教徒。他们都是佛教教内的推动者,出于了解、宣传大乘佛教教义的目的,翻译大乘经典。历史上,大乘典籍翻译基本是由教内僧侣完成的。这一事实提示我们,即使在现当代社会,译者不仅是需要寻求行会组织保护的业者,也可以为信仰而执笔,而且这是2000年来佛经翻译的主流形态。在市场操作的模式之外,还存在着一种自发的翻译动因。

结　语

中国佛经泰译和中国文学泰译相比,尤其是和早期的历史演义小说的泰译相比,在忠实程度上有了极大的提高,总体水准远在一般的文学翻译作品之上,这和译者们对佛经"了义"的执着追求是分不开的,是泰国佛教文化漫长的积淀及译者深厚学养作用的结果。对佛法真谛的追求使得译者不局限于文字的阐发,更专注于义理的探究。这种高标准的、严谨的追求,使得佛经翻译成果中涌现出了较多的经典译作。

能够推出影响一个时代的经典大概是文化交流事业最为期待的,就像在中国前秦和唐朝出现的译经盛事那样,《六祖坛经》《金刚经》《法华经》等汉地佛教经典又经过译者的努力,在泰国这片佛国净土上延续了文化生命。文化交流的胜境不应仅以"输出""输入"的数量来评价,而是要靠持续的影响力。中泰两国间的文化交流不妨以大乘佛教经典的泰译作为一个参照,在知识和文化储备上做足功夫,在翻译心态上保持虔敬和专一,这样才能推出更多的经典之作。

（白淳,北京外国语大学亚非学院）

《道德经》和《庄子》在泰国的传播

第一节 道家学说泰译概况

综观众多已被译成泰文的中国古代思想著作，其中许多 20 世纪 80 年代的关于道家学说的泰译作品再版不断，体现出了其旺盛的生命力。例如，早在 1975 年克利可泰（Khlek Thai）出版社出版了由索·希瓦拉（So Siwarak）翻译的《真人：庄子之道》(*Manut Thi Thae Rue Mak Withi Khong Chuangchue*)，该书是参考 Thomas Merton 的《庄子》英译本翻译成泰文的。时隔 3 年该出版社又出版了由珀扎纳·占塔纳参地（Photchana Chantharasanti）翻译的《道德经》泰译本《道之道》(*Withi Haeng Tao*)，该书主要参考林语堂解读《道德经》的英文译本《老子的智慧》(*The Wisdom of Laotse*)。虽然该书并不是《道德经》的第一个泰译本，但是截至 2010 年，该书先后印刷了 15 次。截至 2011 年，《真人：庄子之道》先后印行 7 次。从出版次数就可以看得出,这两本书从出版至今一直受到泰国广大读者的喜爱和好评,同时也反映出道家学说在泰国的蓬勃发展,有关道家思想深受泰国人民的青睐。

关于道家学说在泰国的书籍可以大体分为五大类。第一类是老子《道德经》的泰译本;第二类是关于《道德经》思想的延伸和具体应用;第三类是《庄子》的泰译本;第四类是关于《庄子》思想的叙述;第五类则是介绍其他道家思想的书籍。本文主要介绍《道德经》和《庄子》的泰译本情况。

第二节　老子《道德经》泰译本综述

《道德经》即《老子》,是中国道家学说的经典之作,在世界各地广为流传,并被翻译成多种外文译本。《道德经》在全世界的译本和发行量仅次于《圣经》,光是英文译本就有100种之多。[1]《道德经》在泰国的翻译史已经有50多年,目前已有的译本不少于20种,除了正式出版的译本,在泰国还有很多宗教机构和团体自行翻译印制的译本,由于笔者自身能力有限,在撰写本论文时不能详述在泰国流传的所有《道德经》译本,所以本论文的讨论范围仅限于出版社正式发行的译本。

根据笔者收集到的资料,早在1963年,由陈明德编写的《东方哲人》(*Methi Tawan-ok*)一书中就已经提到老子和《道德经》。此后在1967年,由章依·通布拉瑟编写的《中国传统本源》(*Bokoet Latthi Prapheni Chin*)一书中也涉及《道德经》,但仍然不是全译本。直到1973年才有了第一个全译本《道》(*Tao*),作者是具有中国血统的泰国著名作家、艺术家陈壮(Chang Saetang)。随后的30多年中,老的译本不断被重印,而且一直有新的译本出现,直到2006年还有由通娄·翁丹玛(Thonglo Wongthanma)翻译的新译本《道:自然之路》(*Tao: Thang Haeng Thamchat*)

---

[1] 邓巨、刘宗全:《论典籍翻译中的意象转换——以〈道德经〉英译为例》,《河北大学学报》2009年第4期,第116页。

问世。而且由于《道德经》只有 5000 多个汉字,短小精干,意义深远,1973 年后,在泰国出版的《道德经》的译本基本都是全译本。根据笔者收集到的资料,完整的《道德经》泰译本共计 27 种。笔者按照首次出版年份将不同的《道德经》相关泰译本进行排列,并在表中列出译本的主要情况,如表 5-1 所示:①

表 5-1 《道德经》泰译及相关著作一览

序号	译本名称	作者	出版社	出版年份	出版次数	翻译源语言
1	《东方哲人》(*Methi Tawan-ok*)	陈明德(Sathian Phothinantha)	创造出版社(Sangsan Books)	1963 年	7	中文
2	《中国传统本源》(*Bokoet Latthi Prapheni Chin*)	章依·通布拉瑟(Chamnong Thongpraserd)	暹罗学院出版社(Ratchabanti Siam)	1967 年	3	英文
3	《道》②	陈壮(Chang Saetang)		1973 年	2	中文
4	《老子经典》(*Khamphi Laochue*)	劳·萨田拉素(Lo Sathianrasut)	暹罗出版社(Krung Siam Kan Phim);高盖(Ko Kai)出版社	1974 年	6	中文
5	《道之道》(*Withi Haeng Tao*)	珀扎纳·占塔纳参地(Photchana Chantharasanti)	克利可泰(Khlek Thai)出版社	1978 年	15	英文
6	《道德经》(*Khamphi Khunnatham*)	瑙瓦拉·蓬派汶(Naowarat Phongphaibun),颂吉雅·素可(Somkiat Sukho)	高盖(Ko Kai)出版社	1984 年	2	英文

---

① 该表参考了巴贡·林巴努颂(Pakon Limpanutson)的《老子经典》(*Khamphi Khong Laochue*)中的资料,并有所增补。
② 于 2010 年 5 月再版时改名为《道德经》,由陈壮后人出版社(Luklan Chang Saetang)出版。

（续表）

序号	译本名称	作者	出版社	出版年份	出版次数	翻译源语言
7	《道可道》（Tao Thi Laochaeng）；《道——路之道》（Tao: Withi Haeng Tham）①	宋颇·洛扎纳番（Somphop Rotchapan）	布拉育栾有限公司出版社（Rongphim Prayuruang）；曼塔纳萨塔出版社（Manthana Sathapat）	1984年	1	英文
8	《道德经全译本及注释》（Khamphi Tao Chabapsombun Phrom Atthakatha）	查素曼·伽宾邢（Chatsuman Kabinsing）	OS印刷出版社（OS Printer House）	1986年	4	英文
9	《道即道》（Tao khue Tao）	通素·梅蒙彤（Thongsot Mekmueangthong）	素可帕斋出版社（Sukkhaphapchai）	1986年	1	中文
10	《老子说》（Laochue Son Wa）	通谭·纳章依（Thongthaem Natchamnong）	南美书局（Namee Books）	1987年	2	中文
11	《道之要义》（Poramat Tao）	陈壮（Chang Saetang）	新天出版社（Wanmai）	1987年	1	中文
12	《道必无名》（Tao Yom Rai Nam）	布恩玛·蓬布伊（Bunmak Phromphuai）	曼塔纳萨塔出版社（Manthana Sathapat）	1991年	1	英文
13	《老子道家学说》（Pratya Tao Lao-Chue）	素杉·维韦格梅塔贡（Suksan Wiwekmathakon）			1	中文

---

① 两本书虽然书名不一样，但是里面的译文是相同的，推断出自同一人之手。详情见后文。

（续表）

序号	译本名称	作者	出版社	出版年份	出版次数	翻译源语言
14	《道》(Tao)	蒙昆·斯素珀恩(Mongkhon Sisophon)	布拉盖布叻出版社(Prakaiphruek)	1993年	1	英文
15	《道德经》(Khamphi Tao Tek Kingi)	绰创·纳东(Chotchuang Nadon)	野草出版社(Dokya)；普通文艺出版社(Chumsinlapathammada)	1994年	4	中文
16	《道德经：老子学说》(Khamphi Tao: Pratya Laochue)	班查·斯利盖(Pancha Sirikai)		1995年	1	中文
17	《道与德的光芒》(Saengsawaeng Haeng Satchatham Lae Khunnatham Tao)	布恩斯利·素万培得(Bunsiri Suwanphet)		1995年	1	中文
18	《中国哲学》(Pratya Chin)	通娄·翁丹玛(Thonglo Wongthanma)	奥狄温书屋(Odeon Store)	1995年	1	英文
19	《道德经》(Khamphi Tao Te Chi)	布拉永·素万布帕(Prayong Suwanpuppa)	新纳巴班纳堪出版社(Sinlapa Bannakhan)	1996年	1	英文
20	《你应该知道的三大宗教》(Sam Satsana Thi Nasonchai)	阿占·杉班诺(Archan Sambanno)	暹罗友谊出版社(RongPhim MitSiam)	1998年	2	英文

（续表）

序号	译本名称	作者	出版社	出版年份	出版次数	翻译源语言
21	《道德经研究》(*Sueksa khamphi Tao Te*)	查德利（Chatri Saebang）	素可帕斋出版社（Sukkhaphapchai）	2000年	1	中文
22	《道德经》(*Tao Toe Ching*)	格林素昆·阿利亚查昆（KlinSukhon Ariyachatkun）	泰道兴有限公司（Borisat Thaitaosin Chamkad）	2003年	1	中文
23	《老子之道》(*Withi Tao khong Than Lao-chue*)	帕维·佟洛得（Phawit Thongrot）		2004年	1	英文
24	《老子经典》(*Khamphi Khong Laochue*)	巴贡·林巴努颂（Pakon Limpanutson）	创造出版社（Sangsan Books）	2004年	2	中文
25	《真正的引领者：老子之道》(*Phunam Thi Thae: Mak Withi Khong Laochue*)	布拉查·乎达努瓦（Pracha Hutanuwat）	素万米玛出版社（Suan ngoen mi ma）	2005年	1	英文
26	《道家智慧：自然、人与心灵之道》(*Pratya Tao Withi Haeng Thammachat Withi Haeng Khon Withi Haeng Chai*)	查德利（Chatri Saebang）	叻恩布恩出版社（Ruenbun）	2005年	2	中文
27	《道：自然之路》(*Tao: Thang Haeng Thamchat*)	通娄·翁丹玛（Thonglo Wongthanma）	奥狄温书屋（Odeon Store）	2006年	1	英文

由上页表可以看出，可将这些译本分为两大类，一类是直接参考中文原本翻译的译本，另一类是参考英文译本再转译成泰语的译本。在以上27个译本当中，以中文原著为主要参考资料的译本有14种，以英文译本为主要参考资料的译本有13种。但其实直译也好，转译也罢，因为《道德经》是文言文，距今已有2000多年的历史，即使是从中文直译成泰文，也必须借助中文注释去了解原著的真实含义，当作者再从注释本翻译成泰文时，实际上也是一个转译的过程了。笔者认为这些译本都是有效的译本，下面笔者将按表5-1的顺序对不同版本的《道德经》泰译本加以简要介绍。

一、《东方哲人》

根据目前掌握的资料，陈明德是第一位将《道德经》引入泰国的学者，在书中他为了更好地介绍老子，让读者进一步理解道家学说，翻译了《道德经》中的40章，而且有些章节也不是完整的翻译。陈明德作为泰国研究汉学领域的重要学者，在中国宗教研究方面颇有造诣，中泰文兼通，常能用文学上一些优美的词语来翻译哲学术语，使自己的译文行文流畅、语言优美，几乎在译文中不存在翻译腔的问题。在《东方哲人》一书中，陈明德的主旨并不是翻译《道德经》，而是以《道德经》的内容来阐释老子的道家哲学思想，所以在翻译时采用的是意译的方法，将翻译主旨用简单易于理解的语言呈现给读者，使读者一读就能理解其中意思，这样的翻译非常适用于解释老子的道家思想。有些语句的翻译可能并不是按照中文字面意思翻译的，作者加入了自己的理解，目的是使这些不完整的章节能连贯起来，以配合原文对道家学说的阐释。

二、《中国传统本源》

继《东方哲人》之后，在由章依·通布拉瑟翻译的《中国传统本源》中也出现了对于《道德经》的翻译，不过也仍不是全译本。这本书章依·通布拉瑟翻译自狄百瑞(William Theodore De Bary)撰写的 *The Source of Chinese Tradition*。这本书属于选集类，书中收录了中国最重要的一些哲学思想，至于《道德经》，只收录了

22章,除此之外还介绍了《道德经》的重要性。章侬·通布拉瑟的译文采用的是比较普通、符合泰语习惯的词语,在语句和选词方面比较恪守英文原著,有些地方采用直译的方法,意思表达得过于具体,没有像原著《道德经》一般给读者留下想象的空间。

三、《道》

《道》作为当时泰国第一个《道德经》的独立译本,于1973年5月首次出版,出版社不详。译者陈壮,是泰国著名的华裔作家、艺术家和诗人。译者用了7年(1966—1972年)时间对《道德经》进行翻译和注释。译者在书的前言中提到,由于《道德经》中文原文语句精练、意深难懂,当翻译成泰文时,有些地方或许会让读者不易理解,再加上中国不

图 5-3 《道德经》泰译本最早的全译者泰籍华人陈壮

同时代的学者对于《道德经》的理解都各有不同,也出现了很多不同版本的《道德经》注释,所以译者在翻译时也结合了自己的理解,给原文添加了注释。但是译者并没有指明自己是参照中文哪个版本的《道德经》注释翻译的。

全书共分为三个部分,第一部分名为"短文"(Bot khian),里面共有29篇小文章,主要介绍《道德经》书名的字面意思、道家学说的核心思想,以及其对中国文化长久而又深远的影响。第二部分则是对《道德经》81章的翻译。从译文中可以看出,作者竭力想保留住原文的句式,尽量采用精简的泰语来翻译原文。在每篇译文后又会写一段对这一章的注解和译者自身的体会。第三部分名为"短文及演说"(Bot khian bot pathakata),收录文章7篇,主要提及译者在翻译过程中遇到的问题,以及自己对老子道家学说发表的演说。

虽然在书的前言中,译者陈壮谦虚地表示自己读书少,知识大多来自自学,但是从译文的字里行间我们还是能看得出,陈壮对中国古文的理解有一定的水平。阅读过译文的读者可以发现,译者是将自己的身心投入到译文中,因为在后文的解释段落中,译者常常能将原文中的一些哲理运用到现实生活中。

正如前文所说,译者为使译文更接近原文,使用词语精简,句式形似,有点逐字逐句翻译的感觉。这给读者理解译文的含义带来了一定的困难,对于一些在中文中意义深远的词,译者仅用简单的泰语表达会使读者不明其意。例如"牝",字面的含义是女性或者雌性动物的生殖器官,在文中指"道"是万物起源。陈壮将其翻译成"Tua Mia",泰语含义是"雌性"。

译者陈壮于1990年去世,享年56岁。他的后代继承了他的出版社,为了纪念他,在2010年5月对他的两本旧书进行重新包装后再版,其中就包括《道》,再版后取名为《道德经》,出版社为陈壮后人出版社。

四、《老子经典》

该书于1974年由暹罗出版社出版,译者为劳·萨田拉素,于1993年第6次重印。劳·萨田拉素是泰国一名对汉学,特别是对中国古典思想有深入研究的学者,还翻译过孔子的《论语》①。

译者是从中文翻译的,主要参照的译本是陈鼓应的《老子注释与评价》,因为译者认为陈鼓应的译本是在综合了各种关于老子《道德经》的注释后,对《道德经》进行了新的诠释,较之前注释本更为正确,且易于理解。全书共分七个部分。第一部分是前言,主要介绍老子生平、《道德经》的来历和文本演变,以及该译本自身的情况;第二部分是对出现在《道德经》中一些文化负载词给出解释,包括"道""德""无""有""无为""为""圣人""阴阳""自然""天地"和"常";第三至七部分则是《老子》的全文译文,但是译者并没有按照原文顺序翻译,而是参照Chang Chi Qing 的划分法,将《老子》的81章节根据内容归类为5个篇章,分别是:领导篇(*Pratya pramuk brihan ratchakan*)、治国篇(*Pratya kan pokkhrong*)、社会篇(*Pratya sangkhom*)、生活篇(*Pratya chiwit*)和形而上篇(*Aphipratya*)。译者认为这样划分更利于读者理解。各篇所包含对应原文的具体章节如表5-2所示。②

---

① Lo Sathianrasut,*Khamphi Khongchue*.Bangkok:Samnak phim phrung nakhon,2517.
② 参见1974年暹罗出版社出版的《老子经典》。

表 5-2 《老子经典》中 5 个篇章所对应的原文章节

篇章名称	对应的原文章节
领导篇	第 2、7、17、27、29、53、61、66、73*、78 章
治国篇	第 3、19、30、31、37、48、56*、57、58、60、62、63、64、65、69、74、75、80 章
社会篇	第 8、9、16、18、22、24、41、44*、77、81 章
生活篇	第 12、13、15、20、23、26、28、30*、36、38、45*、46、47、49、50、54、55、56、59、70、71、76 章
形而上篇	第 1、4、5、6、10、11、14、21、25、32、34、35、39、40、42、43、51、67、73、79 章
备注	*领导篇中的第 73 章印刷有误,应为第 72 章 *治国篇中的第 56 章印刷有误,应为第 52 章 *社会篇中的第 44 章印刷有误,应为第 45 章 *生活篇中的第 30 章印刷有误,应为第 33 章 *生活篇中的第 45 章印刷有误,应为第 44 章 *缺少第 68 章

  译文语言朴实,叙述清晰,采用的翻译方法是用简单易懂的泰语将原文深奥的含义表达出来,读起来感觉像是一位老者用徐缓的语调在阐述老子道家的学说。对于原文中一些专有名词,译者也都用泰国人所熟知的词语翻译,例如将"道"译为"Satchatham","德"译为"Khunnatham"。译文简洁流畅,通俗易懂,适合刚接触道家学说的读者。对于译者将《道德经》81 章根据 Chang Chi Qing 的划分法分为 5 个部分,笔者持保留意见,因为虽然在中国也有类似这样的划分法,但是具体的划分方法众说纷纭,至今尚未有权威的版本。译者将原著如此归类难免削弱了译本的权威性。另外译本在第 1 次出版时,每章节前还会注明对应原文《道德经》的第几章节。但是在 1983 年由高盖出版社第 3 次再版时,出版社将劳·萨田拉素《道德经》的译文与瑙瓦拉·蓬派汶撰写的《仙之谜》(*Prisana Sian*)汇集合成一本书,书名为《明灯照》(*Song Takiang*),在书中将译文中对应原文的章节序号删除,并按照在书中出现的顺序编排序号,这又大大削弱了译文与原著《道德经》的联系。

五、《道之道》

该书首次出版于 1978 年，出版社为克利可泰出版社，并由泰国知名的作家、学者及翻译家珀扎纳·占塔纳参地执笔翻译。该书先后共印刷 15 次，从目前收集到的资料来看，该书第 15 次印刷于 2001 年。各版次具体的出版年份见表 5-3 所示。该书可谓是在众多《道德经》泰译本中重印数最多的一个译本，由此可见该译本在泰国广为流传，并得到了泰国读者的一致喜爱，对道家思想及《道德经》在泰国的传播起到了非常大的促进作用。

表 5-3 《道之道》各版次出版时间

出版次数	出版时间	出版社
第 1 次	1978 年 1 月	克利可泰出版社
第 2 次	1978 年 6 月	同上
第 3 次	1979 年	同上
第 4 次	1981 年	同上
第 5 次	1982 年	同上
第 6 次	1982 年	同上
第 7 次	1983 年	同上
第 8 次	1984 年	同上
第 9 次	1985 年	同上
第 10 次	1987 年	同上
第 11 次	1990 年	同上
第 12 次	1994 年	同上
第 13 次	1996 年	同上
第 14 次	1999 年	同上
第 15 次	2001 年	同上

在第 1 版的序言中，译者珀扎纳·占塔纳参地提到自己早在 1974 年 2 月中旬就已经完成了对《道德经》的翻译工作，当时译者还是泰国法政大学（Thammasat University）一年级的在校学生。由于译者不会中文，所以当时是参照

《道德经》的英文译本翻译成泰文的,所参考的《道德经》英译本则来自泰国法政大学图书馆。又因为不同版本的英译泰作品在用词上各有不同,所以译者主要采用以下 3 个译本为参考:1.由林语堂翻译的《老子的智慧》(*The Wisdom of Laotse*);2.由亚瑟·韦利(Arthur Waley)翻译的 *The Way and Its' Power*;3.由初大告(Chu'u Ta-Kao)翻译的《道德经》(*Tao Te Ching*)。翻译完成后,译者将翻译稿送给自己的老师审阅,最后译者还将自己的翻译稿与理雅各(James Legge)翻译的 *The Text of Taosim* 进行对比,对译文中的一些不妥之处做出了修改,此过程前后共进行了 4 次。

根据译者回忆,早在 1971 年,当时道家学说只是在泰国很小范围内流传,已经翻译成泰语的道家作品只有陈壮和劳·萨田拉素分别翻译的《道德经》全译本。译者在翻译完后并未及时出版,译本被搁置了将近两年。在此期间,也未有其他《道德经》译本出版。在出版前,译者的译作被连载在《拉拉纳》(*Lalana*)杂志上。之后德乌东(Detudom)家族的继承人请求截取译本中的部分章节收录在《查琳·德乌东丧仪纪念书》(*Anuson Banchapanachitsop Charin Detwudom*)一文中,以表示子女对父母的孝顺之情。

1978 年,该译本被第 1 次正式出版时,采用油印机蜡纸印刷,只印刷了 300 份,在小范围内流传。书中内容包括 5 个部分:第 1 部分是关于老子的假说;第 2 部分是对《道德经》的简介;第 3 部分是前言;第 4 部分是《道德经》正文,其中又分为"道"和"德"上下两卷,上卷"道"是原著中第 1~37 章,下卷"德"是原著中第 38~81 章;第 5 部分是附录,共收录了译者自己创作的 5 篇文章,分别是《道家与孔子》(*Tao gab Kongchue*)、《道与仙》(*Tao Gab Sian*)、《道与创造》(*Tao Gab Kansangsan*)、《道与艺术绘画》(*Tao Gab Sinlapakanwatphap*)和《道与诗》(*Tao Gab Kawiniphon*)。前两篇文章主要是给读者做铺垫,讲述道家、孔子与仙三者之间的关系及对中国文化产生的影响。后三篇文章讲述的是作者在生活中对道家的亲身感悟。作者认为,生活中的真切的"道",它不是书面口头的华丽辞藻,也不是人们无法进入的高深境界。这 5 篇文章作为给读者的额外介绍,留给读者品味。

在第 2 版的序言中,译者提及首次出版的《道德经》译本在短短两个月内就销售一空,所以出版社请求再版,此次将采用胶版印刷系统进行印刷。译者欣然同意,并主动向出版社申请参加此次再版工作,以使第 2 版的质量能媲美第 1 版。

在得知自己的译本即将被再版时,译者原本想在附录中新增加3篇文章,但是出于时间及其他因素的限制,只完成了一篇文章的写作,即《道与美》(Tao gab khua-mngam),已经收录在该版中。出版社还挑选了中国各时期与道家文化有关的精美水墨画作为书中的插图。

该译本第10版的序言是由当时克利可泰出版社的主编妮兰·素佤(Niran Sutwat)撰写的。她在序言中对该译本做出了积极肯定的评价,并赞誉该书是"泰国20世纪80年代泰国文学和哲学界中的一颗璀璨的宝石"。

虽然该译本不是直接从中文翻译成泰文,而是从英译本转译为泰文,但自1978年问世以来到2001年,前后再版了15次,足以说明该译本在文学界及读者心中旺盛的生命力和它自身的价值。而这背后的原因有多种:首先,排版精致美观,在第2版中增加了中国水墨画,契合了道家的理念。其次是译者自身的翻译能力高超,译文语言精练、灵动,富有生命力,并且易于理解。语句流畅,符合译入语习惯,而且句型编排犹如诗歌一般优美。该译本虽是从英文转译成泰文,但译者参照多个英译本,经过反复校对,误译错译大为减少。虽然译文中有增译和漏译的现象,但也是出于让读者更好地理解译文的考虑。译者能保留住原文所散发的神秘气质和美感,使译文拥有自己的独特风格,吸引读者阅读下去。附录中的短文也是译本得以广为流传的因素之一,给初次接触道家的泰国读者提供了辅助阅读材料,帮助读者从广义角度去理解"道"为何物。

六、《道德经》

该译本由高盖出版社在1984年出版,译者是瑯瓦拉·蓬派汶和颂吉雅·素可(Somkiat Sukho)。在该书的序中,塔温·玛纳侬(Thawin Manatnom)即当时出版社的所有者提到,这本书是继高盖出版社出版《明灯照》之后,又一本关于老子的著作。该书从《道德经》的英文译本翻译过来,英文译本的译者是冯家福(Feng Gia-fu)和简·英格里希(Jane English)[①]。在这本书的前言中,作者对老子的生平

---

① 冯家福(Feng Gia-fu)和简·英格里希(Jane English)合著的《老子〈道德经〉新译》于1972年由纽约Vintage Books出版。

及《道德经》的来历予以简单介绍,内容均是引用此前在泰国出版过的《道德经》译本。该译文语言流畅,较珀扎纳·占塔纳参地的译本更具韵文风采,但翻译并不完全忠实于原文。尽管译文能将原文的内容全部表达出来,但是在某些地方还是遗漏了一些道家学说中比较重要的词语。

七、《道可道》

在20世纪70年代至80年代之间,还出现了一本《道德经》的全译本,名为《道可道》。该书未署明译者,但从通素·梅蒙彤翻译的《道即道》的前言中可得知其出版社是布拉育栾有限公司出版社。之后在《道——路之道》一书中发现了同样的译文,该书由曼塔纳萨塔出版社出版,但是该书中也未写明第1次出版的时间,只写出译者是宋颇·洛扎纳番。从书中的内容和插图可以得知,该书参照的译本是由冯家福和简·英格里希翻译的《老子〈道德经〉新译》。该译本与此前瑙瓦拉·蓬派汶和颂吉雅·素可翻译的《道德经》比较后可发现,两版译本非常接近,只是宋颇·洛扎纳番的用词更加古老,给译文增添了古代气息①。

八、《道德经全译本及注释》

译者查素曼·伽宾邢曾任泰国法政大学哲学系副教授,后出家为尼,法号法喜。她表示自己于1971年开始着手翻译《道德经》,直到1976年才完成翻译工作,该译本得到正式出版的时间是1986年。该译本是参照由陈荣捷(Wing-tsit Chan)翻译的《道德经》②英译本而转译成泰文的。当时,陈荣捷的《道德经》英译本可谓是注释最详细最系统化的版本,而且对每章节还有自己的学术性分析。译者查素曼·伽宾邢在翻译时,并没有将原著中所有的脚注都翻译出来,只是做了选择性翻译。可能是译者认为原著里面的一些脚注所包含的信息量太大,或者内容太深奥,不必全部介绍给泰国读者,以免降低读者阅读的流畅性。另一方面,译

---

① Pakon Limpanutson, *Khamphi Khong Laochue*. Bangkok: Sang San Books, 2010, p.259.
② Wing-tsit Chan, *The Way of Lao Tzu*, NY: Bobbs-Merrill Company, 1963.

者也没有将陈荣捷的学术性分析完全翻译出来,而是结合自己的观点加以总结。在一些章节中我们可以明显看到,译者将道家学说与佛学进行对比,有时也会运用佛学上的观点和理念来解释《道德经》里面的内容。这样做一方面可以帮助对佛教教义非常熟悉的泰国读者更好地理解《道德经》,但另一方面也限制了《道德经》内容的广度和深度。

九、《道即道》

该译本由素可帕斋出版社出版于 1986 年,译者为通素·梅蒙彤。译者通晓中文,在翻译时参照了已出版的 6 个泰国译本,分别是:陈壮的《道》《道可道》,陈明德的《东方哲人》,查素曼·伽宾邢的《道德经全译本及注释》,珀扎纳·占塔纳参地的《道之道》和劳·萨田拉素的《明灯照》。该译本的最大特点在于,排版时译者有意将中泰文进行对照,将译文写在原文下方,而且采用的翻译方式几乎是逐字逐句的翻译。笔者认为译者这么做是想保留《道德经》的古典韵味及句式。除此之外,译者还将原文中出现的一些中文单字和词组列出来,参照萧元川编著的《中泰大词典》给出对应的泰语解释,并在之后附上一段对原文的解释。在解释段落中译者常引用中文原文与泰文进行对照。译者这样的翻译方法对于既懂中文又懂泰文的读者来说起到一定的帮助作用,但如果是不懂中文的泰国读者,光是看泰语的译文,可能会对某些章节不理解。而且译者在翻译一些单字和词语时,只是引用字典里的释义,没有结合段落和语境进行分析,难免造成一定的误译。

十、《老子说》(漫画版)

出版于 1987 年的《老子说》(漫画版)是通谭·纳章侬参照中国台湾画家蔡志忠的《老子说》翻译的。蔡志忠的《老子说》用卡通形象和对话讲述了《道德经》全部 81 章的内容。对于一本漫画书来说,图画的地位略高于文字,在泰译本里也是如此,通谭·纳章侬的译文也只是处于一个配角的角色。译者通谭·纳章侬和《道之道》的作者珀扎纳·占塔纳参地属于同辈人,同样受过高等教育,毕业于清迈大学(Chiang Mai University)。而且译者精通中文，能用中文创作诗歌。所以译者能在自行理解原文的基础上，用泰语准确地表达出其内在含义。但由于该译本是漫画版，在学术界没有引起太大的反响。

十一、《道之要义》

1987年陈壮又出版了自己对《道德经》的新译本，取名为《道之要义》，出版社是新天出版社。在这个译本里，陈壮将自己对《道德经》的理解又增进了一步，视《道德经》为佛教里的一篇"经文"，可以通过佛教的语言和词语去理解。该译本较多使用了佛教巴利语，但在翻译过程中忽略了泰语和巴利语的语法，造成词组和语句之间不连贯，读起来像是一篇由很多词组组成的文章。而且他在每章之后又增写了对译文的解释段落，但是这些段落内容多来自佛教中的阿毗昙藏，与《道德经》的联系不大。虽然译者陈壮的本意是想利用南传佛教的思想和理念来解释《道德经》的内容，但是又没有具体说明联系点在哪里，只能任由读者自己去想象。目前这本书在市场上已经很难找到了。①

十二、《道必无名》

1991年，由曼塔纳萨塔出版社出版，布恩玛·蓬布伊翻译的《道必无名》问世。译者在书中没有注明自己是翻译自英文的哪个译本，但是在书中采用英、泰文对照，能让读者对译文中断句的情况一目了然，对读者理解有一定的帮助作用。书中还附有中国山水、名胜景观及中国人日常生活的照片。这些照片配上译者平淡的、近于口语的译文使得该译本少了《道德经》原著的古典意味。

十三、《老子道家学说》

根据巴贡·林巴努颂在《老子经典》里面的叙述可以知道，由素杉·维韦格

---

① Pakon Limpanutson.*Khamphi Khong Laochue*.Bangkok：Sang San Books,2010,p.267.

梅塔贡翻译的《道德经》译本没有在书中标明出版社和出版年份的信息，但是巴贡·林巴努颂推测该书出版于1987年之后。该译本并未参照原著《道德经》的内容翻译，而是参照廖梅林编著的《老子今解》，将其内容总结出来。虽然通俗易懂，但是也限制了原著内涵的传递，有些地方还有增译和漏译的现象，使译本与原著《道德经》相差较远。

十四、《道》

译者蒙昆·斯素珀恩曾任泰国法政大学艺术学院院长。1981年译者已经开始着手翻译《道德经》，1991年以他父亲的丧仪纪念书的形式印行，之后在1993年由布拉盖布叻出版社正式出版发售。这本书是继《道德经》和《道可道》后，第三本以冯家福英译本为原文翻译的泰译本。其与众不同之处在于，书中不仅有英、泰双语对照，还配有《道德经》书法作品的图片，可以说是唯一一本中、英、泰三语对照的《道德经》译本。对比之前两本同样参照冯家福的译本，该译本的语言比较忠实于原文。

十五、《道德经》

1994年，通谭·纳章侬，笔名为绰创·纳东，将《老子说》里面的《道德经》译文重新修改，由野草出版社重新出版。这次修改，不仅语言更加精简，而且还根据中国学术界关于《道德经》的新成果对原著做了新的解读。最重要的是，译者没有按照以往由"道"到"德"的编排顺序，而是将第38~81章节的"德"放在前面，第1~37章节的"道"放在后面。但是每一章节还是标明了对应原文的序号，以便读者对比阅读。该译本是泰国众多《道德经》泰译本当中唯一一本将"德"放在前面的译本。译者给出的理由是，根据译者对《道德经》的认识和体会，认为对于初接触《道德经》的读者，先阅读"德"里面的内容，再阅读"道"里面的内容，能够更好地理解什么是"道"。

在《道德经》译文正文前，还有译者写的三篇小短文，分别是《翻译中的研究和问题》（*Kansueksa lae panha kanplae*）、《翻译艺术》（*Sinlapa kanplae*）和《词语解释》(Athibai sap bang kham)。在《翻译中的研究和问题》一文中,译者主要介绍了自己当时学习《道德经》的经验,介绍了《道德经》翻译的难点,即由于断句不同会造成不同的理解。在《翻译艺术》一文中,译者表示《道德经》写于2000多年前,即使在中国,也有不同版本的注释和理解,自己在翻译时或多或少会掺入自己对《道德经》的理解,体现了译者在翻译过程中的主体性。最后在《词语解释》一文中,译者主要列出在《道德经》中富有中国文化内涵的文化负载词,给读者阅读做一个铺垫,便于读者今后能更好地理解译文。该书除了译文,也配有少量的水墨画,而且译文排列整齐、美观,在一定程度上提高了读者的阅读兴趣。

到目前为止该书一共出版4次,第1次是由野草出版社出版,此后3次均是由普通文艺出版社出版。

十六、《道德经:老子学说》

班查·斯利盖的译本是众多《道德经》泰译本中最厚的,16开,600多页。每一章译文之前都有中文原文及水墨画。总的来说,译文采取的是逐字逐句翻译的方法,在词语和句式上译者也尽可能简洁,多用短句。此外,译者将译文排列得如同古诗歌一般,竭力还原原著的古典意味。在每章节的正文译文后,又有"备注"和"解释"。在"解释"段落中,译者采取分句解释的方法,基本上对译文中的每句话都给出了一段解释说明,虽然目的是让读者更准确地理解原著的意思,但也大大增加了译本的篇幅。

十七、《道与德的光芒》

该书前言中提到,该书并不是从中文或者英译本翻译过来的,而是作者通过学习一本名为 *Tao Te Ching*(《道德经》)的中国哲学思想书籍而写成的。但是,若认真阅读书中的内容就不难发现,可以把这本书视为《道德经》的另一个泰译本。尽管作者布恩斯利·素万培得将《道德经》原文中的章节颠倒顺序,并按照自己划分的6个类别归类,但是每个章节的译文仍和《道德经》原文有明显联系。译文流畅,作者将原著中某些有歧义的地方用泰语表达得富有多种含义,再附上脚注对文内某些词组加以解释。虽然该书和劳·萨田拉素翻译的《老子经典》一样,将《道德经》81 章分门别类,但并未给出分类依据和理由。

十八、《中国哲学》

1995 年,通娄·翁丹玛编著的《中国哲学》一书将《道德经》译文作为附录放在书的最后,但并没有说明译文的来历。经过对比研究发现,该译文是在查素曼·伽宾邢的《道德经全译本及注释》基础上加以修改和调整的,其间还有一些珀扎纳·占塔纳参地译文版本的影子。但是译文对原著的断句做了新的调整,更富有解释性修辞的特征。经过修改和加工的译文语言流畅,用词优美。

十九、《道德经》

1996 年,布拉永·素万布帕推出一本《道德经》的新译本,参照吴经熊(John C.H.Wu)的英译本转译而来。吴经熊著有《老子〈道德经〉》和《老子〈道德经〉新译》,但译者没有说明具体是参照吴经熊的哪个英译本。译文的语言通俗易懂,多数采用直译的方法。可能是由于译者本身的军旅经历及对佛教的研习,译文用语给人一种在教导、训诫的感觉。经常使用"chong""tong"及"tha...ko cha..."句式。此外,译者给每一章节都加了题目,而且大多数题目也用到了"chong"这个词。这本《道德经》译本读起来更像是一本人生行为指南。译文所表达的韵味与原著相差较大。从英文转译成泰语,也会造成译文中有些误译。在书的最后,译者还写了一篇"后序",本意是想继续向读者解释道家思想,提供更多的资料,使读者更好地理解《道德经》,但是如果综观全文就会发现,其内容已经偏离了《道德经》,反而变成了讲述各种宗教尤其是佛教的文章。

二十、《你应该知道的三大宗教》

1998 年,暹罗友谊出版社出版了《你应该知道的三大宗教》,作者为阿占·杉班诺(笔名)。其实书中并未过多提及宗教或教义,只收入一篇古希腊故事、一篇关于姜太公的中国历史小说及《生活之道》(Thang Chiwit) 即《道德经》泰译本。但作者尚缺乏分析宗教哲学的一些基本知识,而《道德经》的译文是翻译自 Blackney 的英译本。译者对《道德经》的地位、意义及重要性都不甚了解,所以在译文中有许多错译,读完全文也很难了解道家思想。

二十一、《道德经研究》

2000 年,素可帕斋出版社出版了由查德利翻译的《道德经》泰译本,名为《道德经研究》。译者查德利是一名泰籍华裔,19 岁时就去了中国学习,毕业后在武汉的一家工厂工作,直到 55 岁才回到泰国。该译本中每章节的内容包括译文、解释和带有译者自己观点的总结。译者还从总结中挑选出关键词作为每一章节的题目。译文的语言浅显易懂,多使用近乎口语的语言,降低了读者在阅读过程中的难度。而且译者把原文中一些抽象的概念和意义具体化,能将道家思想运用到现实生活中,对原文的理解也是参照一些已经得到大家认可的注释本。

二十二、《道德经》

2003 年,格林素昆·阿利亚查昆翻译了赵妙果注释的《道德经》。赵妙果,江苏常熟人,在泰国宣传"道德信息"教义。该教义旨在用道家思想去保健治病,所以在《道德经》的中文注释中,多将含义引往保健治病方面,偏离了道家哲学的轨道,已与原著《道德经》有所偏差。该译本语言优美流畅,但只在小范围内流传,售价昂贵。

二十三、《老子之道》

泰国图书市场和网络检索中都未找到关于该书的信息,该译本信息仅见于巴贡·林巴努颂的著作。

二十四、《老子经典》

该译本于2004年由创造出版社出版,于2010年再版,译者是巴贡·林巴努颂。译者是在北京大学教书期间着手翻译《道德经》的。选这个时间进行翻译的原因主要在于:第一,尽可能摆脱泰国已经出版的《道德经》泰译本的影响;第二,便于查找更多关于《道德经》的中文注释,增加自己对内容的理解。译者从众多《道德经》注释中,挑选出两本注释本作为主要参考,即张松如撰写的《老子说解》①及陈鼓应的《老子注释及评介》②。译文语言优美、流畅。书中除泰文译文外,还附有中文原文。译文没有完全恪守中文原著的句式,而是在内容表达清晰、语言流畅的基础上尽可能地保留原著的古典风貌。在译文排版上,我们也能看出作者的用心,译文和中文原文并没有统一向左取齐,而是前后参差排列,增添了韵文的阅读感受。此外,书中也适当配有中国水墨插画,给读者营造了中国古典的意境。在全81章节译文之后,书中还列印出由"白涛老人"刻印的《道德经》81章。在内容上,译者以张松如的注释本为主要参考。对文中一些与其他译本不同的重要词组和语句,译者还做出了详细的解释。译者不仅用心研究、翻译《道德经》,而且在书末附录里还汇编了有关《道德经》泰译本的资料,内容翔实,并附有译者对各版本的点评,对研究《道德经》泰译本的概况有借鉴作用。

二十五、《真正的领导者:老子之道》

该译本由素万米玛出版社于2005年出版,译者是布拉查·乎达努瓦。全书以《道德经》为基础,向读者阐述每个人作为人的责任和义务,努力使自己成为生活的领导者,让人生更富有意义。书中介绍了老子的生平和《道德经》,在81章译文之后还附有4篇译者自己的文章,都是围绕"道"和"领导者"的关系而阐述的。到目前为止,该书只印刷了一次,现在市面上流传得很少。该书的序是由巴贡·

---

① 张松如:《老子说解》,山东:齐鲁书社,1998年。
② 陈鼓应:《老子注释及评介》,北京:中华书局,1999年。

林巴努颂所写。根据巴贡·林巴努颂在自己《老子经典》一书中的介绍,该译本是翻译自《道德经》的英译本。

二十六、《道家智慧:自然、人与心灵之道》

2005年,查德利将之前《道德经》的译文修订后又出了新版,名为《道家智慧:自然、人与心灵之道》。在《道德经》正文之前,译者还增加了多篇关于道家哲学思想的短文,作为读者阅读之前的铺垫。

二十七、《道:自然之路》

该译本由奥狄温书屋于2006年出版,译者为通娄·翁丹玛,翻译自《道德经》的英译本。

第三节 《庄子》泰译本综述

泰国知名学者索·希瓦拉翻译的《真人:庄子之道》出版于1974年,出版社为克利可泰出版社。这是最早以专书形式出版的《庄子》泰译本。珀扎纳·占塔纳参地在《道之道》的序言中评价道:本书的过人之处在于它的高品质。该书有33篇,分为三部分,每一章、每一个部分都蕴含了深厚的哲学思想,是引导我们日常生活的指南。

因为《庄子》篇幅较长,而且所包含的哲学思想高深,泰国出现的译本以节译本为主。各译本出版情况参见表5-4所示:

图5-4 《庄子》泰译者、知名学者索·希瓦拉

表 5-4 《庄子》泰译本基本信息

序号	译本名称	作者	出版社	出版年份	出版次数	翻译源语言
1	《真人：庄子之道》(Manut Thi Thae Maka-Withi Khong Chuang-Chue)	索·希瓦拉（So Siwarak）	克利可泰出版社（Khlek Thai）	1975 年	7	英文
2	《庄子之道：行走在双行道上》(Makawithi Khong Chuangchue: Kaoyang Bon Thangkhu)	玛诺·乌东德（Manop Udomdet）	日照出版社（Saeng Dead）	1983 年	3	英文
3	《大哲学家庄子》(Chuangchue Chom Prat)	布恩萨·桑瓦利（Bunsak Seangrawe）	高盖出版社（Ko Kai）	1994 年	1	中文
4	《庄子经典》(Khamphi Khong Chuangchue)	巴贡·林巴努颂（Pakon Limpanutson）	克利可泰出版社（Khlek Thai）	1997 年	2	中文
5	《庄子全译》(Chuang-Chue Chabap Sombun)	素拉·碧查塔（Surat Prichatham）	Open Books	2011 年	1	中文

一、《真人：庄子之道》

该译本的作者索·希瓦拉本人并不懂中文，自作者阅读了托马斯·默顿（Thomas Merton）的《庄子》英译本后，就萌生了要将《庄子》翻译成泰文的想法。在翻译过程中，译者主要参照默顿的《庄子》英译本，翻译完成后，又请友人劳·萨田拉素等人校对。译者在序中提到，由于英译本的作者默顿是一名天主教徒，所以该书中除了有《庄子》的英译文，还有一些作者自己关于两教教义的体会和领悟的文章。

该书在出版前,拉拉娜杂志社和巴扎亚善(Pachanyasan)杂志社选登了译文中的一些章节,以"庄子之道"(Makawithi khong Chuangchue)为总题。译者从默顿的《庄子》英译本节选出一些章节进行翻译,所以该译本属于节译本。全文共分63个章节,每个章节都有题目。译文语言朴实无华。在一定程度上译者还是保持了《庄子》原有的意味,译文没有将其哲学思想具体化,其中蕴含的哲学思想需要读者自己体会。在排版上,也像众多道家书籍一样,书中配有富含中国文化情趣的水墨画。在句型编排上采用长短句,保留了原著的古典意味。

截至2011年,该书先后印行8次,均由克利可泰出版社出版。各版出版时间如表5-5所示:

表5-5 《真人:庄子之道》各版次出版时间

版次	出版时间
第1版	1975年
第2版	1978年
第3版	1982年
第4版	1990年
第5版	1992年
第6版	1996年
第7版	2001年
第8版	2011年

二、《庄子之道:行走在双行道上》

由日照出版社于1983年出版,译者为玛诺·乌东德,翻译自《南华经·内篇》英译本 Chuang Tsu:the Inner Chapter,英译本译者是冯家福和简·英格里希。译者选取了英译本前7章进行翻译,最后还用翟理思(Herbert A. Gilies)的 Chuang Tzu 进行校对。每一章内有4~14篇译文不等。英译本中并没有给每章内各小节文章独取名字,但是译者在翻译过程中,为了使读者更好地理解其含义,给每一小节取了题目。对于该译本的书名"庄子之道:行走在双行道上",译者没有解释其由来,而希望读者在阅读过程中自己寻找答案。译文通俗易懂,语句流畅,每篇译文都像叙事性的短文。笔者认为,虽同样翻译自不同版本的英译本,但是在内容还原上比《真人:庄子之道》更贴近原著。

该译本于1987年再版,2010年重印,1987年由克利可泰出版社再版,2010年版由星号出版社(Rupchan)重印。

三、《大哲学家庄子》

该书于1994年由高盖出版社出版,译者为布恩萨·桑瓦利,翻译自中国台湾漫画家蔡志忠的《庄子说》。著名翻译家劳·萨田拉素为该书作序。该译本共有78个小故事,在书中还收录了蔡志忠在《庄子说》中的序,并对蔡志忠加以简要介绍。该译本于2005年再版。在编排上,每则故事都有一个题目。译者先将译文完整罗列出来,之后再另起一页配上漫画原图,并将文字配在图画上。译文语言流畅、通俗易懂,再加上可爱的漫画人物,可以提高读者的阅读兴趣,适合刚接触庄子思想的读者。

四、《庄子经典》

从《庄子·内篇》中选取了7个篇章进行翻译。虽然只有7个篇章,但《庄子·内篇》可以说是庄子思想的核心。译者巴贡·林巴努颂翻译自《庄子》中文原著,译文精练优美,语言流畅。书中配有中国水墨画,提升了本书的观赏性,给读者营造了一种中国哲学的古典意味。

五、《庄子全译》

于2011年出版的《庄子全译》,是目前为止泰国学术界唯一的一本《庄子》全译本,包含内篇、外篇和杂篇共计33章的内容。译者素拉·碧查塔翻译自华兹生的《庄子》英译本,并与中文原著《庄子》及其他三本英译本进行校对。该书的主编是曾经翻译过《道德经》的珀扎纳·占塔纳参地。译本按照《庄子》原著也分为内篇、外篇和杂篇三部分,各篇章内的划分也如原著一样。

在上述《庄子》的泰译本中,索·希瓦拉译本最具个性(是学者的个性,而非庄子原著的个性),语言简洁而犀利,翻译对话时带有明显的语体节奏感。巴贡·林巴努颂的译本语言最为典雅,最有可能传递出《庄子》富有文采的经典性的一面。而素拉·碧查塔的全译本则最为平白简练,较符合当代普通读者的阅读习惯。

(张昌慧,广西壮族自治区外事办公室)

道家之"道"在泰国的翻译变迁与接受

第一节 《道德经》在中国传统文化中的重要地位及在泰国的译介

《道德经》或称《老子》,成书于 2000 多年前,为春秋时期老子所作。关于老子其人其书,争论较多①,目前学界基本采用司马迁《史记·老庄申韩列传》的记载,即老子为春秋时期楚国人,姓李,名耳,字伯阳,谥曰聃;老子久居周国,孔子曾问礼于老子,老子离开周国之前应关令尹喜之求写出《道德经》。全书 5000 余言,内容涵盖天地、宇宙、人生、政治、道德等多个方面,文字淡雅如行云流水,却蕴含深奥的道理。《道德经》共 81 章,前 37 章为上篇《道经》,后 44 章为下篇《德

---

① 自 20 世纪初梁启超撰文提出质疑开始,引出了激烈的关于老子其人其书的论战,以梁启超和胡适为代表的双方论战文字达 50 多万,都录入《古史辨》一书中。

经》。① 全书围绕"道"这一概念,阐述了世界万物的起源、存在、发展、矛盾与解决方法等,涵盖了人生论、政治论、认识论乃至人生哲学、自然哲学、宇宙哲学等层次的内容,是中国最古老的哲学典籍之一②,是中国道家思想的重要来源。

长期以来,人们喜欢将儒学视为中华文化的代表,自 20 世纪 80 年代以来,中国学术界在对传统文化认识基础之上,又深入探讨了儒道两家的历史地位与作用,特别是 1990 年陈鼓应先生在《哲学研究》上发表了《论道家在中国哲学史上的主干地位》一文,引起了中国哲学史界、文化史界学者们的广泛兴趣。张智彦先生提出"从中国文化发展的全过程来看,从先秦到宋明,其间都贯穿着儒道互补的内涵,从而使中国文化不断得到丰富和发展"③。朱伯崑先生也曾说"不论讲儒道结合或儒道互补,总之,在中国悠久的历史上,儒道两家可以说是双峰并峙,二水分流,这种矛盾的对立统一,形成了中国文化"④。因此儒道两家的思想主导了中国 2000 多年思想文化的发展已成为共识。《道德经》对中国的哲学、政治、宗教等都产生了深刻的影响,在儒家学说占据正统地位的封建社会,《道德经》中所体现出的政治、军事等理论也受到统治阶层的关注,几千年来无论是对中华民族性格的形成,还是对政权的统一与稳定,都起着不可忽视的作用。

道家经典《道德经》《庄子》与儒家经典相比,较少说教成分,文体灵动,文辞优美,《道德经》虽只 5000 余字,却留给后人无限丰富的想象和诠释空间,既是思想文化经典也是文学经典,因此成为中国古籍中"注家最多"的典籍。自战国时期法家学派代表人物韩非子所著《解老》《喻老》开始,汉语体系的老学典籍达到 3000 余种,元朝《道德玄经原旨·序》中说道:"道德八十一章,注者三千余家。"⑤这个"三千余家"虽然是个虚数,但也说明了各朝各代对老子《道德经》的关注程度及注释本之多,加之近现代注疏著作,数量是相当可观的。陈鼓应的《老子今注今译》中的参考书目便达到 272 种。⑥

---

① 1973 年长沙马王堆出土的帛书版《老子》甲乙本,《德经》在前,《道经》在后。
② 张岱年:《帛书老子校注》序,北京:中华书局,2007 年,第 1 页。
③ 张智彦:《老子与中国文化》,贵阳:贵州人民出版社,1996 年,第 167 页。
④ 孙以楷:《道家与中国哲学先秦卷》,北京:人民出版社,2004 年,第 4 页。
⑤ 杜道坚:《道德玄经原旨》(《道藏》本),文物出版社、上海书店、天津古籍出版社,1988 年,第 12 册,第 725 页。
⑥ 陈鼓应:《老子今注今译》,北京:商务印书馆,2003 年。

作为中国本土哲学思想的典范,《道德经》已成为全人类共有的文化财富,对世界的影响也日渐凸显,从古到今吸引着国内外学者不遗余力地进行翻译研究,探究其魅力。早在唐朝,唐高祖李渊派遣道家学者前往高丽国讲授《道德经》,高僧玄奘也受命将《道德经》翻译为梵文。美国著名汉学家维克多·梅尔(梅维恒)在其《道德经》译本的前言中就指出:"《道德经》是世界上仅次于《圣经》和《薄伽梵歌》被译介最多的经典。"①《道德经》在泰国的译本有20余种,是泰译本最多的中国文化典籍,反映出泰国学术界和读者对道家文化的关注度。

"道"是道家哲学思想的集中体现,也是中国传统文化的核心词之一,更是《道德经》5000余言的核心概念,因此在考察《道德经》的译介过程中,"道"这个概念的翻译和接受便是首先被关注到的问题。

中文的"道""道家思想"在当代泰语中翻译成"Tao""Latthi Tao"已是不争的事实,同样在和泰国民众提起"Tao"这个词时,大部分人首先想到的也是中国的道家思想。在我们的印象中,"道"(Tao)的概念在泰国由来已久,应该和《三国演义》的"Samkok"(三国)一样早就深入人心了,然而笔者在研究中发现情况并非如此,"道"的概念正式翻译为"Tao"并被泰国官方承认且收入词典还是20世纪五六十年代的事。

泰国虽然是一个佛教国家,但长期以来也受到中国文化的影响。中国的潮州人自吞武里王朝便开始移居泰国湄南河两岸,到1782年曼谷王朝拉玛一世时期,三棱寺河与三聘寺河之间的土地被赐予华人建设家园,后来人们便将这个地区叫作"三聘",这里也逐渐成为都城最大的商业区。随着华人数量的增多,中国的文化便开始从三聘向全泰国辐射。特别是从拉玛一世开始的对中国文学的几次翻译热潮,极大促进了中国文化在泰国的传播。但是作为中国传统文化代表的道家思想,真正引起泰国学者的关注进而进入民众视野,却是在20世纪五六十年代。本文将着重探讨"道"(Tao)这个概念在泰国的传播和接受脉络,介绍道家思想在泰国真正广为熟知的路径。

---

① "Next to *the Bible* and *the Bhagavad Gita*, *the Tao Te Ching* is the most translated book in the world. Well over a hundred different renditions of the Taoist classic have been made into English alone, not to mention the dozens in German, French, Italian, Dutch, Latin, and other European languages." Victor H. Mair (trans.), *Tao Te Ching: The Classic Book of Integrity and the Way*, New York: Bantam Books, 1990, p.xi.

第二节　第一次中国文学泰译高潮未能促进道家思想的传播

一、属于通俗文学作品范畴的历史小说译本

从历史上看,中国文学的泰译过程经历了 4 次高潮。第 1 次是以《三国演义》为代表的"历史小说时期",第 2 次是以鲁迅作品为代表的"现代小说时期",第 3 次是以金庸、古龙作品为代表的"新派武侠小说时期",第 4 次是全面发展时期。①在这里我们主要讨论第 1 时期和第 3 时期。

第一次翻译高潮从 1802 年完成的《三国演义》算起,持续了一个多世纪。泰国将《封神演义》《西游记》等神魔志怪小说乃至《水浒传》等也归入历史演义小说的范畴。20 世纪初,报纸在泰国出现后,许多报纸都设有连载中国历史演义小说的专栏,以招揽读者,一时洛阳纸贵,甚至出现了泰国作者的仿写之作。这次翻译高潮可以说是中国文学的第一次经典化时期,其中涉及道家思想并有一定影响的文学作品有《三国演义》《封神演义》和《西游记》。

虽然《三国演义》泰译本已成为泰国文学中的经典,自翻译之日起至今在泰国的影响可谓家喻户晓、深入人心,但却几乎是一枝独秀,《西游记》《水浒传》《封神演义》的读者群相比之下要小众得多。《三国演义》最初的翻译目的是执政者希望借此学习其中的谋略与战术,希望能够在列强的争端中找到生存之道,民众则更多是将之视为娱乐文学。至于武侠小说的翻译就更属于通俗作品的范畴。这些文学经典在泰国的影响多元而有趣,例如,泰国人对刘备、关羽、张飞、诸葛亮、曹操等人的性格和事迹津津乐道,但也通过俗语留下忠告——"读《三国》三遍者,不可结交"。即使武侠小说的拥趸被英雄主义所感染,仍然会对"君子报仇

---

① 栾文华:《泰国文学史》,北京:社会科学文献出版社,1998 年,第 56 页。

十年不晚""无毒不丈夫"等观点很难认同与接受。也就是说,这些通俗文学作品在泰国确实形成了罕见的热潮,但这种热潮源自阅读的乐趣和快感,对其中的思想文化其实是持保留态度甚至批判态度的。这些文学作品中自然贯串着道家、儒家等中国传统文化的因素,但译介的主旨并不在于输送中国传统文化观,而只是强调故事情节。虽然两次翻译高潮造就了大批历史演义小说和武侠小说的译本,但我们必须看到这两类作品的娱乐功能属性及泰国读者对其文化观念有保留的接受,因此这些文学作品的翻译可以说并未促进中国传统文化在泰国的传播和接受。

二、《三国演义》《封神演义》和《西游记》泰译本中对于道家思想的阐释

在《三国演义》的泰译本里,"道人"用了"toyin"这样的音译,与《封神演义》和《西游记》里"道人"的音译都不同。同时,以"神仙"或"天神"(thepphada)来替代"道人"的概念,或与泰语中的"婆罗门"(phram)进行比附。

《三国演义》虽然在泰国影响巨大且延续至今,但可以说在道家思想的传播方面却没有起到任何作用。这也不足为奇,因为对于当时的译者来说,翻译目的是为了介绍这部中国经典小说的整个故事情节,读者对于故事情节的追求远远大于其蕴含的文化概念的表达,加之当时中国儒家、道家思想均未在泰国得以传播,译者所处的社会背景又是以南传佛教为主的佛教国家,因此借用有关佛教的表达也就理所当然了。

泰译本《封神》(*Hongsin*)翻译于拉玛二世时期,首次出版是在1876年,是较多体现道家思想的小说,涉及有关道家的词语基本都采取了音译,比如散落于各个章节里的"道人"都被译作"toyin"。泰译本里以印度教"仙人"(ruesi)或汉语"先生"(sinsae)来释译或称呼道教(练)气士。对文中"稽首""拂尘"等语汇做了简化处理,或略去未译,或修改了原文的表述。

《西游记》第一个泰译本翻译于1898年拉玛五世时期,这部小说大抵被认为是"扬佛抑道"的,但里面也不乏关于道家的描写,比如第二十五回"镇元仙赶捉取经僧 孙行者大闹五庄观"里的镇元大仙及道观都是道家的体现,泰译本里将"镇元大仙"译作"ruesi chan yai",属于完全借用泰语解释,"元始天尊"译作

"nguansuithianchun phram",属于音译加上泰语翻译,"道观"译作了"samnak",是纯泰语翻译;在第四十五回"三清观大圣留名 车迟国猴王显法"中三位道士都音译作了"taoyin"。

  这三部经典的翻译实践从 19 世纪初一直延续到 19 世纪末,这是中国经典译介的第一个高潮时期,这些译作翻印流传至今。通过对上述译例的检索分析,不难看出,在整个 19 世纪泰国尚未形成对"道"或"道家文化"的统一的、系统化的认知。文化词汇音译、意译均未统一,在遇到代表中国传统文化的道家概念时,多采用了格义(借用佛教概念)或弱化的方式翻译,音译也和今天通用的"Tao"不同。加之这些概念在这三部历史小说中可谓昙花一现,因此可以推断早期经典翻译没有对道家思想和观念在泰国的传播起到任何作用,可以说,直至 19 世纪晚期,"道"和道家文化的概念在泰语文本中的呈现是不固定的、不成体系的,但同时我们也应该意识到这是对异域文化概念翻译的必经之路,就好比"道"在西方世界的翻译也经历了从"God"到"Way"最后定格为"Tao"的历程。① 陈壮在他的《道德经》译本前言中也提到,起初有泰国译者用"mak"或者"thang"来解释"道",他认为这只表示了"道"其中很小的一个含义,无法表达"道"的深邃含义。②

第三节 "Tao"的出现及接受——从《六祖坛经》到武侠小说

一、《六祖坛经》里"Tao"的出现

  对于中国佛教经典的译介虽然没有被现代学者列入中国文学泰译高潮里面,

---

① 虽然汪榕培教授认为在 1880 年理雅各出版的《中国宗教》一书中将 Taoism 译作道家和道教,但"Tao"并未成为"道"英译的通行译法。19 世纪以前以亚历山大为代表的译者将"道"译作"God",20 世纪 30 年代以亚瑟·韦利为代表的译者以"Way"来翻译"道",直到 20 世纪后期英语世界才基本统一将"Tao"作为"道"的翻译。

② Chang Saetang, *Khamphi Tao Toe Ching*. Bangkok: Luklan Chang Saetang. 2553. p.15.

但却是中国文化在泰国传播不可或缺的部分。1953年,泰国佛使比丘根据黄茂林英译本转译了慧能撰写的禅宗经典《六祖坛经》。这个《六祖坛经》的泰译本在泰国流传甚广,影响很大,并多次重印。尽管《六祖坛经》在泰国也有其他译本,但由于佛使比丘是泰国著名比丘,地位甚高,因此这个译本的影响力度和传播广度也是其他译本无法比拟的,对中国大乘佛教及禅宗的介绍和推广起到了重要作用。在这本介绍中国佛教的泰语译本里,出现了"Tao"这个概念:"僧尼道俗一千余人"中的"道"译为"nakphrot latthi tao"。① 这是笔者所能发现的第一次将"道"译作"Tao"的正式文本。

二、新派武侠小说热潮推动了"道"的传播

第三次对中国文学的翻译高潮是20世纪50年代末开始的对金庸和古龙新派武侠小说的翻译,从1957年占隆·披萨纳卡将金庸的《射雕英雄传》译成泰文算起,一直持续到20世纪90年代。这本小说泰文译名为"*Mangkon yok*"(意为"玉龙"),出版后成为泰国当年畅销书,然后不断被改编,搬上电影银幕和电视荧屏,其影响深入泰国家庭,风靡大众。从此,金庸和古龙的其他武侠小说也陆续被翻译成泰文,各种文艺刊物和报纸纷纷刊登转载,深受泰国读者喜爱。1985年4月9日泰国《民意报》有篇文章说:"武侠小说成了书店里、书摊上不可缺少的书籍,武打题材充斥了文坛和影视界。"②因此,人们称这一时期为中国武侠小说时期,又称为"金庸—古龙时期",也是中国文学在泰国翻译和传播的第三次高潮。

就是在这个版本的《射雕英雄传》的泰译本里面,当丘处机出场的时候,使用了"nakphrot latthi tao"(道士)这个词③,可以说是继《六祖坛经》泰译本之后将"道"译成现在通用的"Tao"的又一个影响广泛的文学作品。或者我们可以推测,那个时期泰国译者们基本达成一致将"Tao"作为中国本土的道家思想的专用词。《射雕英雄传》里面有很多关于道家、道士的描述,一定程度上再次推动了道家思想在泰国普通民间的传播。就连颂吉雅·素可与瑙瓦拉·蓬派汶合作的《道德

---

① Buddhadasa, *Sut Phra Wey Lang*, 2496, p.2.
② 何芳川主编:《中外文化交流史》,北京:国际文化出版公司,2008年,第338页。
③ Chamlong Phitnakkha, *Mangkon Yok*. Bangkok: Phloenchit. 2501. p.31.

经》译本前言中,都引用了《射雕英雄传》里面有关丘处机利用道家思想劝说成吉思汗体恤百姓、解救苍生的一段文字来解释什么是道家思想,由此可见《射雕英雄传》译本在泰国的影响。颂吉雅与瑙瓦拉合作的译本是泰国29个《道德经》译本中唯一由两人合作的译本,语言流畅,富有诗歌体的韵味,在译本正文之前有三篇小文章,其中一篇名为《什么是长生不老药》,便是引用了《射雕英雄传》中的一段来介绍道家思想。①

在20世纪50年代之前,"道"无论是译成"To"还是"Tao",都是由译者籍贯决定的。拉玛一世、二世时期还没有双语兼具的上乘译者,因此《西游记》等是福建华人首译并由泰国文人加以润饰,带有明显的福建方言特点;而到了20世纪初华校逐渐建立,双语人才的大规模培养才成为可能,因此《射雕英雄传》等是由潮汕华人一手翻译的,并成为主流。

第四节 "道"——"Tao"在泰语词典里的收录情况

让我们再来看一下"Tao"这个词条何时被泰国主流接受并收录在泰语词典里的:

一、《泰华大辞典》(1946年版)②:"Tao"的解释是"骰子"。

二、《泰语词典》(泰国皇家学术院版 *Photchananukrom Thai Chabap Ratchabanthittayasathan*,1950年版)③:"Tao"的解释是"骰子"。

三、《汉泰词典》(*Pathanukromchinthai*),萧元川(Chuan Siaocholit)主编,南美出版社,1962年版:"道"的义项之一为"Tao","道教"的解释为"Satsana Tao"。

四、《泰语词典》(*Photchananukrom Thai Chabap Phraephitthaya*),玛尼·玛尼伽楞(Manit Manicharoen)主编,普莱披特亚出版公司,1964年版:"Tao"有两项义项,一是"中国一种学说或教派名字,由老子创立";一是"骰子"。

---

① Somkiat Sukho, Naowarat Phongphaibun. *Khamphi Khunnatham*, Bangkok: Ko Kai, 2533.
② 这个版本辞典未查到出版社信息。
③ 泰国皇家学术院版本的《泰语词典》是泰国官方最权威的泰语词典。

五、《现代泰语大词典》(*Photchananukrom Thai Chabap Sombun Lae Than Samai*),伦萨股份出版公司,1974年版:"Tao"有两项义项,一是"中国一种学说或教派名字,由老子创立";一是"骰子"。

六、《现代泰语词典》(*Photchana-Saranukrom*),布朗·纳·那空(Plueang Na Nakon)主编,泰瓦塔纳帕尼出版社,1977年版:"Tao"有两项义项,一是"一种学说,老子是创始人,'道'的意思是世间万物都按照'道'在运行",不仅解释了"道",还简要介绍了老子"道"的含义;另一义项仍是"骰子"。

七、《泰语词典》(*Photchananukrom Thai Chabap Ratchabanthittayasathan*),泰国皇家学术院,1982年版:"Tao"的第一义项是"骰子",第二义项是"中国一教派名称"。

具体见下表:

表5-6　泰国权威工具书对"Tao"词条的收录情况

序号	词典名称	出版年份	主编或出版社	①骰子	②道家思想
1	《泰华大辞典》	1946年		√	
2	《泰语词典》	1950年	皇家学术院	√	
3	《汉泰词典》	1962年	萧元川	√	√
4	《泰语词典》	1964年	玛尼·玛尼伽楞	√	√
5	《现代泰语大词典》	1974年	伦萨股份出版公司	√	√
6	《现代泰语词典》	1977年	布朗·纳·那空	√	√
7	《泰语词典》	1982年	皇家学术院	√	√

总结以上对文本和词典的考察我们可以看到,泰国最权威的皇家学术院版《泰语词典》1950年版"Tao"解释只是"骰子",而在1982年版本中很明确地收录了"Tao""道家思想"的解释。综观20世纪四五十年代华人编著的各汉泰词典中也都没有收录"道"这个词条,但却收录了"孔子""仙"等中国传统文化词条,足见直至20世纪50年代,"道"作为一个异域文化的概念并未在泰国(包括华人社会)得以普及。我们发现的最早收录"道"(Tao)的泰文工具书是1962年萧元川主编的《汉泰词典》。同时根据文献考察,我们知道,1953年佛使比丘翻译的《六祖坛经》是将"道"翻译为"Tao"的最早且影响广泛的文本,而1957年在泰国翻译出版的《射雕英雄传》进一步推动了"道"这个概念的传播,而1963年出版的陈明

德的《东方哲人》一书又是泰国学术界最早全面介绍道家思想且影响流传至今的学术书,并且有了《道德经》40章的翻译,可以说对道家思想在泰国的传播具有里程碑式的意义。这也和我们对泰文工具书的考察结果相吻合。因此,可以初步判定,现在泰国流行的"道"的概念是在20世纪50年代末随着《六祖坛经》的翻译和武侠小说的兴起而第一次在泰国大众中引起广泛关注,并且鉴于其在泰国社会的影响,在20世纪50年代末至60年代初,又被学术界和辞书学者接受,纳入规范的泰语话语系统。另一个值得关注的现象是,道家经典和儒家经典的译介晚于中国大乘佛教经典的译介(从1953年佛使比丘翻译出版《六祖坛经》算起),作为佛教国家的泰国从文化心理上先关注中国佛教,再转而延及其他,也是合情合理的。从客观上讲,中国佛教文化经典的泰译在一定程度上为道家思想的传播打造了基础。

  因此,真正意义上的中国思想文化经典和文学经典的翻译开始于20世纪下半叶。1953年,佛使比丘翻译的《六祖坛经》在泰国出版,开始了该书长达半个多世纪的流传历史。几乎是同时期开始关注并译介汉传佛教经典的陈明德也开始把注意力移向道家、儒家等传统思想文化领域。因此20世纪五六十年代,才是中国本土思想文化中的经典真正被介绍并翻译成泰文的时期,这一时期,从20世纪六七十年代一直延续到21世纪初。虽然在文化经典的翻译和传播过程当中,不会出现读者对通俗作品那样的趋之若鹜的现象,但真正优质的译本,无论是《道德经》《论语》还是《庄子》,都有机会不断重印再版。

结　　语

  从翻译理论上来说,哲学诠释学中一个重要表述就是"翻译即解释"。对于泰国社会来说,中国的道家思想和概念是不同于本国的异域文化的,泰国学者在翻译道家概念的时候,必然带有自己的"前见",他们所处社会的南传佛教文化背景是他们最大的前见,因此在最初引入和翻译这个"道"的概念时,都不约而同用佛教的词汇来解释,这是可以理解的,也可以说是译者对自己文化的固守。一个国家独特的文化,体现了本国的思想风貌,也彰显着本国、本民族的智慧和精神,而文学常常是这种精神风貌最全面和生动的体现。翻译外国典籍的过程,便是在不同文化的接触中认同异域文化、同时寻求和彰显自我文化的过程。以《道德经》为代表的道家思想在外传过程中,无疑承载着传递中华文化精髓的重任,泰国学者在引入"道"的概念时,首先想要用自己本土的文化概念来解释,体现了不同文化间的碰撞和接受,这也不足为奇。

此后,随着社会的发展与文化的交流,泰国学者也意识到,"道"之一词,涵盖中国传统文化的深厚底蕴,用泰语已无法完全表达出"道"这个中国独特的传统概念,于是开始用音译法,无论是"To"还是"Tao",至少承认了这是中国文化的独特范畴,给予读者揣摩、想象的余地,但是依然没有形成统一的观点,只能根据当地华人的发音来定义这个"道",而华人在泰国的社团既有潮汕一族,也有客家人,因此出现了根据当地华人不同方言发音而来的不同音译。通过一段时间的磨合与妥协,最终确定使用潮汕发音"Tao"来翻译"道",并被主流文化接受纳入词典,体现了南传佛教文化背景下对中华文化的接受和融合。文化概念既被接受,文化典籍的翻译和传播便拉开了序幕。同时也让我们看到,中国传统文化典籍在泰国真正得以传播的历史并不如我们想的那么长,《道德经》在泰国译本虽多达20余个版本,但译本质量却参差不齐,我们国内的学者在传播中国传统文化方面依然有许多工作可做。

(陈利,北京外国语大学亚非学院)

中国古代小说在泰国的译介与传播

第一节　历史演义小说翻译的余绪（1900—1921年）

在中国古代学术传统中，小说原本是不入流的。直至20世纪20年代，随着胡适、鲁迅等人运用新方法、新材料对旧小说进行开创性的考证和阐发，才逐步确立了古典小说在中国文学史上的地位。泰国作为中国在东南亚的近邻，早在19世纪初期就开始了对中国古代小说的译介。与后来中国学者对"人的文学"的提倡有所不同，当时泰国对中国历史小说的关注是自上而下的，由泰国王公贵族发起或主导。他们尤其看重《三国演义》等历史小说在治国智慧、军事谋略等方面可能起到的借鉴作用。从《三国演义》开始，泰国翻译中国小说的热潮持续了整个19世纪，到20世纪初仍有余绪。而后，中国文化经典的译介经历了多次译介题材、体裁的转变，但译介传播的活动一直在继续着，而且显示出多元化的趋势。

整个19世纪,泰国对中国古典小说的翻译大体延续了昭披耶帕康(洪)①主持翻译《三国演义》时的运作方式,即由王公贵族主持或赞助,由华人完成初译,再由泰国文人进行文字加工。直至20世纪20年代,报业在泰国蓬勃发展起来,小说翻译才转由报社操作。

曼谷王朝拉玛一世执政的1802年,《三国演义》翻译成泰文。由王室贵族主导的这项翻译工程,其初衷在于学习借鉴《三国演义》中的治国智慧与军事谋略。随着时间的推移,战事不再成为主要威胁,翻译中国历史小说作为兵书或军事谋略的借鉴功能也就不再显著。② 但人们仍然认为中国古代小说是知识和智慧的载体。尤其《三国演义》泰译本的文学价值、娱乐价值在此后两百年间不断被固化,以至《三国演义》的泰译本被誉为"泰国的文学经典"。虽然19世纪中后期的翻译小说在语言质量和影响力上无法与《三国演义》这样的经典译著相比,但中国历史小说由于其自身较高的欣赏性和娱乐性仍然备受推崇。

由于《三国演义》的巨大成功,中国古典小说的翻译作为一种传统接续了下去。这些小说译介给泰国读者时通常被称为"史传"(phongsaowadan)。传统意义上的泰国"文学"都是韵文文学,而中国历史小说是散文体,这是泰国史书和宗教类著作才采用的文体,会令读者主观上认为小说所叙故事在中国历史上都确有其事。实际上,这些作品属于文学创作,从分类上包括历史演义小说、神魔志怪小说和侠义公案小说。根据威奈·素赛(Vinai Suksai)、黄汉坤(Surasit Amornwanitsak)、谢玉冰(Charassri Jiraphas)等人的研究成果,19世纪至20世纪初中国古代小说的泰译情况大致可汇总如下:

表5-7　19世纪至20世纪初中国小说泰译一览

泰译名	原著名	译者、赞助人	翻译时间	出版年份
《三国》	《三国演义》	拉玛一世委托昭披耶帕康(洪)、华人乃汉等翻译	1802年	1865年

---

① 昭披耶帕康(洪)(?—1805年),拉玛一世时期主掌财务的重臣,素有文名。
② 见威奈·素赛的博客文章《中国历史小说在泰国》:https://www.gotoknow.org/blog/cha-lit,2015-07-05。

（续表）

泰译名	原著名	译者、赞助人	翻译时间	出版年份
《西汉》	《西汉通俗演义》	拉玛一世委托翻译	1806 年	1870 年
《列国》	《东周列国志》	拉玛二世委托翻译	1819 年	1870 年
《封神》	《封神演义》	未详	拉玛二世时期（1809—1824 年）	1876 年
《东汉》	《东汉十二帝通俗演义》	未详	拉玛二世时期（1809—1824 年）	1876 年
《隋唐》	《隋唐演义》	昭披耶提帕翁功①委托华人潘金、平等人翻译	1855 年	1878 年
《万花楼》	《万花楼杨包狄演义》	昭披耶波隆玛哈希苏利耶翁②委托华人东翻译	1857 年	1880 年
《五虎平西》	《五虎平西前传》	昭披耶波隆玛哈希苏利耶翁委托华人东翻译	1857 年	1878 年
《五虎平南》	《五虎平南后传》	昭披耶波隆玛哈希苏利耶翁委托华人东翻译	1857 年	1886 年
《西晋》	《西晋演义》	昭披耶波隆玛哈希苏利耶翁委托銮披猜瓦利翻译	1858 年	1873 年
《东晋》	《东晋演义》	昭披耶波隆玛哈希苏利耶翁委托銮披猜瓦利翻译	1858 年	1877 年

① 昭披耶提帕翁功(1813—1870 年)，曼谷王朝重臣，著有史学、自然科学等方面的著作。
② 昭披耶波隆玛哈希苏利耶翁(1808—1882 年)，曼谷王朝重臣，经历了拉玛一世至拉玛五世五位泰国国王的统治时期，并在 1868—1873 年间任拉玛五世的摄政王。在文学、戏剧、音乐方面成果卓著。

(续表)

泰译名	原著名	译者、赞助人	翻译时间	出版年份
《南北宋》	《南北两宋志传》	栾披散素帕蓬委托华人潘金翻译	1865年	1880年
《残唐五代》	《残唐五代史演义》	昭披耶波隆玛哈希苏利耶翁委托翻译	1866年	1868年
《说岳》	《说岳全传》	昭披耶波隆玛哈希苏利耶翁委托华人东等人翻译	1867年	1869年
《宋江》	《水浒传》	昭披耶波隆玛哈希苏利耶翁委托翻译	1867年	1879年
《南宋》	《南宋演义》	昭披耶波隆玛哈希苏利耶翁委托翻译	拉玛四世时期（1851—1868年）	1871年
《明朝》	《云合奇踪》	昭披耶波隆玛哈希苏利耶翁委托翻译	拉玛四世时期（1851—1868年）	1871年
《薛丁山征西》	《薛丁山征西》	昭披耶波隆玛哈希苏利耶翁委托华人东翻译	1869年	1904年
《大红袍》	《海公大红袍全传》	昭披耶波隆玛哈希苏利耶翁委托銮披猜瓦利翻译	1869年	1889年
《小红袍》	《海公小红袍全传》	昭披耶波隆玛哈希苏利耶翁委托銮披猜瓦利翻译	1870年	1902年
《扫北》	《罗通扫北》	昭披耶波隆玛哈希苏利耶翁委托翻译	1870年	1881年
《明末清初》	《新世鸿勋》	昭披耶波隆玛哈希苏利耶翁委托銮披猜瓦利翻译	1870年	1878年

（续表）

泰译名	原著名	译者、赞助人	翻译时间	出版年份
《英烈传》	《续英烈传》	昭披耶波隆玛哈希苏利耶翁委托翻译	1870 年	1879 年
《开辟》	《开辟演义通俗志传》	昭披耶帕努翁委托銮披毗塔潘威占翻译	1877 年	1881 年
《岭南逸史》	《岭南逸史》	昭披耶波隆玛哈希苏利耶翁委托翻译	拉玛五世时期（1868—1910 年）	1878 年
《游江南》	《大明正德皇游江南传》	昭披耶波隆玛哈希苏利耶翁委托翻译	拉玛五世时期（1868—1910 年）	1879 年
《大汉》	《大汉三合明珠宝剑全传》	銮披毗塔潘威占翻译	拉玛五世时期（1868—1910 年）	1885 年
《包龙图公案》	《龙图公案》	乃庸等翻译	拉玛五世时期（1868—1910 年）	1898 年
《说唐》	《说唐演义全传》	未详	拉玛五世时期（1868—1910 年）	1903 年
《薛仁贵征东》	《薛仁贵征东》	昭披耶波隆玛哈希苏利耶翁委托翻译	拉玛五世时期（1868—1910 年）	1903 年
《西游》	《西游记》	帕索蓬阿颂吉①委托乃鼎翻译	拉玛五世时期（1868—1910 年）	1906 年
《清朝》	《清史演义》	帕索蓬阿颂吉委托坤金帕波利瓦等翻译	未详	1915 年

从上表可以看出，拉玛一世到拉玛五世期间，有 32 部中国古代小说被译成泰文，大部分翻译和出版时间集中在 19 世纪，只有《小红袍》《说唐》《薛仁贵征东》

---

① 帕索蓬阿颂吉（Prasophonaksornkit）即列·萨米达希利（Lek Samitasiri，1874—1948 年），经营有索蓬披帕塔纳贡印刷厂（Sophonphiphatthanakorn），印品质量冠绝当时。拉玛四世还是王储期间，列·萨米达希利就成为其宫廷侍从；拉玛四世登基后，御作即由列·萨米达希利负责出版。在拉玛七世时列·萨米达希利曾官至三等宫廷侍臣（Rongsewok'ek）。

《薛丁山征西》《西游》《清朝》等 6 种是在 20 世纪初出版的。没有确切证据可以表明,1910 年拉玛五世去世至 1921 年泰国报业开始大发展之间,仍有大规模的贵族赞助的译事活动开展。因此,我们不妨初步判断,拉玛一世至拉玛五世时期是中国历史小说的第一次翻译高潮,翻译工作主要由王公贵族主持开展,翻译工作的主体是在 19 世纪完成的。而到了拉玛六世时期(1910—1925 年),尤其是 1921 年后,中国小说的翻译已转由报业操作,这意味着中国小说的翻译和出版进入了新的阶段。

第二节 报业主导的中国古代小说翻译(1921—1945)

在 20 世纪,泰国对中国古代小说翻译的新一轮高潮是由报业来完成的。这一阶段大约是 1921 年至第二次世界大战。[①]

20 世纪 20 年代,印刷出版业有了较大发展,许多在泰国的西方人和泰国人开设的印厂开始出版拉玛一世以来翻译的中国小说。1921 年,素克利·瓦素瓦(Sukri Wasuwat)创办了《暹罗民报》(Siamrat Raiwan),由吉·瓦拉贡(Kit Warakorn)担任主编,为了增加报纸的销量,开始在报纸上刊登中国历史小说。据考证,《暹罗民报》刊登的第一部小说是《五虎平北》。这部作品完成连载后于 1922 年出版。这一举措大获成功,《暹罗民报》一跃成为当时最受欢迎的报纸。于是其他各家报社纷纷效仿,蔚然成风。当时,只要是办日报,总要想方设法连载中国小说来吸引读者。这种做法可以在短时期内提升报纸销量,甚至会延长报刊的发行寿命。以《暹罗民报》为例,据说在其刊登中国小说后,该报销量竟从 3000 份猛增到 30000 份。

据威奈估算,1921—1945 年间,泰国不少于 80% 的报纸有中国小说连载。这些报纸每种通常都要同时连载一两部中国小说,某些时期有的报纸甚至连载三四

---

① 本节内容如无特别注明,主要材料来自威奈·素赛发表在《沙炎叻周刊》(Siamrat Sapdawichan)上的文章《中国文学在泰国:报刊上最初的繁荣》(1992.12.6-12 第 27 期、1992.12.13-19 第 28 期、1992.12.20-26 第 29 期)及博客文章《中国历史小说在泰国》。

部。刊载总量应该有数百部之多。

当时翻译连载中国小说的主要报纸包括：

一、《暹罗民报》创办于 1920 年,1925 年停刊,1928 年复刊。其再度停刊的时间待考,但迟至 1930 年中期这份报纸仍然存在,也仍在连载中国小说。《左维明》《钟皇后》等作品大受欢迎,曾多次重印。

二、《华暹日报》(*Chinno Sayam Warasab*,1907—1923 年)由知名华人萧佛成(Siao Hutseng)创办并任主编,在政治立场上支持孙中山的民主革命。

三、《拉蒙报》(*Lak Muang*,1927—?)最先连载《金瓶梅》的翻译,但只译完了前两部(回)。

四、《曼谷政治报》(*Bangkok Karnmuang*,1923—1932 年)是泰国第一份明确以"发挥政治作用"为宗旨的报纸。

五、《希贡报》(*Sri Krung*,1913—?)初为月报,至 1926 年改为日报。该报曾刊登的中国小说多为旧译,如《左维明》就先在《暹罗民报》上发表过。威奈认为,这种运作方式可能是因为报社方面面临着稿荒,也有可能是因为当时竞争激烈,导致作品翻译质量下滑,报社采取这种方法可以挽回读者。

威奈·素赛查阅了 1921—1933 年间的 23 种报纸,统计出共刊载了 62 部中国小说,刊载完毕的有 42 部。由于这些作品威奈仅提供了泰文译名(多为潮汕方言的音译)和极为扼要的介绍,尚无法判断译作所依据的原著版本及译文质量,下表仅列出部分刊载于泰国报纸的中国古代小说名目,其中《暹罗民报》《希贡报》由于没有留存的缩微胶片或原刊,其介绍转引自他人的著述。

表 5-8 1921—1945 年间部分泰国报载中国小说

泰译名	译者	所载报刊	发表时间
《元朝》	未详	《暹罗民报》	未详
《双太子》	未详	《暹罗民报》	未详
《安邦定国志》	未详	《暹罗民报》	未详
《左维明》	未详	《暹罗民报》	未详
《钟皇后》	未详	《暹罗民报》	未详
《七侠五义》	未详	《暹罗报》	1922 年

(续表)

泰译名	译者	所载报刊	发表时间
《女仙外史》	萧佛成？	《华暹日报》	1922年
《年羹尧》	萧佛成？	《华暹日报》	1923年
《八大侠》	萧佛成？	《华暹日报》	1923年
《血滴子》	萧佛成？	《华暹日报》	1923年
《金瓶梅》	金暹（Chinsiam）	《拉蒙报》	1932年
《梁红玉》	德·本东（To Puntong）	《拉蒙报》	1931—1932年
《红莲寺》	德·本东	《拉蒙报》	1932年
《商朝》	支·素翁（Chue Suwong）	《曼谷政治报》	1923年
《西太子》	未详	《曼谷政治报》	1923年
《英台山伯》	未详	《曼谷政治报》	1923年
《混世王》第一、二部	古拉希南恩（Kulabsinamngoen）	《曼谷政治报》	1924年
《混世王》第三部	占柴（Janchai）	《曼谷政治报》	1923—1924年
《二度梅》	高檀通（Kaothanthong）	《曼谷政治报》	1923年

虽然这只是一份并不完整的名单，但从内容上看，仍延续了19世纪至20世纪初历史演义、侠义公案、神魔志怪这三大类题材。历史小说不再占据绝对的优势地位，因为许多重要作品的翻译在19世纪的第一次译介高潮中就已经完成了。

同时，这一时期出现了《金瓶梅》《二度梅》《梁山伯与祝英台》等世情小说的翻译。有的报纸在刊载中国小说译文的同时，也开始发表中国小说的仿写之作，例如《暹罗民报》刊登的《田无貌》等。威奈推断，由于读者对中国小说反响强烈，也由于报社方面开始面临"稿荒"的危机，才造成这些仿写之作的出现。

1921至1945年期间，泰国报纸翻译刊载中国小说主要是出于娱乐目的。此外，读者除了受到故事情节的吸引，也对小说中出现的中国地理、历史、文化知识饶有兴趣。虽然报社和译者众多，但翻译文字风格大多受"三国体"的影响，只是文笔不及《三国》那么出色。只有《华暹日报》刊载中国小说时强调是"小说"体裁，不再冠以"史传"的说法，并在文字风格、章节段落划分与标点符号使用上都有所革新。但这种做法并没有成为当时的主流。

中国历史故事虽然大受欢迎，但由于时间仓促，编辑和译者对题材无暇筛选，多数的译文并不忠实于原文,而是采取缩译甚至编译的方式,粗制滥造的现象也在所难免,后来更出现了仿写之作。不少译作和仿写作品在连载过程中自行腰斩。这些情况都在一定程度上消减了泰国读者对中国历史小说的兴趣。

泰国王室贵族作为赞助人主持资助中国小说翻译的模式至此被打破,报社成为译事的主要组织者。中国小说的译介在泰国报业这一商业环境中成长发展,其自身的文学价值、消费价值也反哺了报业,促进了报业、出版业的规模化发展,从而形成了文化产业。由华人初译、泰人润色改写的传统合作方式可能仍然存在,但已有相当多的译者(如萧佛成等)本身就通晓中文和泰文,可以独立完成译事。只是编译、译写的翻译方式仍然非常普遍,与当今居于主流的严谨的翻译方式仍有区别。

在述及这一时期中国小说泰译成果时,不能不提及泰国华裔女翻译家陈仰贤(1905—1992年),泰文名年·古拉玛洛希(Nian Kuramarohit)。陈仰贤出生在曼谷,自幼在曼谷上华校,后进入当时泰国的一家女子中学就读。1927年考入暨南大学,一年后转学至燕京大学,1931年毕业于古典文学专业,获文学学士学位。在那里,陈仰贤遇到了她的终身伴侣,泰国知名作家、剧作家索·古

图 5-5　陈仰贤与索·古拉玛洛希

拉玛洛希(Sot Kuramarohit,1908—1978年)。1935年,二人回到泰国。尽管回国后的生活充满艰难和坎坷,但陈仰贤始终笔耕不辍,翻译了大量中国古代和现代文学经典,兼涉散文和韵文两大翻译领域。陈仰贤晚年还将自己收藏半个多世纪的1500余册藏书捐给了北京大学图书馆。

1941年,陈仰贤陆续在《民间》(*Ekkachon*)杂志上发表了《李娃传》《梅妃》《白猿传》《枕中记》《长恨传》《杨妃传》等多篇古代传奇小说译作。1942年,她在《文苑》(*Suanaksorn*)杂志上发表《水浒传》"景阳冈"一回译文,并在《艺术家》(*Sinlapin*)杂志上发表《聊斋志异》中《聂小倩》的译文。同年,陈仰贤还以"中国最古老的短篇小说"为副标题在《文苑》杂志上发表了《列子》"愚公移山"故事的

译文。1944年,她在《民间》杂志上发表《聊斋志异》中《余德》的译文。①

陈仰贤的译作不同于日报上那些为抢时间而仓促推出的作品,而是非常忠实严谨的。她的发表园地也多以杂志为主,所译的内容多是篇幅不长的传奇或短篇小说,而且都是在中国文学史上占有一席之地的经典之作。和一般的报纸译者相比,她在翻译态度、翻译方法和作品选择上都要更为严谨。这使得陈仰贤成为报译中国小说热潮之后的又一道颇为独特的风景。

第三节 二战后中国古代小说的泰译(1946—2000年)

黄汉坤在他的博士论文《中国古代小说在泰国的传播与影响》中列举了翻译成泰文的62部中国经典小说。其中二战后的翻译作品笔者经增删考订后摘要整理如下:

表5-9 1946—2000年中国古代小说泰译一览

原著名	译者	翻译时间	出版者	备注
《水浒传》	陈仰贤(Nian Kuramarohit)	1945—1946年	《民间》期刊(Ekkachon)	14回
《聊斋志异》	陈仰贤	1947年	《黎明》期刊(Rungarun)	婴宁
《三国演义》	珲回(Hunhuai)	1952年	护教出版社(Rongphim Phadungsueksa)	编译本
《金瓶梅》	雅考(Yakhop)	1955年	瓦塔纳维汶出版社(Wanthanawibun)	据Bernard Miall从德文转译的39回英译本编译为44回泰译本

---

① 《陈仰贤女士丧仪纪念书》,曼谷,1992年。

(续表)

原著名	译者	翻译时间	出版者	备注
《西游记》	索·帕达本蒙 (So Phadabunmuang)	1960年	《猜雅普》期刊 (Chaiyaphruek)	11回
《红楼梦》	陈仰贤	1962年	《宽斋》(Khuanchai)期刊	2回
《西游记》	珀·邦披 (Pho Bangphi)	1968年	欧典萨多出版社 (Odian store)	
《聊斋志异》	荣·英卡威 (Yong Ingkhawet)	1969年	《詹达拉歌贤》期刊 (Chandrakasem)	董生、画皮、续黄粱
《三国演义》	宛崴·帕塔诺泰 (Wanwai Phathanotai)	1977年	自然出版社 (Thammachat)	
《红楼梦》	瓦叻塔·台吉功 (Worathat Detjitkorn)	1980年	建设出版社 (Sangsan)	王际真40回本英译本转译
《济公全传》	差纳·甘莫空 (Chana Khammongkhon)	1994年	独立人出版社 (Patchekchon)	据Ian Fairweather英译本转译
《肉蒲团》	查兰通 (Chalunton)	1994年	冲信探玛达出版社 (Chumsinthammada)	
《龙图公案》	塔宛·希卡戈颂 (Thavon Sikkagoson) 巴贡·林巴努颂 (Pakon Limpanuson)	1995年	野花出版社 (Dokya)	
《聊斋志异》	诺·努帕拉 (No Noppharat)	1996年	野花出版社	

二战后是中国古代小说泰译的第三个时期,也是翻译日益呈多元化的阶段。这一阶段有两点非常值得关注:

首先,部分历史演义小说、侠义公案小说、神魔志怪小说的经典化过程仍在继续。读者对这些传统畅销书的推崇并没有在1932年终结,此类故事仍在报纸杂志上刊载,并且在1970年代后,随着相关题材的中国影视剧目的热播再度成为热点。《三国演义》《水浒传》《西游记》在二战后均有新译本问世。这些新译本主要是为了弥补旧译本删改原著的缺陷,以呈现原著的本来面貌,同时也给新一代读者提供文字上更富时代气息的新文本。由于这些作品号召力巨大,出现的改译、节译或衍生作品也都有不小的读者市场。以《三国演义》为例,除了3种较完整的新旧译本,其他节译、改写及评论阐释等相关的衍生图书多达59种。① 这些节译、改写和衍生作品大多是在二战以后出现的。除了《三国演义》,《水浒传》《西游记》《龙图公案》等小说也都多次重印,或出版过新译、节译、改写、阐发的版本以及相关的衍生作品。这些新译、节译、衍生作品与第一阶段的经典译本一道共同铸就了原著在泰国读者心目中的经典地位。这种经典化的过程往往会持续相当长的时间,二战后50余年的译介活动仅仅是中国小说在泰国经典化过程的一部分。

其次,世情小说在二战后开始受到重视,但其成果和影响则始终未能达到历史演义小说、侠义公案小说、神魔志怪小说曾经达到的高度。以《红楼梦》和《金瓶梅》这两部著名的世情小说为例,截至2000年,各自都只有一部节译本流传于世,且都是从英文节译本转译的。

结　语

纵观19世纪至20世纪中国古代小说在泰国的译介与传播,历史演义小说、侠义公案小说、神魔志怪小说都曾经在某个阶段成为高潮或热点,进而形成了文学经典。以《三国演义》为代表的历史小说自不待言,其文学性、欣赏性在相当长的时间内成为文学阅读的主流趣味。但从深层来看,泰国王室贵族引进《三国演义》的初衷并不在于其文学性,而在于对作品中智慧谋略的借鉴。这种学习和借鉴实际上是对19世纪以来泰国统治阶层面临内忧外患时产生焦虑的折射,他们渴望在近现代社会的转型和变革中把握时局。显然,在"西学"方兴未艾、势不可当之时,他们并不排斥来自东方的传统智慧。

---

① 金勇:《〈三国演义〉在泰国的传播模式及影响研究》,北京大学博士论文,2009年,附录一。

以《龙图公案》《七侠五义》为首的侠义公案小说也曾成为读者关注的热点,时至今日,以包公为题材的图书仍在泰国娱乐文学市场中占有一席之地,这和近年来包公题材影视剧的大量出现,尤其是集断案和武侠于一体的风格是分不开的。不同版本的"包青天"影视剧目深受泰国观众喜爱,也推动了同类题材图书的销售。

神魔志怪小说虽数量较少,只有《西游记》《封神演义》《开辟演义》等有限几部,但其受欢迎的程度也持续不衰,这也和近年《西游记》等影视剧、动漫的流行有关。同时,在文化传统上,孙悟空的形象和《罗摩衍那》中哈努曼神猴的形象形成了相互促进的合力,受到泰国读者欢迎也是很自然的事。

和上述三类古代小说不同,世情小说的译介和传播一直显得不温不火,始终未能形成热点或高潮。以《红楼梦》为例,在国内备受推崇,形成了专门的学术研究领域,取得了其他任何古代小说难以相比的地位。但在泰国,20世纪仅出版了依据王际真40回英译转译的节本,以及陈仰贤翻译的前两回的残篇。《红楼梦》影视剧虽然也曾在泰国播出,但影响力和受欢迎程度还不能和《三国演义》《西游记》相比。

究其原因:一方面因为世情小说原著篇幅宏大;另一方面,世情小说有着更深邃、更细密的文化质地,给移译造成了障碍。在以韵文文学为主导的泰国近代文学史上,接受中国历史小说也许不是难事,但世情小说的传播与接受在当时并不具备"迫切性"。而且,早期的译者也没有在文化和语言上做好充分的准备。即使翻译出来,恐怕也很难成为《三国演义》那样的经典译作。而1921—1945年的第二个翻译时期,读者的阅读倾向很大程度上是对19世纪文学趣味的延续,再加上市场化的导向,不同题材的古代小说译作大量涌现,世情小说很难做到脱颖而出。

优秀、完整的世情小说译本的缺位是非常令人遗憾的。整个20世纪,没有出现《红楼梦》完整的译本,真正的全译本迟至2013年才出版。但由于译者采取的翻译策略等问题,导致这个"完璧"未能产生应有的影响(由于本文重点考察中国古代文学经典在20世纪泰国的传播与影响,针对该全译本的讨论不再展开)。这个《红楼梦》节译本虽然在文字上颇下了一番功夫,但二度变形、误译在所难免。雅考翻译的《金瓶梅》篇幅上不足英文转译本(39回节译本)的一半,而且又在英文转译本的基础上进行了较大幅度的调整和增删，几乎可以说是再创作的产物了，这使得《金瓶梅》泰译本更加偏离原著的本来面目。译本状况如此，读者回应不够积极也就不难解释了。

其实，每一次中国文化经典在泰国引发轰动效应都是和彼时彼地影响泰国的思潮或社会焦点相应和的。历史演义小说是当时泰国统治阶层面对内忧外患所能想到的解决思路；《六祖坛经》1953年在泰国由佛使比丘翻译出版，为沉闷的宗教界带来一股新风，也开启了泰国读者对中国禅宗、道家和儒家思想的长久的关注和兴趣；1957—1958年新派武侠小说的流行实际上是一种全新的娱乐文学形式，自然给泰国读者带来了全新的阅读体验；1960年代，中国左翼文学在泰国的流传实际上也是受到当时左翼思潮在世界范围内高涨的影响。而《红楼梦》《金瓶梅》这样的世情小说则是对中国传统物质文化、精神文化世界的细腻呈现。作为现实主义文学，虽然也饱含着对当时中国社会问题的映射和批判，但其批判又远不如现当代左翼作品来得直接。换言之，中国世情小说始终没有找寻到与泰国思潮或社会焦点相结合的契机，因而始终只能作为小众读物流传。

译入语文化对外来文化的接受从来都是有选择的。文化传统越是特色鲜明、根深蒂固，就越可能意味着排他性。受南传佛教的影响，泰国读者对道家和禅宗的兴趣要大于对儒家文化的兴趣。历史上出现的翻译经典，历史演义也好，神魔志怪也好，侠义公案也好，名义上都是对中国古代小说的翻译和传播，但其中都包含着对彼时彼地译入语社会的某种契合，较好地完成了异域文化向当地社会的融合。

（白淳，北京外国语大学亚非学院）

《楚辞》的泰译研究

《楚辞》是中国诗歌乃至中国文化的源头之一,也是世界文化的瑰宝。它突破了《诗经》的表现形式,极大地丰富了诗歌的表现力,对汉赋的形成和后代的诗歌创作产生了深远影响。骚体诗是《楚辞》的一大特点,标志着中国诗歌从民间集体歌唱到诗人独立创作的更高发展阶段。

尽管屈原还不被大多数外国人所熟悉,但其作品在很早以前就已被翻译成多国文字,许多国内外的翻译家,如孙大雨、许渊冲、霍克斯、杨宪益和戴乃迭夫妇曾把《楚辞》翻译为英语;俄罗斯著名汉学家,如阿里克、费德林和克拉芙佐娃也曾经把《楚辞》翻译为俄语。这些翻译一定程度上推动了中国典籍和文化的向外传播。《楚辞》的两个泰译本都为选译本,一本书名为《中国韵文纂译 诗经:楚辞》,由黄荣光(Yong Ingkhawet)翻译,出版于1989年(以下称黄译),翻译的文章有《九章·东皇太一》《离骚》和《登徒子好色赋》;另一本书名为《中国文学史》(*Prawat Wannakhadi Chin*),由素帕·猜瓦塔纳潘(Suphat Chaiwatthanaphan)翻译,出版于

2006年(以下称猜译),其中的篇目有《离骚》和《哀郢》。

《离骚》是《楚辞》的代表诗体——"骚体",也是屈原的代表作;是我国古代最辉煌的长篇政治抒情诗,也是屈原作品中一篇最长的带自叙性的抒情诗。《离骚》在中国文学宝库中首屈一指,一直被引为民族文学的骄傲。因此,作为文化元典翻译,《离骚》的翻译中蕴藏着巨大的翻译研究价值。

第一节 关于译文的形式

《离骚》共373行,2490字。猜译有373行,黄译也有373行,且两者都以4行为单位,把译文分为93个小节,其中最后一节有5行。由于原文是一篇长篇诗作,译文采用这种模式,不仅有利于读者阅读理解诗作的思想内容,而且还向读者展现了原作篇幅的长度。其中,与猜译相比,黄译的一个优点就是在每小节译文的左边还附上了中文原文,并在译文前加注了节序号,这一方面有利于懂中文的译文读者对比阅读,另一方面也为研究者提供了便利。

《离骚》是一首长篇抒情诗,具有很强的节奏感,特别是奇数句都以"兮"字结尾("乱曰:已矣哉"一句除外),读起来朗朗上口。那么译文是否保留了原作的这种韵律呢?请看以下译文摘录:

表5-10 《离骚》泰译尾韵对比

原文	黄译	猜译
帝高阳之苗裔兮,	angkun chao kao yang rat oei	chan pen nonueachueakhai kasatri kao iang
朕皇考曰伯庸。	chanok nat kha wa po yong	bida mi nam wa po yong
摄提贞于孟陬兮,	pharue hat charat thiang duean chiang trong oei	chan kamnoet nai wan roek ngam
惟庚寅吾以降。	chan dai long kamnoet wan roek ngam	khuen chet kham duean ai pi khan

(续表)

原文	黄译	猜译
皇览揆余初度兮，	wi takka lakkhana wela sut oei	bida hen chan mi roek wan koet di yang ni
肇锡余以嘉名。	chueng damri prasat chue thue kham ham	chueng dai tang mongkhon nam sotkhlong kap roek wan koet
名余曰正则兮，	hai choeng choe pen ming mongkhon nam oei	tang chue ton mi khwammai wakhwamyutitham
字余曰灵均。	chue rong tam wa ling chun sun si	tang chue somya mi khwammai wa chao panya di samamsamoe

通过比较，发现黄译每一行的长短几乎都接近原作，而猜译则完全抛开了与原文的字数对等的限制，译文形式较为自由。黄译一个最显著的特点是奇数句末都以"oei"结尾，和原作以"兮"结尾一样，增强了译文诗作的韵律感，从保持原诗作的体制和韵律方面来讲，算是成功的翻译。

从整篇来看，黄译每一行都有严格的押韵和韵律，且大多都采用诗体语言。猜译则为白话诗，即每一行不拘泥于字数的多少，没有押韵，且运用较为直白的语言进行翻译。

黄译在译文中做了很多详细的注解以帮助读者理解，这有利于传达原作的思想内容。猜译通篇没有注释，这可能是因为猜译语言通俗易懂，再加上用白话诗翻译，就没有再做注的必要了。

就译文而言，黄译要略胜一筹，很好地再现了原诗的韵体形式。猜译则没有向读者传达原诗作的韵律之美。但不得不承认，猜译采用较为直白的现代语言更有利于读者理解诗作的思想内容，从而能够吸引更多的读者。

第二节 关于题名的翻译

历来对《离骚》题意的解释众说纷纭，有几十种说法。东汉班固在《离骚赞序》中说："离，犹遭也；骚，忧也，明也遭忧作辞也。"把"离"释为"遭"，是因为"离"通"罹"，即遭受的意思。按照班固的解释，"离骚"即遭受忧患的意思。东汉王逸《楚辞章句·离骚经序》中说："离，别也；骚，愁也；经，径也；言也放逐离别，中心愁思，犹依道径，以讽刺君也。"按照王逸的解释，"离骚"即离别的忧愁。以上是对《离骚》题意的解释最古老、最通行的两种说法。

黄译选择将"离骚"直接音译可能出于以下两种原因：一是为了使诗题短小精悍；二是关于"离骚"的解释众说纷纭，莫衷一是，作者只好选择音译，把到底解释为什么的问题留给读者。猜译把诗题译为"*Nirat Kamsruan*"显然是采用了王逸的说法，即"离别的忧愁"，从形式上看，猜译的标题短小精悍，适合用来作为一首诗的标题，更重要的是还做到了"达意"，堪称佳译。

第三节　名物的翻译

《离骚》里的名物是理解的一大难题，更是翻译的一大挑战。《楚辞》里的植物、天文、地理等名称和概念牵涉大量的中国古代文化史知识。在翻译中，如何翻译？采取何种策略才不会削弱《离骚》的经典价值？若全部直译，目的语文化中又难以找到对应的词语，若意译，又关系到是以源语言文化为依归还是以目的语文化为依归的问题。下面将考察两位译者在翻译名物名称时所采取的种种策略，以及这些策略对译文造成的影响。

一、植物名称

《离骚》借助许多植物名称和典故来比喻正直高尚的人格，这些应该被视为蕴含文化内涵的事物，有着独特的审美内涵，而这种内涵只能为成长于《楚辞》所诞生的文化氛围中的读者所感知，因而对于异域文化的读者来说是难以理解的。本文将比较黄译和猜译在翻译这些文化因素时的处理方法，找出两位译者的翻译策略，即以目的语文化为依归或是以源语言文化为依归，亦或是二者间的一种妥协。

表 5-11 《离骚》泰译对比句(1)

原文	黄译	猜译
扈江离与辟芷兮，	chai chiang li hom naem kaem pha chi oei	chan raksa chuesiang hai homhuan muean khlum kai duai aphon phaka hom chiang li lae pai chue
纫秋兰以为佩。	roi mali krong pradap kap ka ya	muean pradapkai duai phuang kluaimai hom chu rong

上表中的句子中出现了三个植物名称，均用来比喻诗人美好高洁的品格。"江离"是一种香草名，又称蘼芜，即芎䓖；黄译采取音译并在译文后面加了注释来说明"江离"是一种植物，用于比喻美好高尚的品格。猜译采取解释性翻译与音译相结合，把"江离"译为"aphon phaka hom chiang li lae pai chue"，即"有香味的花的饰物"，由此并不能让读者看出"江离"是一种什么样的植物，也未向读者传达该事物的文化内涵。

根据曹大中在他的著作《屈原的思想与文学艺术》中的统计，在屈原的作品中，花、草、树等植物名称总共出现了 235 次①。黄伯思②说："兰、蘘、茝、蕙、若、蘅者，楚物也。"例如，《离骚》中提到的植物名称有：江离、辟芷、秋兰、宿莽、申椒、菌桂、蕙、茝、荃、留夷、揭车、杜衡、芳芷、秋菊、木根、薜荔、胡绳、芰荷、芙蓉、幽兰、琼枝、蘘茅、萧艾、椴、木兰等。

通常，这些植物名称所富含的意义要远远超过植物本身。在《楚辞》中屈原常常用香草来比喻正直高尚的品格或指代明君，而用萧艾指代卑鄙小人。论文认为，《离骚》中植物名称的翻译是译者在翻译过程中面临的一个难题。因为，译者不仅要考虑这些名称在语言层面上的意义，更要考虑其在文化层面上的内涵。为了比较的需要，现将两个译本中对上述植物名称的翻译列为以下表格：

表 5-12 《离骚》植物名泰译对比

植物名	黄译	猜译
江离	chiang li chiangli	chiangli

---

① 曹大中:《屈原的思想与文学艺术》,长沙:湖南出版社,1991 年,第 186 页。
② 黄伯思(1079—1118),北宋晚期重要的文字学家、书法家、书学理论家。

(续表)

植物名	黄译	猜译
辟芷	pha chi	pai chue
秋兰	ma li	kluaimai hom
宿莽	dok ya	hom su mang
申椒	soen chiao	soen chiao
菌桂	chun kui	chun kui
蕙	hui	dok hui
茞	pha chi	pai chue
荃	chom	
留夷	lio yi	dokmai hom lio i
揭车	chi choe	chia choe
杜衡	tu hoeng	tu hoeng
芳芷	pha chi	pai chue
秋菊	ben mat	dok benchamat
木根	rakmai	rakmai
薜荔	phi li	bi li
胡绳	phu sen	hu soeng
芰荷	nilobon	bai bua
芙蓉	sarot	dokbua
幽兰	chiang li	chiang li
琼枝	king yok	king ton yok
薠茅	yatong	yakha
萧艾	kot pa	watchaphuet
椒	khom wan kho	ya men cha
木兰	champa	ton mu lan

通过比较,发现两位译者采用了不同的翻译策略,大致可分为以下几种:

1.省略不译。如素帕·猜瓦塔纳潘没有翻译"荃",而将"荃"转换为"song

tham"。"荃"是一种香草,同"荪",在这里比喻楚怀王。①

2.音译。音译是两位译者用得最普遍的策略,如"江离""申椒"和"菌桂"等,两位译者都采用了音译。

3.音译加名词。在音译的基础上再加上一些名词加以限定,这多见于猜译中,如分别将"宿莽""蕙"和"留夷"译为"hom su mang""dok hui"和"dokmai hom lio i",即译者通过在音译词前加上"hom(草)"、"dok(花)"或"dokmai hom(香花)"来直接告诉读者以上植物的具体类别。

4.创造新词。黄荣光在翻译的时候,在目的语中创造了新词进行翻译,如将"辟芷""茝"和"芳芷"同时译为"pha chi","辟芷""茝"和"芳芷"都是香草名"白芷"。"pha chi"在泰语中是没有的,是译者自创的词汇。译者在用该词翻译的时候也做了如下解释:"'pha chi'是'辟芷(phi chue)'的音译词,英文名 Heracleum tanatum,是一种香草,花朵为白色,根可入药,称作'白芷(pai chue)',潮州话念作'pae chi'。"令人不解的是,译者既然拟采取音译,但为何不直接将它们译为"phi chue""pai chue"或"pae chi",反而要自创一个既非音译又非直译的"pha chi"呢? 像这样的情况还有黄译"胡绳"译为"phu sen"。无论如何,译者还是加了注解来说明该词的由来,这也算是译者的翻译策略之一。

5.直译。如对"琼枝"的翻译,黄译为"king yok",猜译为"king ton yok","琼枝"是指"玉树的枝"。对"木根"的翻译,两位译者都译为"rakmai","木根"具体是指"木兰的根"。故两种翻译均为直译。

6.在目的语中寻找意思相近或相同的词来翻译。如,两位译者对"秋菊"的翻译就是在目的语中找到与之意思相同的词来翻译的;以及猜译译"芰荷(荷叶)"为"bai bua",译"芙蓉(荷花)"为"dokbua"。

7.用目的语中的植物名直接替代原文中的植物名。如黄译直接用"champa"(英文学名 Michelia Champaca)替代"木兰"(英文学名 Magnolia)。《离骚》中"朝搴阰之木兰兮"中的"木兰"解释为:"香木名,或称黄心树、紫玉兰,皮似桂,状如楠树,高数仞,相传去皮不死。"可见,"champa"和"木兰"并非同一种植物。译者在此采取归化策略,以消除目标读者的阅读障碍。

---

① 詹安泰撰:《离骚笺疏 李璟李煜词校注 花外集笺注》,上海:上海古籍出版社,2011 年。

二、天文方面

表 5-13　《离骚》泰译对比句(2)

原文	黄译	猜译
摄提贞于孟陬兮，	pharue hat charat thiang duean chiang trong oei	chan kamnoet nai wan roek ngam
惟庚寅吾以降。	chan dai long kamnoet wan roek ngam	khuen chet kham duean ai pi khan

"摄提"一般认为是"摄提格"的简称，战国时期根据岁星（木星）的运行纪年，木星绕日一周约十二年，以十二地支表示，寅年名摄提格。"摄提，星名，随斗柄以指十二辰者也。"①"孟"：开始。"陬"：农历正月。故"孟陬"是指"正月"。黄译译本把"摄提"译为"pharue hat（木星）"，把"孟陬"译为"duean chiang（正月）"，是合理的。此外，译者在文后加了有关中国古代纪年法知识的注解，在"达意"的同时，还向译文读者传达了有关中国古代的天文历法及其象征意义。猜译则直接避开了对这些天文词汇的翻译，而是译成了"wan roek ngam（吉日）"，且没有做任何注解，虽然"达意"，但却忽略了这些词所包含的中国古代纪年法知识。"庚寅"指庚寅日。其实，这句话屈原是在自述自己出生在寅年寅月寅日，即出生在虎年虎月虎日，亦为吉祥的象征。对"庚寅"的翻译，黄译为"wan roek ngam（吉日）"，猜译为"chet kham duean ai pi khan（虎年正月初七）"，这两位译者都采用了意译，从而避开了"庚寅"这个富有中国古代天文历法含义的词汇，但这种简化的处理方法势必会削弱典籍的经典价值。

---

① 朱熹：《楚辞集注》，上海：上海古籍出版社、安徽教育出版社，2001年。

三、地理方面

表 5-14 《离骚》泰译对比句(3)

原文	黄译	猜译
济沅、湘以南征兮,	kham yuan siang liang pai tai lamphang oei	chan kham maenam ian lae siang mung su thang tai
就重华而陈辞:	phao chong hua laeo yang thun wacha	chan cha pai khao phao susan tham racha sun phuea thun rabai khwam nai chai

"沅、湘":沅水、湘水。黄译和猜译都采用音译,不同的是黄译在后文加了详细的注解,即"沅水、湘水,楚国最大的河流"。而猜译在音译词前以"maenam(河)"来加以限定,这两种翻译都是可行的,强调了《离骚》译文本的典籍意义。

表 5-15 《离骚》泰译对比句(4)

原文	黄译	猜译
朝发轫于苍梧兮,	chao phadoem roem thang chak chang u oei	chaotru chan ok doenthang chak phukhao chang u
夕余至乎县圃。	yen ma yian sian phu sura salai	tok yen ma thueng phukhao sian phu

"苍梧":山名,又名九嶷,相传舜葬于苍梧之野。九嶷山在今湖南省宁远县东南。"县圃":即"悬圃",神话中地名,相传在昆仑山上。关于"苍梧"和"县圃"的翻译,黄译和猜译都用音译,不同的是,猜译在音译词前加上限定词"山",黄译把"县圃"译为"仙山",并在文后加注,即"苍梧,山名,在湖南省境内,县圃,天堂里一座山的名字"。由此可见,黄译更加注重原作中的典籍文化意义。

第四节 译文中的误译

翻译并非易事,无论译者具备多么渊博的知识和娴熟的翻译技巧也难免会有

失误的地方,尤其对于中国古诗翻译而言,误译更是在所难免。请对比以下翻译:

表 5-16 《离骚》泰译对比句(5)

原文	黄译	猜译
帝高阳之苗裔兮,	angkun chao kao yang rat oei	chan pen nonueachueakhai kok sat ri kao iang

"帝":天帝,上帝,古代指天神。按:"先秦的'帝'字直至战国中期,指的均是天神、天帝,而不是人主、君王。夏以后称人间君主为'后'或'王',而不称作'帝'。"①由此,关于"帝高阳",猜译为"kok sat ri kao iang(高阳皇帝或高阳王)",黄译为"chao kao yang rat(高阳皇帝或高阳王)",均为误译。

表 5-17 《离骚》泰译对比句(6)

原文	黄译	猜译
名余曰正则兮,	hai choeng choe pen ming mongkhon nam oei	tang chue ton mi khwammai wa khwamyutitham
字余曰灵均。	chue rong tam wa ling chun sun si	tang chue somya mi khwammai wa chao panya di samamsamoe

古人云:"名以正体,字以表德。"起名是为了分彼此,取字是为了明尊卑。名有卑贱的含义,长者对幼者称名,尊者对卑者称名,个人自谦也称名。平辈或尊辈称字,以示亲近或尊敬。在古代,通常,人在年幼的时候称呼其名,男子 20 岁以后称呼其字,女子到了许嫁之时(约 15 岁)加"字",未许嫁时叫"待字"。由此,黄译"名"和"字"为"ming mongkhon nam(吉祥之名)"和"chue rong tam",是不正确的,猜译"名"和"字"为"chue ton"和"chue somya"则有一定的道理,至少反映出中国古人取"名"与"字"的区别。

表 5-18 《离骚》泰译对比句(7)

原文	黄译	猜译
夕餐秋菊之落英。	yen sep renu rasa ben mat wan	yam yen chan kin klip dok benchamat

关于"落英",目前有两种解释,一种释为初开的花朵,另一种释为坠落的花朵。

---

① 吴广平撰:《楚辞全解》,长沙:岳麓书社,2008 年。

黄译将其译为"renu（花粉）"，无论对应哪一种解释都是不相符的，猜译则译为"klip"，从而避开了以上两种解释，直接翻译出"英"即"klip（花瓣）"，不失为明智的译法。

表5-19 《离骚》泰译对比句（8）

原文	黄译	猜译
佩缤纷其繁饰兮，	sangwan rat sattaban phannarai oei	khrueangpradap mali khong chan laklai phraeophrao

这句话中的"饰"是指挂在身上的饰物，黄译为"sangwan"，是特指一种系于肩膀的饰物，用来替代这里的"饰"不仅缩小了词义范围，还有可能给读者造成误解。猜译的"khrueangpradap mali（花环形饰物）"也与原文不相符。

结　语

《离骚》是《楚辞》中最具代表性的诗作，也是屈原的代表作，富含文化底蕴，其文化因素的翻译是译者面临的一大挑战。黄译和猜译，无论从内容上看还是从形式上看，都称得上是完整的翻译。黄译力求重现原诗的体制、韵律，特别是对"兮"字句的重现；猜译则力求传达原作的思想内容，因而使用通俗易懂的语言和自由的译文形式。在文化因素的翻译上，黄译更多地倾向于以源语言文化为依归，因而译者加了大量的注解以帮助译文读者理解原作中事物的文化内涵；猜译则更多地向目的语文化倾斜，因而猜译中的注解十分少见，这当然也与猜译的语言通俗易懂有关，虽然能向目标读者传递原文的思想内容，但这必然会削弱原作典籍的文化意义。

（赵银川，四川外国语大学东方语学院）

中国古典诗歌在泰国的翻译与传播

中国古典文学在泰国流传已久。据史料记载,曼谷王朝之前中国古典文学就以口头方式传播,到曼谷王朝初期渐渐出现了书面传播。中国古典文学名著的泰译本中影响最深远的是《三国演义》(泰国人简称为《三国》*Samkok*)和《西汉通俗演义》(泰国人简称为《西汉》*Saihan*)等。这两部翻译作品由王室的翻译人员翻译和编撰,经过润饰加工,改造为全面融入泰国语言文化的文学作品,赢得泰国读者的高度认可。《三国演义》泰译本因其优美华丽的语言而融入泰国社会文化,受到泰国读者的广泛喜爱,并且成为其后多部中国古典文学翻译的范本,可视之为"领航经典"。

《三国演义》泰译本对泰国社会和文化产生了极大的影响,体现在教育、经济贸易及日常生活等方面。可以说《三国演义》中的哲理已经深入泰国人民的思想文化当中。中国古典文学在曼谷王朝初期即拉玛一世至拉玛五世期间,以泰译本形式在泰国传播,主要侧重于中国古典小说,而中国古典诗歌泰译本则出现较晚,即1964年或20世纪60年代后才开始显现其作用。中国古典诗歌泰译本的流传始于泰国宫廷的刻写文献，其后出现了出版物的传播，出版物包括特别印行的纪念性书籍，语言文学杂志，中国文学、中国哲学、中国历史、国际文学和世界文学读物，中国历史和比较文学教科书，以及中国古典小说的译本，等等。本文主要概述中国古典诗歌泰译本的流传发展史，流传中的媒介，以及中国古典诗歌泰译本中存在的局限。重点研究1964年至2001年间发行的出版物，分析评判其范围、形式和流传的局限。

第一节　中国古典诗歌泰译本的发展概述

一、中国诗歌泰译本的滥觞

泰国较古老的中国诗歌泰译本流传是邦芭茵夏宫（Prarachwang Bangprayin）天明殿内石刻的"汉字古诗"（Khamkhlong aksornchin），原本是中国帝王、宫廷权贵的诗作，译成泰文后于1919年（曼谷王朝六世王时期）镌刻在泰国大城府邦芭茵夏宫天明殿内的17面石牌上。1964年印成书籍出版，名为《邦芭茵夏宫》。印行此书的目的是为了纪念泰国的一位著名政治家，同时也为了记述泰国王室的重要人物。由于该书仅在特殊的群体范围内流传，因此知者寥寥。谈及中国古典诗歌泰译本在曼谷王朝时期的流传发展，除了上文的"汉字古诗"，同在1964年泰国翻译家黄荣光翻译整理的中国古典诗歌泰译作品集问世，题名为《中国诗歌发展史》。这些作品此前曾发表在期刊类出版物上。"中国诗歌发展史"系列作品堪称中国古典诗歌泰译本的真正起点，除了黄荣光的译作，自1964年起还陆续出现了不少其他译者的中国古典诗歌译作。

二、中国诗歌在泰国的发展

经过分析研究1964年至2010年间中国古典诗歌泰译本在曼谷王朝时期流传的状况,笔者在论文《泰译中国古诗在曼谷王朝的流传研究》[①]中指出,可以将曼谷王朝时期中国古典诗歌的翻译分为"萌芽""抽枝""展叶""繁荣"四个阶段,各个阶段的流传特点和流传范围如下:

1.萌芽阶段(1964—1966年)

曼谷王朝初期至中期泰国印刷工业尚未普及,印刷市场及阅读消费尚未发展,此阶段的中国古典诗歌泰译没有得到充分的传播。除了邦芭茵夏宫石刻"汉字古诗",中国古典诗歌的泰译主要刊载在期刊《詹达拉歌贤》(Chandrakasem)(现已停刊)上,于1964年至1966年间连载3年,4年之后,于1970年再次连载,所发表的泰译诗歌均由翻译家黄荣光完成。他在《詹达拉歌贤》杂志上发表的中国古典诗歌译介作品主要包括:1)《孔子时期文学(诗三百)》(《詹达拉歌贤》第57期,1964年3—4月号刊登);2)《孔子"春秋"之由来》(第58期,1964年5—6月号);3)《粽子和中国第一位浪漫主义诗人之典故(一)》(第63期,1965年3—4月号);4)《粽子和中国第一位浪漫主义诗人之典故(二)》(第65期,1965年7—8月号);5)《汉朝名著》,连续刊登两期,即第62期,1966年1—2月号和第72期,1966年9—10月号,此后相隔四年又再次发表文章;6)《曹操、曹植、曹丕——三国时期伟大诗人》(第92期,1970年1—2月号);7)《诗圣杜甫——唐朝伟大诗人》(第128期,1976年1—2月号);8)《诗仙李白》(第133期,1976年11—12月号)。

黄荣光是一名泰籍华人,在他生活的时代,泰籍华人还固守着祖先的语言文化和回报祖国恩泽的理念。在那样的时代风气熏陶下,黄荣光坚持学习汉语和中国文化,从小所处的社会和家庭环境为他提供了汲取汉语文化知识和说写能力的便利条件。更重要的是,在他成长过程中有机会向泰国著名学者学习泰文并练习写作泰文韵体诗。此外,黄荣光还有多年的泰文教学经验,因此他的译作出类拔

---

① [泰]谢玉冰:《泰译中国古诗在曼谷王朝的流传研究》,曼谷:泰国华侨崇圣大学,2010年。

萃,别具风格。他在作品中介绍中国历史文化知识,堪称汉语言文化教学的智慧宝库,得到泰国知识分子的认可,为众人所尊重。

2.抽枝阶段(1970—1976年):以译诗为教学资料的时期

中国古典诗歌泰译本在泰国曼谷王朝出现的第二个阶段,在1970—1976年期间。在这一阶段里,除了《詹达拉歌贤》杂志上刊载的作品,还出现了其他重要代表作品,主要译者是黄、魏、陈三家,也就是黄荣光、魏治平(Vichai Pipattananukit)及陈壮。这一时期的中国诗歌翻译作品有几点值得注意:首先,诗歌译作主要出现在中国文学教材中,因为大多数译者以教师为职业。其次,此阶段的中国古典诗歌泰译作品既有从中文原文翻译成泰文的,也有从其他语言版本转译出来的。从西方语言转译成泰文的诗作主要出现在"中国文学史"和"比较文学"这两门课程的相关教材中,如佩查丽·素密(Petchree Sumit)1975年出版的教材《中国文学史》中出现了几首中国古诗;卡神牟·曼亚鹏(Kasem Manyaporn)1973年出版的《比较文学教程》[由班那吉出版社(Samnakphim Pannakit)出版];西塔·批尼普瓦东(Sittha Pinitpuwadon)和勒日泰·莎杂潘(Ruenrutai Sajjaphan)合编、1973年出版的《比较文学概论》等。再次,不同的翻译来源使翻译作品呈现出不同的特点,黄荣光和魏治平译出的诗歌以中国各朝代明确划分时段,每首译诗都要附上时代背景、创作的缘起及诗中难点的注释等,非常有助于了解和学习中国历史文化及诗歌的意义和内涵。而从西方语言转译的诗歌却往往在专有词汇的翻译上存在差错,如诗歌名、诗人姓名等的音译不标准,诗歌内容与原文内容大相径庭,很难与汉语原文对照学习。此外,从西文转译的诗歌大多仅限于几首名作或仅选译部分著名诗人的某一首作品或片段,比较常见的包括陶渊明、杜甫、白居易、李白和女词人李清照等人的作品。因为这些译作大多作为教材使用,所以若称这一时期为"中国古典诗歌泰译的学术教学阶段"并不为过。

以下将介绍黄、魏、陈三家中国古典诗歌的翻译,三位译者在翻译中使用不同语言技巧,分别展示出了各自的特色。若论及中国诗歌泰译的代表作或者"一流的作品",则非黄、魏莫属。两位译者有着相似的社会地位和汉语学习经历,在翻译语言风格上比较华丽生动、高雅讲究,几乎在每一首诗后都附有讲解或补充内容以求通俗易懂。黄荣光的译作语言华丽生动,形式、音韵和思想内容与原文接近;而魏治平的译作由于得到泰国著名语文专家的修改润色而显得优美流畅。笔者将对这个阶段内三部重要翻译作品加以介绍。

(1)黄荣光的《中国诗歌发展史概述》

黄荣光的译作在萌芽阶段就出现了不少,他的作品除了在《詹达拉歌贤》发表,其他著作都在"抽枝"时期流传,他为诗纳卡林威洛大学(Srinakarin taravirot)教育学院比较文学专业课程编写的教材《中国诗歌发展简史》(*Sangkeb Vivattanakan Kawiniphonchin*)就是这一时期初期(约1975年前后)出版的。《黄荣光生平与作品纪念》(*Yong Niphonpotwai Anusorn*)一书的序言提到黄氏翻译和编订的中国古典诗歌前后可分为14大类,包括:

1)《诗经》,中国诗歌史上第一枝花

2)《楚辞》,中国南方文体(屈原,中国文学史上第一位浪漫主义诗人)

3)从秦(始皇)到三国

4)"赋",讲求文采、韵律的一种文体

5)"乐府",从民间音乐到宫廷礼乐

6)西汉诗歌

7)东汉诗歌

8)三国时期著名诗人:曹操、曹丕、曹植

9)魏晋时期竹林七贤

10)西晋诗歌

11)著名诗人陶渊明与东晋诗歌

12)唐代三大诗人:李白、杜甫、白居易

13)唐代其他著名诗人

14)词,抒发主观情感的韵文[①]

这些诗歌泰译本于2011年前曾由黄荣光的弟子再次出版。但不论哪一次出版,都只挑选了他的部分作品。曾经有人收集黄氏的全部诗歌泰译作品,统计出他翻译了从周代到元代2300多年间的中国古典诗歌共计250首,约7000行,或

---

① 黄荣光:《黄荣光生平与作品纪念——王家御赐火化仪式纪念特刊》(未刊本),1987年10月,第35页。

35000～40000字。黄荣光的译作全集直至2011年才首次出版发行。①

(2)魏治平的《中国文学史》(未注明印刷年份,推测为1975年)

"中国文学史"课程在泰国的教学可追溯至泰国高等教育汉语专业的设立,即1975年,就开始出现在高等教育汉语专业课程中。不过,各大学使用的教材大都是中文教材。研究发现,从诗歌流传第一阶段到20世纪70年代(1970—1976年间)泰国汉语专业所使用的以泰文翻译和讲解的《中国文学史》教材,除"黄本"外,还有"魏本",一共两个版本。"魏本"的《中国文学史》,用于泰国北大年府宋卡王子大学(Songklanakarin Vittayaket Pattani)汉语专业教学。通过采访宋卡王子大学汉语专业第一届至第五届学生,笔者得知该著作出版年份应该是在1975年前后,后来由于更换教师,该教材被停止使用。非常遗憾的是,该教材至今仍未能正式出版,知者寥寥。《中国文学史》中对中国古代诗歌杰作的精彩翻译是中诗泰译的典范。如今这本教材的复印本已经非常罕见,仅有少数复印本为魏氏弟子所珍存。

魏治平编辑的《中国文学史》教材中选译的中国古典诗歌都是唐代之前的作品,包括《诗经》31首、《楚辞》13首、东汉乐府诗《古诗十九首》和魏晋时期曹操的《短歌行》1首。该书的不足之处是译作中没有像"黄本"教材那样标注诗人的姓名。

(3)陈壮的《中国诗歌》(1974年)

在第二时期,中国古典诗歌泰译本除了以上两部教材,仅有一位诗人译者的译作得以出版,集名为《中国诗歌》(Botkawi Chin),1974年第1次印刷,译者陈壮。若论专门以诗集形式出版的中国诗歌译本,陈壮的《中国诗歌》堪称是第一本。陈氏共选择了67首中国古诗翻译为泰语,包括《诗经》、汉诗、魏诗、陶渊明诗、陶弘景诗、南北朝诗、唐—宋—元诗和清诗。其中唐诗44首,其他朝代一般只选择2～5首。2005年陈氏后人以"陈壮后人出版社"(Samnakphim luklan Chang Saetang)的名义又出了第2版。该书的主编,即译者的儿子在序言中写道:出版此书来自诸多方面的激励,以陈氏后人的身份继承和保护陈壮的智慧遗产,这一用

---

① 黄荣光:《黄荣光生平与作品纪念——王家御赐火化仪式纪念特刊》(未刊本),1987年10月,第35页。

心是发行《中国诗歌》一书的重要缘起。《中国诗歌》一书存在一些需要改进的地方,如诗人姓名和诗歌名称的音译与汉语标准发音差别较大。陈壮的音译方式很难拼读,并有多处翻译错误,有些地方信息传递不准确。此外,这本诗歌翻译集未注明诗人名、诗歌名,使得考证和还原工作非常困难。

3.展叶阶段(1986—1992年):新旧交接阶段

1986—1992年期间是中国古典诗歌泰译本在泰国流传的第三个时期,是两位著名译者作品出版的繁荣时期,其一即前文提到的中国古典诗歌泰译的开创者黄荣光。在这一时期,人们整理出版了黄荣光的6部译作。《黄荣光生平与作品纪念》是1987年由黄荣光的亲友为他的丧仪而印制的纪念书(书中所选全是唐代诗歌);其后《中国韵文纂译——诗经、楚辞》(*Viwattanakan Kawiniphon Shijing Chuchi*)于1989年在泰国和中国发行。书中选译了《诗经》48首和屈原《离骚》全篇。另一本《诗——中国生命之歌》(*Shi Phleng Haeng Chivit Khrong Chin*),由文化艺术出版社(Samnakphim Silpawattanatham)出版(未注明出版时间),该书共译66首中国诗歌,大部分为唐代著名诗人的代表作,与《黄荣光生平与作品纪念》中所介绍和翻译的诗歌篇目相同。

1992年,黄荣光的诗歌译作得到更为广泛的流传。南美公司遴选了《中国诗歌发展概论》中三个时代的诗歌,分作三册出版,即《〈诗经〉——中国诗歌史上第一枝花》(*Shijing Butsabachoeraek Korng Kawiniphon Chin*)、《〈楚辞〉——中国南方文体》(*Chuchi Paka'ngam Haeng Chindai*)(本册诗歌包括《九歌》《离骚》《登徒子好色赋》等),以及《三国著名诗人曹操、曹丕、曹植著作》(*Jocho Josid Jophi Yodkawi Yuk Samkok*)。三册译作都曾在《詹达拉歌贤》杂志上发表过。

这位中国古典诗歌泰译的开创者去世之后,又有一位新译者登场,第三阶段也正是这位译者的黄金时期。通谭·纳章侬(Tongtham Natchamnong),笔名绰创·纳东(Chotchuang Nadon),在1986—1988年间出版了5部诗歌泰译作品,包括:

1)《月影刀锋》(*Ngaophrachan Naikhomkrabi*),由萨米出版社(Samnakphim Samit)于1986年出版,由冲信探玛达出版社(Samnakphim chumsin thammada)于1995年再版。此书主要介绍与翻译中国著名英雄、将领和诗人的作品,如楚霸王项羽的《垓下歌》、刘邦的《大风歌》及曹操、曹丕、曹植、岳飞、王翰等人的诗作。

2)《雅诗美辞》(*Khomkham-khomkawi*),1987 年 3 月首次出版,由萨米出版社发行。此书主要介绍《诗经》、屈原的《国殇》和陶渊明的部分诗作。

3)《道家诗人陶渊明》(*Kawitao Tao Yuanming*),由如是出版公司发行,未注明确切出版时间。在绰创·纳东所有的译诗集中,《道家诗人陶渊明》最是与众不同。首先,只有《道家诗人陶渊明》是诗人别集的翻译;其次,《道家诗人陶渊明》中共译陶诗 11 首,可以说陶渊明是译者翻译诗作数量最多的诗人。此书后来还以其他书名再版。

4)《赠花与君》(*Yangmi Dokmaihaikhun*),由莲叶出版社(Samnakphim Baibuo)出版,未注明出版时间,译作主要为唐宋两代诗歌,如白居易的《杨柳枝词》、苏东坡的《海棠》、朱熹的《题榴花》、李清照的《如梦令·昨夜雨疏风骤》、刘禹锡的《竹枝词》、杜甫的《春望》、曾几的《三衢道中》、刘长卿的《听弹琴》、冯延巳的《蝶恋花·谁道闲情抛弃久》,等等。

5)野花出版社(Samnakphim Dorkya)出版的《诗中有画,画中有诗》(*Naikawimipharp naiparpmikawi*),封底对书名的含义做了解释:"诗中有画,指能够在读者面前呈现出美丽画面的诗;画中有诗,指在有形的画面中蕴含着绵绵诗情。诗中有画,画中有诗,用于称赞诗歌令读者有如置身图画之中,意境非常优美。"此书中的诗歌主要为唐宋两代诗人代表作,包括贺知章、孟浩然、李白、孟郊、白居易、王安石、苏东坡、陆游、卢梅坡等著名诗人。

虽然绰创·纳东不像黄荣光和魏治平那样精通中国语言和文学,但他以卓越的中国诗歌翻译手法而出名。绰创·纳东的翻译作品堪称用词精辟,简单易懂,有时代气息,作品译名十分独特,激发读者产生阅读兴趣。因为绰创·纳东用情感和艺术来翻译,其翻译目的是为了创造文学作品的艺术价值和社会教育价值,因此得到广泛的认可,译作也广为流传。

曼谷王朝时期中国古典诗歌翻译在第三阶段出现了高潮,出现了如下现象:1)外语基础也许并非是翻译作品优劣成败的关键因素;2)母语运用能力强也不一定能保证译诗的艺术性;3)译者译诗的动力很重要。

4.繁荣阶段(2003—2011 年)

1992—2003 年间,即中国古典诗歌泰译本进入第四阶段——繁荣阶段之前,中国古典诗歌泰译本出版较少,只分别在 1995 年和 1998 年有一位重要译者的作品问世,而且是必须提及的译作。不仅因为这位译者的身份与其他译者不同,更因为她的两部译作《璀璨经典诗歌》和《琢玉诗词》是汉语经典推广的极佳样本。这一时期中文的重要性已经渐渐提升,全世界包括泰国的中文热急速升温,这在泰籍华裔学习中文的风气渐渐式微的时刻具有非凡的意义。在曼谷王朝时期,支持、参与中国文学传播的译者除教师、语文专家、独立译者外,作为王室成员的诗琳通公主殿下也对中国诗歌的翻译和传播做出了贡献,推动了汉语学习的热潮,让中国诗歌更加深入人心。2003—2011年间是百家齐放的繁荣阶段,堪称中国古典诗歌泰译的大发展时代,更是中国古典诗歌泰译发展的黄金阶段。之所以如此评价,是因为:第一,这个阶段涌现的中国诗歌译者最多,流传的翻译作品最多,译者的身份地位也最多样化,包括资深译者、新生译者等;第二,这一阶段中国古典诗歌泰译本的传播目的多样化,诸如促进中国语言和文化学习、繁荣出版事业、弘扬译者夙愿及在各种特殊场合下的流传,比如,新年纪念书、丧仪纪念书等;第三,出版物功用多样,有中国诗歌泰译的特殊出版物,也有援引或摘录其中一部分穿插在书中,或者用来引证其他领域的知识;第四,翻译范围覆盖了中国历史上各个朝代的诗作,一些译者看到了中国诗歌辉煌时代的重要性,将某一时代的诗作汇编到同一部翻译作品中;最重要的是,泰国最重要的中国古典诗歌译者黄荣光一生翻译的14种作品在零散发表之后,第一次得以完整出版,书名为《中国诗歌发展史》(*Wiwatthanakan Kawiniphon Chin*),其中部分译作属首次发表。《中国诗歌发展史》由紫真阁基金会(Munlanithi Jijinkork)2011年出版发行,堪称泰国最完善的中国古典诗歌泰译本,收录中国诗歌数量最多,包含了中国各朝代的作品。将来恐怕也难以再有如此珍贵的作品问世。

这一时期中国古典诗歌翻译作品汇总分析如下:

(1)诗琳通公主的翻译作品——《璀璨经典诗歌》和《琢玉诗词》(1995—1998年)

诗琳通公主的翻译作品第一次结集出版于1995年,名为《璀璨经典诗歌》(*Kletkhaew Prakaikawi*),儿童俱乐部出版社(Samnakphim Chomromdek)出版,主要包括唐诗11首。1998年7月,政法大学文学院中文系出版发行了诗琳通公主的另一部诗歌翻译作品

图5-6　诗琳通公主

集,名为《琢玉诗词》(*Yoksai Raikham*),包括第一本译诗集中的诗歌和用不到半年时间新翻译的36首诗。同年11月,南美公司(Nanmi Books)再次印刷出版《琢玉诗词》。这本作品集主要选择翻译了晋、唐和宋朝著名诗人的诗作,如孟浩然的《春晓》,陶渊明的《归园田居(五首)其一》、《归园田居(五首)其二》、《饮酒(二十首)其五》、《饮酒(二十首)其八》,王之涣的《凉州词》,王维的《渭城曲》,李白的《静夜思》《早发白帝城》《黄鹤楼送孟浩然之广陵》,崔颢的《黄鹤楼》,杜甫的《月夜》,杜牧的《山行》《赠别》,李商隐的《无题》,白居易的《忆江南》《暮江吟》,晏殊的《浣溪沙》,欧阳修的《蝶恋花》,苏轼的《水调歌头》,李清照的《声声慢》《醉花阴》,岳飞的《满江红》,辛弃疾的《清平乐》,等等。《琢玉诗词》的优点是附有插图和中文原文。

图5-7 诗琳通公主译作《琢玉诗词》

(2)韩江——《中国文学史》(2006年)

中国古典诗歌泰译在泰国流传的第二阶段是以教材形式为主,主要用于学习中国文化史。时隔30年,仍有类似的作品出现,韩江(Suphat Chaiwatthanaphan)的著作《中国文学史》(*Pravat Wannakhadi Chin*),堪称是21世纪的"开山之作",比较全面地按时间顺序叙述了各个朝代中国文学的发展历程,书中附有20余首中国诗歌的译文。《中国文学史》一书作为中国文学课程的辅助教材,供华侨崇圣大学(泰国唯一一所华人建立的大学)中文系专业的师生使用,素可帕斋出版社2006年印刷发行。全书分为12章:第1章 中国文学史简介;第2章 《诗经》(共译11首);第3章 先秦文学作品;第4章 《楚辞》(翻译作品《离骚》和《哀郢》);第5章 汉乐府(共译9首,包括《妇病行》《东门行》《十五从军征》《战城南》《孔雀东南飞》《上山采蘼芜》《白头吟》《有所思》《上邪》);第6章 赋和汉代文学作品;第7章 魏晋文学作品(《蒿里行》《短歌行》《龟虽寿》《七步诗》《赠白马王彪》《七哀》《归园田居(之一)》《杂诗(之一)》《归去来兮辞》);第8章 唐诗(《送杜少府之任蜀州》《滕王阁诗》);第9章 唐宋文学作品;第10章 宋词;第11章 元曲;第12章 明清小说。

《中国文学史》一书的特点是:1)在诗歌题名注明中文原文;2)每一首诗歌的

题名翻译简单易懂,便于研读;3)几乎每个专有词汇后都在括号内附上中文原文,某些专有词汇还有脚注、夹注,方便读者理解。不足之处则是专有词汇的音译发音较难,不太符合汉语的标准发音。

(3)庄伟明(Ui Bunyapatra)——《唐诗一百首》(2006年)

《唐诗一百首》(*Roibotkawi-tang*),彩出版社(Samnakphim Shine)2006年出版,克勒泰(Klet Thai)公司印制。译者的目标读者与陈壮的不同,陈壮在《中国诗歌》序言中提到着重于"诗歌初学者",但庄伟明在作品序言中指出该书是"适合对高级中国文学和中文感兴趣者的双语诗歌集"。《唐诗一百首》的一个显著特征是属于半学术著作,即除了译诗,译者还提供了多方面的知识信息,包括43位诗人的生平,对诗歌中出现的专有词汇、重要诗句、诗歌题名含义和中国历史典故做了注解,还介绍了中国古代流行的诗歌格律,如绝句、律诗、乐府诗、古体诗等形式及"韵脚""平仄"等格律知识,有助于读者体会诗歌的内涵和重要性,理解诗歌创作的风格、形式和音韵。汉语水平较高者在对照原文和泰译文后,可进一步欣赏领略中国诗歌的辞藻之美。

(4)布沙帕·楞泰(Butsaba Rernthai)的作品(2002—2009年)

布沙帕·楞泰是泰译中国古典诗歌译者中最年轻的一位,生于1975年,本科和研究生阶段学习泰语专业,曾在大学选修中文课程。所翻译的诗歌同样以唐诗为主。布沙帕·楞泰的翻译作品自2002年开始在《汉泰双语月刊》(该刊创办于2002年,创办人为泰国华裔,曾任中文教师)上发表。从2002年7月第3期开始到2009年12月第92期,共连载了7年89期,作品主要选自《唐诗三百首》(儿童注音版,浙江少年儿童出版社1997年11月出版)。布沙帕·楞泰选择翻译最多的诗人是李白,共10首,其次选王维8首,白居易和杜甫各4首,其他诗人的作品平均每人1~3首。

(5)中国古典诗歌泰译的其他出版物

除了上述出版物,中国古典诗歌的翻译还出现在有关中国历史和中国文化的一般读物中,如维腊·玛尼瓦(Vilat Maniwat)的《世界诗歌集》(*Chumnum botkawi-ilok*)(1999年,Doublenine印务公司出版);傅春江的《中国文化常识系列》(2009年,素可帕斋出版社出版);《中国文化常识》(2007年,素可帕斋出版社出版),最初由国务院侨务办公室编,高等教育出版社2006年第1版出版。泰文版在2007

年10月第1次出版。此外,还有一些"新瓶装旧酒"的出版物,如维查·玛哈坤(Vicha Mahakhun)的《虽远犹近存知己》(Penruchai Manhangklai Kon Muern Klaikan),佛教青年会基金会2007年出版,其中所列的诗歌泰译本与素帕·猜瓦塔纳潘的《中国文学史》完全重合,从序言中得知素帕的多首翻译作品原为散文,经僧人维查·玛哈坤改编为韵文;绰创·纳东所翻译的陶渊明的诗歌也在他后期哲理性的作品中重新名以《心静自然凉》(Chitdai Chivitsa' ngopyen)于2005年出版。

目前,中国诗歌研究的论文仅有两篇,分别为诗纳卡琳威洛大学研究生院毕业论文《比较研究泰国的诗歌和中国诗歌》,作者塔翁·斯卡科颂(Tavorn Sikkakoson),完成时间为1983年2月,以及笔者在2010年发表的《泰译中国古诗在曼谷王朝的流传研究》。总体来看,中国古典诗歌泰译本在泰国流传深广,从发展趋势来看,经历了从发芽、抽枝到展叶、繁荣的蜕变。

第二节 对中国古典诗歌在曼谷王朝时期翻译及流传的评价

中国古典诗歌泰译在曼谷王朝时期的流传发展经历了几个时期,大量出版物传播了中国古典诗歌译作。结合中国古典文学的发展历史,笔者认为,中国古典诗歌泰译规模十分可观,其传播媒介及其局限性有如下方面值得关注:

一、中国古典诗歌泰译的规模与范围

中国古典诗歌已有2000多年的历史,数不胜数的诗人的众多诗歌作品已流传了许多个世纪。而泰译的中国古诗基本涵盖了各个朝代的作品、各种诗歌形式,总结如下表:

表 5-20 中国古典诗歌泰译汇总

先秦到清末期间中国文学发展阶段	入选诗人名录	出版物数量和各朝代入选诗作数量
先秦:歌谣	中国文学史文献　作者不详	2 种,2 首
先秦:诗经	中国文学史文献　作者不详	6 种(3 位译者),80 首以上
战国时期:楚辞	屈原	6 种,共 13 首
战国时期:楚辞 先秦:赋	宋玉	1 种,2 首
汉:古诗十九首	资料不详	1 种,19 首
汉:乐府	资料不详	4 种,26 首
汉魏晋:赋	无名氏 1 首,司马相如 3 首,卓文君 1 首,班固 1 首,张衡 2 首,苏武 3 首,曹操 4 首,曹丕 5 首,曹植 8 首,王粲 1 首,刘桢 1 首,孔融 1 首,陆机 1 首,陆云 1 首,阮籍 1 首,潘岳 1 首,左思 1 首,蔡邕 1 首,蔡琰 1 首,张协 1 首,张载 1 首,张华 1 首,傅玄 1 首,刘琨 1 首,赵壹 1 首,朱穆 1 首	
魏晋南北朝:诗	9 种出版物 陶渊明 15 首以上,陶弘景 1 首,庾信 1 首,薛道衡 1 首	

(续表)

先秦到清末期间中国文学发展阶段	入选诗人名录	出版物数量和各朝代入选诗作数量
唐朝:近体诗	虞世南1首,王绩1首,骆宾王1首,杜审言1首,王勃2首,陈子昂1首,贺知章3首,张九龄1首,王之涣3首,孟浩然8首,李频1首,王昌龄6首,王维15首,李白30首以上,崔颢2首,王翰1首,张旭1首,高适2首,戎昱1首,刘长卿4首,李华1首,杜甫40首以上,岑参6首,刘方平1首,裴迪1首,张继1首,李端2首,韦应物2首,卢纶4首,于鹄1首,孟郊4首,崔护1首,权德舆1首,常建2首,张籍3首,王建1首,韩愈1首,刘禹锡8首,白居易20首以上,李绅2首,柳宗元3首,元稹4首,张祜1首,张谓1首,朱庆余1首,卢仝1首,杜牧12首,温庭筠3首,陈陶1首,李商隐8首,赵嘏1首,王镣1首,曹邺1首,于濆1首,杜秋娘1首,罗隐2首,陆龟蒙2首,韦庄3首,黄巢1首,曹松3首,金昌绪1首,杜荀鹤5首,崔涂1首,王驾1首,缪氏子1首,郎士元1首,严维1首,胡令能1首,李约1首,葛鸦儿1首,李郢1首,贾岛2首,崔铉1首,张碧1首,贯休1首,李峤1首,崔道融1首,元结1首,太上隐者1首	12种出版物,共有74位诗人
宋朝:词	顾琼1首,徐昌图1首,李煜3首,花蕊夫人3首,林逋1首,柳永2首,范仲淹1首,晏殊1首,欧阳修3首,王安石2首,苏轼6首,李之仪1首,卢梅坡1首,黄庭坚1首,唐庚1首,秦观1首,李纲1首,李清照10首,岳飞2首,陆游4首,唐琬1首,杨万里1首,朱熹1首,辛弃疾5首,文天祥1首	7种出版物
元朝:曲3首 元朝:诗1首	关汉卿4首,陈草庵3首,白朴2首,姚燧3首,马致远5首,邓玉宾2首,张养浩5首,王冕1首	8位译者
明清	林则徐1首,汤显祖1首,史可法1首,秋瑾1首	1种,3位译者

注:中国历史早期诗歌泰译本只有一种出版物流传,大部分为黄荣光的作品;中国古典文学史末期即元朝至清朝期间的诗歌,有一种出版物,即绰创·纳东的作品。

上表显示,中国古典诗歌泰译的范围涵盖了中国文学史上各个朝代和各种诗歌形式。中国古典诗歌泰译中最受欢迎的是唐诗,其次是东晋诗歌,在中国文学史上与唐诗齐名的宋词反而只受到译者的一般关注,关注程度不及早期的《诗经》《楚辞》或汉诗,受欢迎程度更在东晋诗人陶渊明之下。而汉赋受到的关注最少,只有一篇作品以泰译形式流传。

战国时期的赋和古诗,虽然内容有一定难度,但是仍有部分译者将其翻译为泰语;篇幅较长的诗歌,如《离骚》《孔雀东南飞》,也有译者翻译成多种译本。译者选择的中国诗人包含了各个朝代的著名诗人,受欢迎的泰译本中有东晋诗人陶渊明、唐朝诗人李白和杜甫,选译作品的数量接近,李白有30余首,杜甫不少于40首。杜诗的选译范围较广泛,而李白的作品则复译较多。唐朝其他受欢迎的诗人依次是白居易、王维、杜牧、孟浩然和刘禹锡。

最受欢迎的中国古典诗歌有李白的《静夜思》和王维的《竹里馆》,其次是孟浩然的《春晓》,此外还有柳宗元的《江雪》、贺知章的《回乡偶书》、杜牧的《赠别》、孟郊的《游子吟》、王之涣的《登鹳雀楼》,复译次数不少于4次。最受欢迎的女词人是李清照,堪称宋代词人的代表,比同一时期其他男性词人更受喜爱,李清照的作品《声声慢》流传较广。元明清三朝的诗词翻译,其中明清时期诗的翻译极少,元朝的曲和诗两者都有翻译,但是现存的译作非常少,流传的主要有汤显祖、史可法、秋瑾等人的作品。

二、流传媒介及其局限性

1.翻译媒介情形

中国古典诗歌泰译在曼谷王朝时期的流传路线主要受三个因素的影响,即出版物、出版社和读者。带动中国古典诗歌在曼谷王朝时期流传的基本因素是翻译媒介。前文曾提到译者身份职业的多样化。研究发现,首先,以教师为职业的译者是译作质量高的重要群体,他们有明确的翻译策略;其次,译者学术背景方面,大部分译者具有良好的中泰文知识水平,大部分译者的汉语是在泰国国内学习的,老一辈的泰籍华裔译者比新一辈译者贡献更大;再次,泰文诗歌知识是各位译者不可忽视的,初期的部分泰译诗歌仍然需要一定的润色加工,或者在散文的基础上改写为韵文,需要泰国语文专家在用词、格律和修辞手法上加以改进。如果一部译作没有经过这道修改润色,作品在用词上就不够讲究,产生的语言美和意境美也不及原文。

2.出版媒介、读者和中国古典诗歌泰译本流传的局限

从整体上看,中国古典诗歌泰译本的流传虽然在不同阶段有着不同的发展状况,但大多数是在媒介"圈内"流传,主体对象为中文教师、汉语学习者、中国历史文化爱好者及中国诗歌爱好者。中国古典诗歌泰译本的作用和影响远远不及受到王室、政府和知名企业推动的中国古典小说和武侠小说。关于中国古典诗歌泰译本在曼谷王朝时期流传的局限,笔者从长期从事中国古典诗歌泰译本作品出版的业内人士处了解到,大部分出版社不太支持出版中国诗歌泰译本,因为读者范围狭小,销售额较低,极少发现有哪一部中国诗歌泰译本作品有过两次以上的印刷记录。首印数量虽少于其他书籍,但通常还是不能售罄,或者一些曾经发表中国诗歌泰译本作品的杂志不久之后就改版为发表中国经济等方面的内容。因此,一般情况下出版社不敢投资,编者或译者就不能再继续翻译类似的作品。出版中国诗歌泰译本作品大多只能依靠有关系的出版社的支持,更有一些译者自己投资印刷出版,或者由亲属给予资助。至于读者方面的问题,主要表现在以下三个方面,使得中国古典诗歌泰译本没有得到应有的流传:

1)读者喜欢阅读叙事性文学作品,尤其是能够反映人生和社会的场景的。诗歌作品不能传递完整的故事情节,只是通过优美的语言文字传递感情和感受。

2)散文的语言是通常的交际用语,而各种韵体诗并不是日常交际中人们常用或善用的语言。

3)泰国社会不是读者型社会,不及中国社会已将阅读作为一种生活习性。作为造纸术、印刷术的发明国,中国社会更是一个读者和记录者的社会。

结　语

感受一种具有几千年发展历史的语言的深邃和优雅,其中必定有深奥的细节是凡夫俗子难以参透和真正理解的。诗歌创作艺术往往是一个朝代的士人群体或贤人志士在写作上的最高技艺的呈现。士人是中华文明所独有的一个精英群体,自古以来,中国人习惯从其人是否深邃睿智、写作艺术是否卓绝精致、是否具有高尚的道德品行等来评价一个士人。既然诗歌作品是评价士人的标准之一,那么诗歌文学也就注定难以成为大众化的读物。因此,中国古典诗歌泰译过程中的各位译者是在种种限制中艰难地肩负起传播的责任,并实现了他们对文学翻译的承诺。

(谢玉冰[Charassri Jiraphas,泰国],北京外国语大学亚非学院)

第六章 马来西亚

《聊斋志异选集》马来文译本赏析

《聊斋志异》出自清顺治、康熙年间山东淄博一个秀才——蒲松龄之手。他穷困潦倒、科场失意、命运多蹇，还有一些中国传统知识分子愤世嫉俗的性格。他穷其一生创作的《聊斋志异》为他波澜不惊、平淡无奇的一生增添了精彩的一笔。《聊斋志异》作为中国文言小说的高峰，为蒲松龄赢得了许多同代人难以企及的文学声誉和历史地位。《聊斋志异》对后来文学的发展产生了重要的影响。从蒲松龄开始创作《聊斋志异》到 21 世纪的今天，人们对《聊斋志异》的看法和态度经历了曲折的变化过程，对《聊斋志异》的诠释和解读呈现出不同的面貌。在历史的流转中，《聊斋志异》的经典性地位逐步得到确立，成为清代文言小说的代表，它所内含的特定文化因素沉淀为人们日常生活中的文化符号。说起花妖狐魅、树精鬼女，人们就会想起《聊斋志异》，谈到画皮的怪物、《倩女幽魂》及语文课本中学过的《狼》《促织》，人们就会想起它们来自蒲松龄写的《聊斋志异》。《聊斋志异》已经成为中国人最熟悉的古典文学名著之一。

《聊斋志异选集》马来文译本是由中国国际广播电台马来语广播创办者、归侨薛两鸿翻译的,这部译著集中体现了他几十年积累的翻译经验和深厚的文学功底。薛两鸿先生用 10 年的时间翻译了《聊斋志异》全部的内容,这本马来文译本是 1995 年薛两鸿从他翻译的手稿中精选了 51 篇编辑而成,由马来西亚语文局在首都吉隆坡出版发行。

薛两鸿是中国国际广播电台马来语广播的创办者,1924 年生于广东潮汕地区的一个农民家庭。当薛两鸿 16 岁时,他漂洋过海去印度尼西亚谋生。虽然生活艰苦,但他时刻不忘抓紧时间学习,废寝忘食地学习印度尼西亚语。1948 年 8 月,当薛两鸿离开印度尼西亚回到祖国时,他已经能讲一口地道的印尼语了。1950 年,薛两鸿凭着流利的印尼语报考了中央广播事业局对外部,成了一名印尼语广播的播音员,之后,又担任了印尼语组的组长。1959 年,中国国际广播电台准备开办马来语广播,薛两鸿又受命参加了马来语广播的筹备工作并担任马来语组的第一任组长。他除为我国马来语广播的创办和发展做出过重要贡献外,还多次担任过毛泽东主席、周恩来总理的马来语翻译,是中国和马来西亚两国友好关系的见证人。

1983 年,薛两鸿从他挚爱的对外广播岗位上离休。由于从小喜爱文学,尤其喜爱中国古典文学,薛两鸿长久以来就酝酿着一个计划——将中国优秀的古典文学名著翻译成马来文。而在中国古典小说中,薛两鸿最喜欢《红楼梦》和《聊斋志异》。他决定首先翻译由许多各自独立的小故事构成的《聊斋志异》。于是,从这一年开始,翻译《聊斋志异》便成了薛两鸿每天生活中的重要内容。

日复一日,年复一年,经过 10 年的辛勤劳动,薛两鸿终于把《聊斋志异》的大部分故事译成了马来文。当时,正赶上中马关系发展迅速,马来西亚出版部门对介绍中国古典文学名著也十分积极。马来西亚国家语文局了解到薛两鸿已经把《聊斋志异》翻译成马来文之后,立即同他联系。薛两鸿应邀从自己翻译的《聊斋志异》中选出了 51 篇供该出版社审定。不久,由薛两鸿翻译的《聊斋志异选集》马来文译本在马来西亚正式出版发行。这是第一本由中国学者自己翻译成马来文并出版的中国古典文学名著。之后陆续出版的《水浒传》《西游记》《三国演义》等中国古典文学名著,均由马来西亚当地华人学者翻译出版。

《聊斋志异》有不少注解本、拾遗本。1962 年中华书局上海编辑所出版了由张友鹤辑校的《聊斋志异》会校会注会评本,编定为12卷,合共491篇,采录宏富,是目前较为完备的一个本子。《聊斋志异》曾经被翻译成英文、德文、法文、俄文、西班牙文等多国文字。作者没有交代他参考的是哪个版本的《聊斋志异》,但从全书的翻译特点来看,他参考的应该是文言文版本。

《聊斋志异》是一部具有独特思想风貌和艺术风貌的文言短篇小说集。多数小说是通过幻想的形式谈狐说鬼,但内容却深深地扎根于现实生活的土壤之中,曲折地反映了蒲松龄所生活时代的社会矛盾和人民的思想愿望,熔铸了作家对生活的独特感受和认识。蒲松龄在"自序"中说:"集腋为裘,妄续幽冥之录;浮白载笔,仅成孤愤之书。寄托如此,亦足悲矣!"

《聊斋志异》是一部经历了漫长时期才完成的短篇小说集,它真实地揭示了现实生活的矛盾,反映了人民的理想、愿望和要求。歌颂生活中的真、善、美,抨击假、恶、丑,是蒲松龄创作《聊斋志异》总的艺术追求,也是这部短篇小说集最突出的思想特色。郭沫若曾评价说:"写鬼写妖高人一等,刺贪刺虐入木三分。"

为了能尽可能真实地展示这部优秀的中国古典文学作品,又能符合马来语的表达习惯,为广大马来读者所接受,薛两鸿凭借他几十年积累的翻译经验和深厚的文学功底,在翻译时既忠实原文,对每一篇故事,从题目、场景描写、人物对话、诗词歌赋到最后的"异史氏曰",都进行了完整准确的翻译,没有进行任何删改。同时又充分注重灵活性,尤其是对一些细节的翻译,倾注了大量的心血。

第一节　对翻译篇目的选择

《聊斋志异》中收录的是记叙神仙狐鬼精魅的故事,这些故事根据内容大致可以分为以下几类:

一是才子佳人式的爱情故事;

二是人与人或非人之间的友情故事;

三是不满黑暗社会现实的反抗故事;

四是讽刺不良品行的道德训诫故事。

除此之外,还有一些记录各地奇闻怪事的文章。

在《聊斋志异选集》马来文译本中,译者共精选了 51 篇故事,来均衡地表现原著揭示现实生活矛盾,反映人民的理想和愿望,歌颂生活中的真、善、美,抨击假、恶、丑的艺术追求。这 51 篇选文分别是:

第一卷:《考城隍》《画壁》《偷桃》《种梨》《劳山道士》《娇娜》《妖术》《青凤》《画皮》;

第二卷:《陆判》《婴宁》《聂小倩》《地震》《侠女》《阿宝》《口技》;

第三卷:《连城》;

第四卷:《罗刹海市》《促织》《姐妹易嫁》《续黄粱》;

第五卷:《莲花公主》;

第六卷:《云翠仙》《颜氏》《小谢》《考弊司》《鸽异》《山市》;

第七卷:《青娥》《胡四娘》《宦娘》《役鬼》;

第八卷:《画马》《局诈》《梦狼》;

第九卷:《于去恶》《凤仙》《牧竖》《王子安》;

第十卷:《长亭》《胭脂》《瑞云》《葛巾》;

第十一卷:《黄英》《书痴》《晚霞》《白秋练》《王者》《竹青》《石清虚》;

第十二卷:《姬生》。

在这些选篇中,既有歌颂爱情坚贞不渝的《娇娜》《聂小倩》《阿宝》《连城》《小谢》等,歌颂生活真、善、美的《于去恶》《瑞云》《姬生》等,讽刺不良品行,进行道德训诫的《种梨》《画皮》《劳山道士》《续黄粱》等,也有抨击黑暗的社会现实、揭露社会矛盾的《促织》《考弊司》《胭脂》等。此外,还有一些记录各地奇闻异事的文章,如《地震》《口技》《罗刹海市》《山市》等。

从这 51 篇的故事内容来看,译者比较均衡地选择了一些比较有代表性的故事,各部分之间没有偏重,比较完整地保留了原作者在《聊斋志异》中所涉及的各种故事类型,真实地展现了原作者的艺术追求,比较集中地突出了小说本身的思想特点。

同时,我们也能看出,译者选择的这 51 篇故事是整部《聊斋志异》491 篇故事中比较为大众所熟悉和称颂的。这些故事绝大多数篇幅较长、故事情节曲折,能较好地体现《聊斋志异》的写作手法和文学特点。

第二节　译本中对章回题目的翻译

在章回题目的翻译上,译者既注重忠实原文,又进行了灵活处理。他对大部分的章回题目都进行了直译,比如《偷桃》《种梨》《地震》《王者》等。这些关于事件的词汇,在马来文中可以很确切地找到相应的词汇,而对于一些以人名为题的故事,译者就会采取音译的方法,有时还会在这些名字前加上他们在故事中相应的身份,比如"聂小倩"译为"聂小倩小姐","阿宝"译为"阿宝小姐","姬生"译为"姬书生"。

对于另一些直接以人名命名的故事,译者则采用音译人名并注释的方式进行翻译,以便读者在读到题目的时候就对故事的相关内容有个直观的了解。比如"葛巾"翻译为"葛巾——牡丹仙子","黄英"译为"黄英——菊花美人","白秋练"译为"白秋练——鱼精下凡","婴宁"则译为"婴宁——爱笑的少女","小谢"译为"女鬼小谢"。

但对于某些不容易翻译的题目,他则根据相关故事情节,进行了意译。比如第一章第一篇题目"考城隍"作者就按照中文中城隍的实际含义,译成"选拔管理城市的神仙";"口技"则译为"模仿声音的艺术";而"姐妹易嫁"则根据实际的故事情节,翻译为"妹妹替姐姐出嫁";"促织"直接翻译成"蟋蟀",以便于不懂古文、不知道蟋蟀别名的读者一看题目就知道要讲的故事跟蟋蟀有关。

这样的翻译不仅不偏离原文,同时也比较符合马来读者的阅读习惯,增加了读者的阅读兴趣。这样的例子很多,这里不再一一列举。

第三节　译本中对古代人物身份的翻译

中马两国文化背景不同,中文中有很多表示人物身份的名词在马来语中无法找到相对应的词汇。同时，由于《聊斋志异》创作于明清时期，作品中出现了很多古时候的人物称呼，即使在当今中国社会也已经不再沿用。对于这一类词汇的翻译就要求作者既要能够准确翻译出原来词汇的含义，又要让外国读者能够轻松接受，这应该是翻译中的一大难题。在《聊斋志异选集》马来文译本中，译者比较好地解决了这个问题。

第一章第一个故事《考城隍》中的开首语便是"予姊丈之祖宋公，讳焘，邑廪生。""廪生"，是明清两代称由公家给以膳食的生员，又称廪膳生。廪生是科举制度中生员名目之一，名额有定数。明初府学四十人，州学三十人，县学二十人，每人月给廪米六斗。清沿其制，经岁、科两试一等前列者，方能取得廪名义。在《聊斋志异》白话文版本中，这儿的"廪生"直接变成了"秀才"。而从实际定义上来讲，"廪生"应高于"秀才"或者说是"秀才"中的佼佼者，并且享受国家补贴的那一部分人。译者在翻译时，很明显地尊重了原作，用音译加注释的方法翻译了"廪生"。

在《聊斋志异》中，很多故事的主人公都是科举无门、郁郁不得志而又风流倜傥的"秀才"，这也是作者自己人生的写照，以此来抨击当时不合理的科举制度，揭露黑暗的社会现实。第二卷《婴宁》这个故事中就有这么一句话："王子服，莒之罗店人。早孤。绝慧，十四入泮。"在这儿，译者就通过"秀才"来解释"入泮"，并用简单明了的语言将其翻译为"王子服是莒县罗店人，早年丧父。他非常聪慧，十四岁就考取了秀才"。

在第一卷《画壁》这个故事中，开篇首句写到"江西孟龙潭与朱孝廉客都中"，"孝廉"是汉武帝时设立的察举考试，以任用官员的一种科目，"孝廉"是"孝顺亲长、廉能正直"的意思。后来，"孝廉"这个称呼，也变成明清对举人的雅称。因此，为了便于外国读者的理解，译者在这儿并没有对"孝廉"这个名词的来历进行展开阐述，而是音译和意译结合，将"朱孝廉"翻译成"一位获得了'举人'称号的姓朱的读书人"。

第四节 译本中对神仙僧道的翻译

虽然当今的马来西亚是个虔诚的伊斯兰教国家,但是由于其所处的地理位置,一直以来受到来自西亚、南亚、东亚甚至西方世界的各种宗教文化的影响。同时来自印度、中国的各种各样的民间信仰及朴素的原始拜物教也深深地影响着马来西亚的各民族。因此,虽然遵循着国教伊斯兰教教义安拉是唯一的神灵,马来西亚各族人民仍然普遍相信鬼神精怪。马来语中也汇集了包括梵语、巴利语、阿拉伯语、汉语等各种描述神仙僧道、鬼神精怪的词汇,比如:dewa, tuhan, setan, hantu, semangat, tenaga ilahiah, betara, dewata, tukang sihir, makhluk kayangan, syaitan, orang halus, jin, siluman, momok, ganjil, iblis, raksasa, roh jahat, peri, bidadari, biku, biarawan, rahib, sami, biksu, biksuni, pendeta, pertapa, arwah 等。因此要把《聊斋志异》中出现的神仙僧道翻译成马来西亚民众能够理解和接受的名称,也是一个不小的挑战。译者在《聊斋志异选集》马来文译本中采用了音译和意译相结合的译法,很好地解决了这个问题。

在第一卷第一个故事《考城隍》里,有这么一句:"移时入府廨,宫室壮丽。上坐十余官,都不知何人,惟关壮缪可识。"这里的"关壮缪",即关羽,字云长,三国时蜀汉大将,死后追谥"壮缪侯"。见《三国志·蜀书》本传。后逐渐被神化,宋以后历代封建王朝也屡加封号。明万历年间敕封为"三界伏魔大帝威运震天尊关圣帝君",顺治年间敕封为"忠义神武关圣大帝"。于是民间便有了"关帝"之称。在这则故事里,作者没有用任何其他的神仙僧道的称号或者词汇来翻译死后被神化的关羽,而是沿用了原文中"关壮缪"这一称号,用音译的方式表达出来,并用脚注的方式简单介绍了关羽的身份。因为虽然这儿的关羽已经列属神仙僧道,但是任何一个替代的马来语词汇都无法表达出"关壮缪",即关羽在中国人心目中的崇高地位。所以作者在这儿用音译加注释的方式应该说是很好地解决了这个问题。

第一卷中的《娇娜》是《聊斋志异》里非常著名的一个故事,故事中除了"孔生"是人,其他的人物如"娇娜""松娘""皇甫公子"都是狐狸变化的,即大家俗称的狐狸精。在马来语中,有很多关于"精怪"的词汇,比如 syaitan,jin,ganjil,hantu 等,大多是中性或者含有贬义的词汇。作者没有刻板地直译,或者直呼其名,而是根据故事中的人物特点和原作者所要表达的思想,将"娇娜"翻译成了"娇娜仙子",来表现原文中对娇娜能用情、能守礼、天真烂漫、可爱可敬的性格特点的喜爱和赞扬。

第五节 译文对原文诗词的翻译

《聊斋志异》里的诗词并不是很多,但篇篇精彩。比如《连城》里的绝句、《宦娘》里的《惜春词》。译者对《聊斋志异》里的诗词曲赋不是简单地翻译,而是一种创作。

译者对《聊斋志异》里诗词的翻译首先是忠实原文的意思。他准确地理解了每首诗词的含义,然后用优美的马来诗歌的形式把这些含义表达出来。这些马来诗歌,即使单独拿出来欣赏也是非常优美的,看不出任何翻译的痕迹。除了诗歌,译者对《聊斋志异》里的对联、偈语等的翻译也非常贴切、工整、优美。如:

因恨成痴,转思作想,日日为情颠倒。
海棠带醉,杨柳伤春,同是一般怀抱。
甚得新愁旧愁,划尽还生,便如青草。
自别离,只在奈何天里,度将昏晓。
今日个蹙损春山,望穿秋水,道弃已拚弃了!
芳衾妒梦,玉漏惊魂,要睡何能睡好?
漫说长宵似年,侬视一年,比更犹少。
过三更已是三年,更有何人不老!

第七卷中《宦娘》这则故事里,葛公的女儿良工在听到了温如春的琴声后,对温如春产生爱慕之情,在花园里捡到一张旧笺,上面写着一首《惜余春》词。这首词层层递进,反复回环,句句抒写和诉说着听琴知雅意以后的相思和无奈,淋漓尽致地表达了少女对心上人"求之不得则恨,恨而无着则痴,爱而不见则思,思而无望则想"的殷殷期盼的心理。

为了尽可能完整并优美地表达原文诗词的含义,译者在这里采用了直译和意译相结合的方式,创作了一首马来长短诗。马来人自古以来就喜欢用诗的语言来描绘对生活和社会的感受。马来诗歌的种类和题材很多,但不论是哪种题材的诗歌,韵都是其灵魂。马来诗歌最传统的韵诗称为"班顿"。每首班顿一般为四行,每一行末尾最后一个词要押一个韵。几乎每一个马来人都会背几首脍炙人口的班顿。而很多人还能触景生情,有感而发,即兴创作班顿。除了班顿,还有一种马来韵诗也非常流行,这就是"sajak",或称作马来长短诗。这种类型的诗歌不再严格限制字数,但仍然严格要求押韵。

译者在这儿把诗歌翻译成八行,每行诗的末尾都以"a"和"u"作韵,形成了"a-a-u,a-a-u,a-a"的押韵格式。翻译后的整首诗在结构上已经基本改变了原诗一行三句的结构,而全部采用了一行两句的结构,用马来长短诗的形式,非常优美地把原诗的意思表达得准确无误。

结　　语

薛两鸿在《聊斋志异选集》马来文译本的翻译过程中,采用直译和意译相结合的方法,既忠实完整地展现了所选取的51篇故事,又在忠实原文的基础上,采用意译和释译的手法,巧妙地加入了马来文化和文学因素,尽量使马来西亚读者容易理解和接受。整个译本的翻译淋漓尽致地体现了薛两鸿扎实的中文古文功底、几十年翻译工作所积累的深厚的马来文功底和在文学诗歌方面的创作才华。薛两鸿是用现代通俗的马来语来翻译《聊斋志异》的,因此这部翻译作品通俗易懂,全然没有生涩之感。

《聊斋志异》是第一部由中国翻译家翻译成马来语出版的中国古典文学名著,《聊斋志异选集》译著于1995年8月由马来西亚语文局出版发行,并受到了当地读者的一致好评。2009年,薛两鸿的家人将薛两鸿生前所编译的《聊斋志异选集》马来文译本手稿无偿捐赠给中国国际广播电台，以期发挥手稿的更大价值。经过前期大量的阅读和调研，并结合马来文读者和马来西亚出版市场的特点，中国国际广播电台马来语部进行立项，最终从《聊斋志异》490 多则小说中，精选内容健康、情节吸引人、脍炙人口的 15 篇爱情故事进行编译，并确定以《聊斋志异爱情故事选》为书名。马来语部多名青年业务骨干和外籍专家参与了从文字录入、编辑、审稿到校对等各项工作。经过近一年的努力，该书最终在马来西亚成功出版发行。

2011 年 7 月 12 日，马来文《聊斋志异爱情故事选》新书推介会在吉隆坡国家图书馆隆重举行。马来西亚新闻、通讯和文化部长赖斯·亚蒂姆委托马来西亚国家图书馆馆长代为出席并代致贺词。正如赖斯·亚蒂姆部长在贺词中说的，《聊斋志异爱情故事选》一书中收录的爱情故事展现了中国古典文学的优美。正是薛两鸿前辈十年如一日的辛勤付出，使得马来西亚人民可以用母语更加深入地了解中国文学作品，感受中国古典文学之美。《聊斋志异选集》马来文译本的出版，增进了马来西亚人民对中国古典文学作品及中国传统文化的了解，对促进中马两国文化交流及增进两国人民间的相互了解和友谊起到了积极的推动作用。

（邵颖，北京外国语大学亚非学院）

20 世纪《三国演义》在马来西亚的翻译与传播

季羡林先生曾经在《中国传统小说在亚洲》一书的序中如是写道:"研究人类文化交流的历史是一门非常重要的学科。通过这种研究,可以让不同国家的人民认识到自己接受了一些什么东西,又给予了一些什么东西,从而一方面提高自己的信心,另一方面又得到一个正确的认识,认识到人类必须相互帮助、互相学习,哪一个国家也不能孤立,也不会孤立,也不曾孤立。"①外国到中国获取的和华侨带到国外的中国文化无疑是多方面的,文学艺术就是其中重要的组成部分,而文学作品中最具代表性的则是我国四大古典名著之一——《三国演义》。这部富有魅力的伟大作品,不仅在我国家喻户晓,在世界各语种国家都被广泛翻译和传播,包括马来西亚。因此,本文将初步探讨 20 世纪《三国演义》在马来西亚的翻译和传播状况。

---

① [法]克劳婷·苏尔梦(Claudine Salmon)编著:《中国传统小说在亚洲》,颜保等译,北京:国际文化出版公司,1989 年,第 1 页。

第一节 《三国演义》的传入和翻译

一、《三国演义》传入马来西亚的历史背景

中国与马来半岛的往来源远流长,最早可追溯到汉代,《汉书》中记载的"都元国"经考证正是位于今马来半岛东岸克拉地峡一带。据史料记载,唐、宋时期就有不少中国人来到马来群岛进行频密的商业活动。元、明时期则已有明确的记载证实中国人在当地定居的事实。然而,华人大量移居马来西亚地区则是在清朝鸦片战争后开始的。

19世纪下半叶来到马来西亚地区的中国人大多是被迫出国谋生或是被抓来当"猪仔"的闽粤地区没有文化的劳苦大众,由于不能直接阅读中国书籍,因此只能通过欣赏家乡地方戏曲团在当地的表演来重温祖国的文化艺术。这些戏曲大多取材于中国古典和通俗小说。据记载,福建高甲戏三合兴班也于1840—1843年到过马来西亚、新加坡,在那里上演《三气周瑜》。[1] 19世纪70年代以后,英国殖民地政府为了发展马来半岛的经济,大量引进中国华南地区的劳工。[2] 这些被称为"新客"的新移民,带来了很多当时在中国流行的通俗小说,《三国演义》就是在这个时期传入马来西亚的。

二、《三国演义》在马来西亚的翻译起源

一部文学作品在另一个国家生根发芽的重要途径就是翻译。通过翻译,一国文学在另一国文学中得到了新生,它的文学生命在另一国得到了延续;对于接受

---

[1] 赖伯疆:《东南亚华文戏剧概观》,北京:中国戏剧出版社,1993年,第177—179页。
[2] 黄靖芬:《〈三国演义〉在马来西亚的传播》,"中国文学的传播与接受"国际研讨会,2009年,第3页。

国来说,翻译文学使本国在原有的文学生命中增生了新的血液和成分。① 中国文学作品在马来西亚开始被翻译成马来语是19世纪80年代的事情。中国古典和通俗小说的译改和传播需要具备三种条件:一是需要有掌握汉文和当地语文的译改人才;二是需要有传播的媒体和渠道;三是需要有懂得当地语文的读者群。②

马来亚存在一个特殊的族群——峇峇娘惹(Baba Nyonya)。"峇峇(Baba)"指男性后代,"娘惹(Nyonya)"指女性后代。这个族群是数世纪以来,远到南洋谋生的中国人与当地人结婚繁衍的后代。峇峇娘惹的独特之处体现于他们在文化习俗和宗教信仰方面十分"中国化",而在语言和饮食方面却逐渐"马来化"。他们不用汉文写作,也不讲汉语,而是通用马来语。峇峇娘惹不愿与刚从中国来的"新客"交往,因为那些人的经济和社会地位不如他们这些土生华人。

经过数代人的努力奋斗和艰苦创业,峇峇娘惹在经济上有了一定基础。他们越来越重视子女的教育问题,有的从家乡请来私塾先生,给自己的子女传授四书五经之类的中国文化知识,有的则让子女就读于当地办的学堂或西方人办的教会学校,受当地或西方语言文化的教育。这样,土生华人中便产生了一批有一定文化知识的人,他们具有使用双语的能力,能使用中文和当地语文,少数人还掌握了西方语文。③ 这满足了第一个条件。

19世纪下半叶,为推进殖民地资本主义市场经济的发展,西方殖民者加快了完善各种基础设施建设的步伐,印刷业悄然兴起。华人经营的印刷业和出版业为中国古典和通俗小说在当地的翻译、出版提供了重要的渠道,从而满足了第二个条件。

随着土生华人受教育程度的提高,他们逐渐产生阅读中国古典文学和通俗小说的需求,然而经历了数代人后,他们大多早已不谙中文而是把马来文当成自己的母语,这就需要有专门的人才可以将这些小说翻译成马来语以供他们阅读。这就促使第三个条件成熟。

马来半岛出版最早的一部《三国》(Samkok)译本是由槟城华人曾锦文(Chan Kim Boon)翻译的。这部译本长达4622页,在1892—1896年间分30册在新加坡陆续出版。当时,在新加坡出版的峇峇马来语的《三国》,也传播销售到峇峇聚居的马

---

① 孙景尧:《简明比较文学》,北京:中国青年出版社,2003年,第171页。
② 梁立基、李谋主编:《世界四大文化与东南亚文学》,北京:经济日报出版社,2000年,第112页。
③ 梁立基、李谋主编:《世界四大文化与东南亚文学》,北京:经济日报出版社,2000年,第112页。

六甲和槟城等地区,但其流通并不十分广泛,仅在峇峇族群内传播,其阅读对象主要还是通晓峇峇马来语的峇峇人,而"新客"华人则选择阅读中文版的原著。①

第二节　20世纪《三国演义》在马来西亚的翻译和传播

一、《三国演义》的翻译出版热

进入20世纪30年代,峇峇翻译文学开始蓬勃发展。仅在10年的时间中,就出版了40余部翻译作品,比起过去40年出版32部翻译作品已经有了显著的发展。

1932年,经曾锦文的长子曾衍派(Chan Yen P'ai)提议,《三国》由方恒出版社再版。这次再版同样以分册的方式发行,每本售价1块钱。每本分册都附上前言,解释各个词汇的中文含义,绘上三国人物的肖像、故事内容等。其中,更以汉字标注在以汉语读音直译的物品、地区、事件、事物等旁,加以解释,因为文化背景的差异,某一些中华文化、物品、地区、事件、事物等,并没有马来语词汇。②

图6-1　1892年出版的马来文译本《三国》

曾锦文的笔名是峇垯彦东(Batu Gantong),这是他出生的村子名。曾氏的《三国》并非完全按照罗贯中的章回小说《三国演义》逐句翻译而来,而是采用节译和意译的方式对小说进行翻译。在30卷译文中他穿插了很多插图,而且在每卷译文开头都附上英文诗以吸引读者。仅以一首为例:

---

① 黄靖芬:《〈三国演义〉在马来西亚的传播》,"中国文学的传播与接受"国际研讨会,2009年,第4—5页。
② 黄靖芬:《〈三国演义〉在马来西亚的传播》,"中国文学的传播与接受"国际研讨会,2009年,第5页。

三国自述

我的故事精而短,
每隔一月出一篇,
装潢精致人人爱,
妙文共有三十卷。

我今谈古说历史,
三国佳话谁不知?
漂泊海外炎黄血,
世代相袭文传子。

我用巫语①来叙述,
通过人物讲故事,
来龙去脉交代明,
一目了然很清楚。

花点小钱买书瞧,
读后你定会叫好,
至理名言篇篇是,
字字句句无价宝。

感谢诸君和好友,
称赞祝愿不绝口,
峇垊彦东是我主,
文学秉赋胜教授!②

---

① 即马来语。
② 《三国》第七卷。

曾锦文是一位非常认真的翻译家。他甚至还不厌其烦地把中国皇帝的年号转换成公历。他在难懂的地方加注脚,从第十卷起,专有名称、头衔和职务都附有汉文。① 读者对曾氏《三国》译本有着很高的评价,这可以以大量的祝贺信加以佐证。这些信件有汉语的,有马来语的,也有英语的,被收录在每卷的前言中。

由此可见马来西亚的侨生华人有机会阅读中国小说的译本,尽管阅读范围还不算太广,但足够丰富,因而可以认为,他们对故国祖先的传统文化存在着一定的好奇心。这些侨生华人以极其浓厚的兴趣读了几千页中国小说的译本。刚开始出版这些小说时,每版只出 200~500 册。到了 20 世纪 30 年代,根据《海峡殖民地政府官报》的记载,每版的发行量增加到了 2000 册。②

可惜峇峇族群社会后来没有延续中国文学的翻译,这是由于第二次世界大战的爆发。战火严重影响了马来西亚的社会经济,导致许多峇峇娘惹家道中落,四处散离,在自身难保的情况下,他们没有多余的闲情去翻译或阅读中国古典和通俗文学作品。更何况,以当时日本政府"亲巫恶华"的态度,有着华人血统的峇峇人不敢过于强调本身的"中华文化"色彩。③ 于是,到了 20 世纪 50 年代初,峇峇翻译作品便逐渐从市面上消失了。不可否认,峇峇族群留下的翻译遗产具有极高的文化价值和历史意义。它证明了华族早在数世纪前,就已通过翻译的方式在多元种族和多元文化的社会中为华族语言文学增添光彩。

1992 年马来西亚十方出版社出版了一部马来语《三国演义》连环画——《三国故事》[Riwayat Tiga Kerajaan(Samkok)],译者是 C.C.罗(C.C.Low)等。全书共三册,收录了 18 个精彩的三国故事,如桃园结义、空城计、舌战群儒、三顾茅庐等,每个故事由百余幅黑白素描画来讲述,每页有四幅图画。画面下方不仅有马来语解说,同时还加以英文说明。人名和地名的标注方面,峇峇娘惹的家乡话译音已被标准的汉语拼音取代。每卷封面的图画都色彩鲜艳、形象生动,封底印有连环画的广告。第二、三卷的封底内页还附有《三国演义》的背景、主要人物介绍及诸

---

① [法]克劳婷·苏尔梦编著:《中国传统小说在亚洲》,颜保等译,北京:国际文化出版公司,1989年,第 334 页。
② [法]克劳婷·苏尔梦编著:《中国传统小说在亚洲》,颜保等译,北京:国际文化出版公司,1989年,第 348 页。
③ 黄靖芬:《〈三国演义〉在马来西亚的传播》,"中国文学的传播与接受"国际研讨会,2009 年,第 6 页。

葛亮的计谋分析等说明。总体来说,《三国故事》是一套图文并茂、老少皆宜的连环画。

图 6-2　马来文《三国故事》连环画封面与封底

图 6-3　马来文《三国故事》连环画内容

除了有关《三国演义》的翻译作品，十方出版社于 1995 年还出版了华文的《三国志通俗演义》增订版，全书共 24 卷，分上、下两册，价格为 28 林吉特①。封面的副标题为"大马高级教育文凭中文用书"，如题所示，该书是专门为中学生获取高级教育文凭而出版的。第二部分，即 24 卷的故事正文之前的第一部分是三国故事内容大纲和故事分析，30 页左右；第三部分，正文之后是问题讨论，包括 56 个模拟问答题、115 个练习题和往年试题及答案。

图 6-4 《三国志通俗演义》增订版

二、《三国演义》的多渠道传播

马来西亚人口约为 2825 万，华人占总人口数量的 23.7%②，华人社区较为成熟，因此中华文化承袭完整，潮州人等中国移民的祠堂和会馆墙壁上常会有《三国演义》故事情节的浮雕。《三国演义》在马来西亚可谓传播甚广，除翻译和出版外还有多种渠道。

1994 年应马来西亚《三国演义》研究会邀请，中国著名古典文学研究专家李希凡赴马来西亚作《三国演义》专题讲座。1997 年 10 月，以马来西亚《三国演义》研究会会长拿督陆垠佑为团长的一行人到达运城进行学术交流，其主要内容之一便是探讨《三国演义》及关公在马来西亚的影响。1998 年，中国著名评书表演艺术家连丽如受邀到马来西亚五大城市表演评书《三国演义》，此行引起了巨大的轰动，每场演出都是数个小时，场场座无虚席。

除了民间大规模的交流活动，马来西亚华人也在用自己的行动传承着中华文明，传承着《三国演义》。已入耄耋之年的大马华人梁宗权年轻时从事汽车运输业，仅接受过两年小学教育的他被《三国演义》的漫画深深吸引，花费两年时间用

---

① 约合人民币 58 元。
② 中华人民共和国外交部：《马来西亚国家概况》，http://www.fmprc.gov.cn/chn/pds/gjhdq/gj/yz/1206_20/，2012-04-26。

墨汁和水彩参照漫画将264个人物一一绘于纸上。他的行为引起了当地媒体的关注,并对此进行了大量的报道。在一次采访中老人表示,他希望他的《三国志人物像画集》能让子孙世世代代地留传下去。

而马来西亚华人收藏家、企业家骆锦地则与福建莆田的画家薛金拥用油画的方式向西方世界展示《三国演义》。这个"企业家+画家"的特殊组合从1993年开始合作,共同创作油画50余幅,从第一幅《赵云夺青釭》到后来的《初出茅庐》《火烧赤壁》《三英战吕布》等,无不展示出中国古代将领豪迈和英勇的风姿,让西方人大开眼界。马来西亚华人传承中华文化的感情往往令人感动,接受采访时骆锦地如是说:"《三国演义》在人们传播的过程中,已经不仅仅是一本单纯的文学作品,更成为中华民族五千年优秀传统文化的代表,在海外被华人引以为骄傲。作为海外华人的一份子,我从小就受到了三国文化的熏陶,尤其是那些栩栩如生的英雄人物形象,更是深深印在我的脑海。"曾经有很多外国人提出高价购买骆锦地收藏的三国题材油画作品,但他始终没有为金钱所动,因为他一直坚守着一个信念:作为华人应该承担起保护和传播中华民族传统文化的责任,三国题材油画应该属于华人,并在华人手中对外传播。①

图6-5 骆锦地收藏的三国题材油画作品

结 语

《三国演义》于19世纪末,由移居到马来半岛的中国移民带到了这片土地

---

① 《"三国情·画三国"海外华侨骆锦地先生主题油画藏品展》,今日艺术,2007年,http://www.artnow.com.cn/CommonPage/ExhibitInfo.aspx?ChannelID=83&ExhibitID=1165,2012-04-26。

上,并通过峇峇娘惹的马来语译本将这份中国文化遗产推广到华族之外的其他民族。

  进入20世纪,《三国演义》在马来西亚的传播并非一帆风顺。在30年代峇峇马来语译本的《三国》再版后,由于受到第二次世界大战的冲击,《三国演义》的传播陷入了停滞阶段,峇峇马来语的《三国》也消失了。直到马来西亚取得独立后,《三国演义》的翻译和传播才迎来了新的时代。20世纪90年代的马来西亚可谓掀起了一股三国热,在书籍出版方面,马来语版连环画《三国故事》和华文版《三国志通俗演义》增订版先后问世。由此可见,《三国演义》不仅在华族中继续传承,同时也在其他民族中广泛传播,并拥有一定的市场。在民间交流方面,中、马民间《三国演义》研究团体来往密切,通过举办讲座、举行研讨会和评书巡演等方式进一步扩大《三国演义》在马来西亚的影响。当地很多华人民众也对《三国演义》有着极大的热情,也有着强烈的"传承中华文化"的意识,他们或手绘三国人物谱,或收藏三国油画作品,用不同的方式表达着自己对这部中国经典文学作品的热爱。

  相信在马来西亚这个多种族的国家里,《三国演义》会在华人社会里继续以多形式、多渠道的方式传承,在其他种族之中也会通过马来语译本更好地展现中国古典文学的无穷魅力。

(韩笑,北京外国语大学亚非学院)

中国古典文学在马来西亚的传播

马来西亚、新加坡因地处东南亚海上交通的要冲,自古就是过往船只的必经之地。由此,与中国在文化、经济、贸易和政治上的友好往来源远流长,早在1世纪班固所著的《汉书·地理志》中就有关于中国到印度南部途经今天的马来西亚地区的海路交通记载。随后,在《梁书》《隋书》《新唐书》《旧唐书》《宋史》《明史》等史籍中,均有关于中国和马来西亚地区友好往来的历史记载。

例如,3世纪初,三国时期的吴国政权曾派遣康泰、朱应通出使南海诸国。据考证,他们曾到过马来半岛地区。7世纪隋炀帝派常骏、王君政出使马来西亚地区东北部的古国赤土,受到土邦的热烈迎接。7世纪中,苏门答腊的古国室利佛逝也曾多次遣使来唐,其国王得到了唐朝皇帝的册封。

宋元以后,中国和马来西亚地区各国的关系更为密切。13世纪初赵汝括所撰《诸蕃志》记载了马来西亚地区不少古国的情况,而元代航海家汪大渊所撰《岛夷志略》一书则对马来西亚的彭坑、吉兰丹、丁家卢、丹马令等古国均有描述。

到了明代,中国和马来西亚地区各国之间的关系空前发展,尤其是和兴起于15世纪初的古国满剌加(今名马六甲)关系密切,据《明史》"满剌加传"记载,满剌加开国君主拜里迷苏剌曾于1411年携后妃大臣共540余人到中国朝见明成祖朱棣。自永乐九年(1411年)到宣德八年(1433年),满剌加三代国王曾前后五次来中国,每次都得到明朝皇帝的厚待,明朝亦多次遣使满剌加。

1511年,葡萄牙殖民者入侵满剌加以后,马来西亚地区先后遭到葡、荷、英、日等国殖民统治,与中国的各种官方友好往来也逐渐中断。但是,两国的民间交往从未停止过,中国人民很早就远渡重洋,到马来西亚地区繁衍生息,中国文化随着各族人民的交流,在该地区得以广泛传播并产生了深远影响。

中国的古典文学亦通过这样的方式得以传播,而最早的传播者当推当地华侨。1702年或1703年3月2日,曾有5名英国人在马来半岛柔佛海域沉船遇险,他们目睹了当地华侨的生活。在几次盛大的歌舞活动中,"这几位覆舟失事的英国人目睹600名华侨身佩宝剑和盾牌游行表演中国戏剧,然后舞剑"①。据这则史料分析,当时华侨表演的可能是某地方戏中的武戏。中国戏剧当时早已发展完备,即使是街头演出,也必有乐曲说唱载歌载舞的特点。这是在马来西亚地区有关中国文学艺术和文化影响的最早文字记载。②

18世纪末至19世纪初,随着中国近代新的移民大量南渡,进入马来西亚地区,中国文化和文学在当地的传播开始形成规模。到了20世纪初,中国古典文学通过华侨个人的家学、私塾、书院、文学社团,以及下层劳工、上流沙龙、土生华人译介等文学传媒,将中国古典文学中的古诗、文论、散文、故事、民间歌谣、四书五经等,甚至序、跋、碑文等广义上的文学作品,大规模地在马来西亚地区传播开来。

本文主要探究19世纪至20世纪中国古典文学在马来西亚地区的翻译与传播情况。

---

① 注:该史料源自[英]浮凡《新东印度公司来自昆仑岛屿于英人与柔佛2日覆舟失事历险记》,伦敦1714年版,见[英]巴素著,郭湘章译《东南亚之华侨》,台北:台湾编译馆,1974年,第459—460页。
② 孟昭毅:《东方文学交流史》,天津:天津人民出版社,2001年,第317页。

第一节　古典文学翻译与传播的背景和途径

19世纪前,因贫困、战争等原因,许多中国人背井离乡、漂泊海外,来到"南洋"的中心地区马来西亚地区定居。他们中有的与当地人结婚并繁衍子嗣,于是,他们的后裔逐渐形成了一个混血社会。这个社会的成员被人称作峇峇娘惹(Baba Nyonya)或者土生华人(Peranakan)。他们起初在马六甲定居,自19世纪,他们中的一些人向马来半岛的其他城市,尤其是向槟城和新加坡移居,并在当地成为商界人士。这些土生华人的特点是不用中文写作,也不讲汉语,而是使用马来西亚本土的语言——马来语。

然而,正是这一群体凭借其智慧,在当地原住民马来人还在摸索马来语言文学发展道路的时候,已经利用其母语(即"峇峇马来语")进行创作,并翻译出大量的中国文学作品,为新加坡、马来西亚各民族文化交流做出了难以磨灭的贡献。尤其峇峇群体在中国通俗小说翻译工作上的成就,更是当今学界望尘莫及的。[1]

峇峇马来语翻译文学最早的发表园地是峇峇社会创办的刊物,从1894年到1908年的15年间,峇峇人以罗马化的峇峇马来文为媒介语,陆续创办了7份报纸和4份杂志,其中包括3份峇峇马来文暨英文、1份峇峇马来文暨汉语的刊物。

在峇峇马来文报刊方面,《土生华人报》(*Surat Khabar Peranakan*,亦称 *Straits Chinese Herald*)是峇峇人办的一份刊物,1894年1月22日于新加坡创刊。该日报主要以罗马化峇峇马来文(新闻及故事栏)及英文(广告栏)双语出版,内容以本地新闻及广告为主,偶尔穿插一些特别报道和故事。然而,这份刊物寿命不长,创刊于同年5月7日,被并入英文报 *Daily Advertiser*,而 *Daily Advertiser* 也于不久后夭折。[2]

1894年7月2日,宋旺相(Song Ong Siang)及陈文进(Tan Boon Chin)合办了

---

[1] 黄慧敏:《新马峇峇文学的研究》,硕士论文,台湾政治大学民族学系,2004年6月,第3页。
[2] 黄慧敏:《新马峇峇文学的研究》,硕士论文,台湾政治大学民族学系,2004年6月,第52页。

《东方之星》(Bintang Timor)。这份报纸的重要性在于它是新马第一份完全以罗马化马来文创办的报纸。值得注意的是,该报收入了不少文艺作品,包括诗歌、故事、笑话及谜语。然而,这份报纸一年后也宣告寿终正寝。①

1910年,经营船务公司的吴清林(Goh Cheng Lim)创办了《马来西亚提倡者》(Malaysia Advocate),旨在提供海峡华人一些世界新闻,但是,这份报纸和《东方之星》一样创办时间不长。之后,1924年,吴清林又与袁文成(Wan Boon Seng)合力创办了《日常报》(Kabar Slalu)。该报除了刊登新闻、广告和社论,还刊登了不少文艺作品,其中包括读者投稿的作品。较为特别的是,这份报纸首次连载了一些中国古典文学翻译作品,其中包括《白蛇与青蛇》[Cherita Ular Putay Sama Ular Itam,由萧海炎(Siow Hay Yam)翻译,于1924年1月5日开始连载]、《梅良玉的故事(二度梅)》[Chrita Mwee Liang Geok(Jee Toh Moey),由萧海炎翻译,于1924年2月22日开始连载]、《薛仁贵征西》[Seeh Jin Quee Cheng Say,由萧钦山(Siow Chin San)翻译,于1924年4月开始连载]。但是好景不长,1924年1月5日开始,该报公布了将于5月15日停刊的新闻。

在峇峇马来语杂志方面,第一份现存最早用峇峇马来语出版的杂志应是1906年在新加坡创办的峇峇马来语、英语双语月刊——《峇峇之友》(The Friend of Babas),该杂志主要刊载广告、社论、小说和基督教故事,并于1908年停刊。时隔22年后,新马第一份完全的罗马化马来文杂志才于1930年由袁文成创刊,这份名为《土生华人之星》(Bintang Peranakan)的杂志,内容除了连载中国翻译小说《后列国志》(Ow Liat Kok Chee,译者为Seng and San,即袁文成和萧钦山,这份翻译作品于1931年分4册出版),也刊登广告、社论和国内外新闻等。然而,这份销路遍及马来西亚各大城市及沙捞越、廖内、爪哇、曼谷等地的杂志,像其他峇峇马来语刊物一样,出版了34期后于1931年6月停刊。

袁文成于1932年又创办了另一份峇峇马来文杂志——《土生者之光》(Sri Peranakan),该刊内容与《土生华人之星》相仿,只是这一次编者用了更多篇幅连载了由"Seng and San"翻译的中国文学作品《杨文广征南闽》(Yeo Boon Kong Cheng Lam Ban,本故事之后于1933—1934年由袁文成分4册出版)。

---

① 黄慧敏:《新马峇峇文学的研究》,硕士论文,台湾政治大学民族学系,2004年6月,第53页。

此外，1934年出版的《讲故事者》(*Story Teller*)杂志，则是专门连载中国文学翻译作品《孟丽君》(*Beng Leh Koon*)的刊物，译者为邱平炎(Khoo Peng Yam)。该刊于1935年停刊，也宣告了峇峇马来语刊物出版业的结束。

总体而言，19世纪末至20世纪初，新加坡作为海峡殖民地的政治、商业和文化中心，出版业十分发达，人才也多集中于此。因此，所有的峇峇马来文刊物都在新加坡出版，而20世纪30年代出版的峇峇杂志，则主要用于刊载峇峇马来语翻译作品，这段时期正是峇峇马来语翻译文学的全盛时期。①

第二节　中国古典文学翻译在马来西亚地区的兴起与发展

黄慧敏在其研究中共搜集并整理了近80部峇峇马来语翻译作品，其中包括1部民间故事翻译《憨子婿》（杨贵谊先生作《憨女婿》）、2部宗教性译本（《立愿宝鉴》，两部同名）、2部民间叙事诗（《三伯英台诗》）、1部《三伯英台》剧本及74部中国通俗小说翻译。这些作品的翻译时间主要集中在1889—1950年间。

根据上述统计，黄慧敏认为，整个峇峇马来语翻译文学的发展（即中国古典文学在马来西亚地区的译介）存在三个明显的起伏，第一阶段从1889—1929年，40年间共出版了32部作品，且平均每五年都有作品出现，出版情况起伏不大，但有逐渐下降趋势，至1925年以后则出现了将近五年的空白期，这段时间可视为翻译文学的兴起时期。

第二阶段主要集中在1930—1939年间，短短10年间出版了近40部翻译作品，反映了翻译文学全盛时期的蓬勃发展。

第三阶段从1940年开始，直至1950年只出现了一部作品，之后，中国通俗小说的峇峇马来语翻译工作便告停止，13年后虽然出现了有史以来第一部中国诗歌翻译作品——黄福庆翻译的《三伯英台诗》(*Sha'er San Pek Eng Tai*)，之后过了更长的22年，

---

① 黄慧敏：《新马峇峇文学的研究》，硕士论文，台湾政治大学民族学系，2004年6月，第54页。

Felix Chia 翻译了剧本《三伯英台》(*Sam Pek Eng Tai*)。然而,从 1940 年至 1985 年将近 45 年的时间里,峇峇马来语翻译文学一蹶不振,因此这一段时间为翻译文学的没落期。①

一、中国古典文学翻译的出现与早期发展——兴起时期(1889—1929 年)

1. 中国古典文学翻译兴起的原因

19 世纪末出现的峇峇社会对中国文学的翻译,并非是偶然现象,它是当时各种主客观因素相互作用下的产物。根据黄慧敏的研究,峇峇马来语翻译文学的兴起,主要有以下原因:

第一,经济的发展与市民阶层的形成。1826 年海峡殖民地成立后,英国殖民者对槟城、新加坡的大规模开发,带动了当地的经济发展,新加坡更成为国际性的贸易港口。人口的聚集和工商业的发展,为都市文学孕育提供了有利的条件。从技术上看,印刷术的引进也直接推动了出版业发展。随着罗马化的峇峇马来文报刊的出版,峇峇社会教育程度的提高及西方文化的影响,宽裕的经济条件和阅读兴趣的培养使得峇峇人有钱享受不同的娱乐活动。而当土生华人英文读写能力不足,加上长期涵化导致无法读懂中文书籍,同时对阅读爪哇文书写的马来语也捉襟见肘时,种种客观因素迫使峇峇社会急需以本民族语言书写并能迅速满足需求的读物出现。峇峇翻译文学的市场已经悄悄形成。

---

① 黄慧敏:《新马峇峇文学的研究》,硕士论文,台湾政治大学民族学系,2004 年 6 月,第 55—56 页。

表 6-1　峇峇马来语翻译作品统计①

阶段	年代	数量	备注
第一阶段 （40 年：32 部 翻译作品）	1889 年前	7	
	1890—1894 年	5	
	1895—1899 年	5	
	1900—1904 年	1	
	1905—1909 年	2	
	1910—1914 年	4	
	1915—1919 年	3	
	1920—1924 年	5	
	1925—1929 年	0	
第二阶段 （10 年：40 部 翻译作品）	1930—1935 年	21	曾锦文翻译作品之再版，不列入统计： 《三国》（1932 年再版；1892—1896 年） 《西游》（1933 年再版；1911—1913 年） 《宋江》（1934 年再版；1899—1902 年）
	1935—1939 年	19	《孟丽君》（邱平炎于 1934—1935 年译，1936 年出版）
第三阶段 （至 1950 年，10 年： 1 部；至 1985 年， 45 年：3 部）	1940—1944 年	0	
	1945—1949 年	0	
	1950 年后	3	其中两本分别为 1963 年、1985 年译作。事实上已与峇峇翻译文学活动（1950 年停止）脱节。

第二，中国通俗文学在当地的流传与影响。随着 19 世纪中国"新客"作为劳工和手工业者大量进入马来西亚地区，这些知识水平不高的群体同时也带来了中国传统的通俗文化——通俗小说和戏剧。尤其在 19 世纪到 20 世纪 30 年代期间，通俗文化活动在新马各地华人社会盛况空前。华人移民从中国带来了大量的中国古典小说，包括《西游记》《水浒传》《三国演义》《包公案》等在中国流行的通俗小说。同时，中国传统地方戏也在新马华人社会广为流传。这些都为峇峇马来

---

① 黄慧敏：《新马峇峇文学的研究》，硕士论文，台湾政治大学民族学系，2004 年 6 月，第 56 页。

语翻译文学提供了大量重要的题材。

第三,印尼土生华人文学的影响。根据西方学者的研究,印尼土生华人文学的产生比新马峇峇翻译文学要早30年。① 从1870年到1960年近100年的时间里,印尼土生华人的马来文翻译著作达759部之多,其数量远远超过了新马峇峇华人的79部翻译作品,由此可见印尼土生华人翻译文学的蓬勃。由此,大量的翻译作品也从印尼被引入马来西亚,一方面满足本地需求,另一方面主要还是迎合旅居本地经商的印尼籍土生华人的需求。

第四,峇峇社会教育和语言的转变。19世纪末至20世纪初,随着峇峇社会教育的进步,一批掌握峇峇马来语,同时了解福建方言的双语甚至曾锦文这样的三语人才涌现,这些人才为峇峇翻译文学的产生奠定了基础。

第五,峇峇社会本身对中华文化的向往。黄慧敏认为,相比新近拥入马来西亚地区的中国移民而言,峇峇社会在中华文化的秉持上更为传统,对民间流传的通俗文化有着独特的喜好和亲近感,而中国通俗小说的翻译,不仅在传统文化思想上是绝佳的教科书,同时,可以让对中国文学逐渐陌生的峇峇群体重新回归,更可以成为峇峇社会在商场上借鉴的"兵书"。

2.早期作品

克劳婷·苏尔梦指出,至今尚未发现任何正式材料说明土生华人(峇峇)何时开始印刷自己的作品。因此,只能根据搜集到的译本来向前追溯。② 根据现在所能找到的翻译作品来看,在1889年出现的7部译作,或可以作为翻译文学的开始。其中包括6部中国通俗小说和1部民间故事翻译作品,《杏元小姐与梅良玉》《雷峰塔》《杂说传——今古奇观与聊斋》《凤娇与李旦》是由陈明德(Tan Beng Teck)翻译,而《忠节义、卖油郎》及《三国故事荟萃》则由石瑞隆(Chek Swee Liong)和平瑞公司(Peng Swee & Co.)合译。

另外,唯一的一本民间故事《憨子婿》则由Lye Kam Lim翻译,这本峇峇马来语译本在新加坡国立大学图书馆保存有影印本,其中收录了6篇短篇故事,都是

---

① 据西方学者布兰德斯所言,目前印尼可找到最早的中国传统小说翻译作品为1859年出版的爪哇语译本《李世民》(*Li Si Bin*)。

② [法]克劳婷·苏尔梦:《马来亚华人的马来语翻译及创作初探》;载克劳婷·苏尔梦编著,颜保等译:《中国传统小说在亚洲》,北京:国际文化出版公司,1989年,第331页。

叙述妻子戏弄丈夫的故事,并附有插图,其间穿插了一些班顿诗。从内容用词看,诗歌应是译者创作的,而非翻译的。

1890—1899 年,十年之间出现了十部翻译作品。1890 年只有一部译作,即由林福志(Lim Hock Chee)翻译的《万花楼》。1891 年除有黄介石(Wee Kay Seck)翻译的《岳飞的故事》外,著名的峇峇翻译家曾锦文也在朋友谢子佑(Cheah Choo Yew)及陈谦福(Tan Kheam Kock)的协助下,以峇垊彦东为笔名,开始《反唐演义》第 4 卷以后的翻译工作,并于 1892 年开始重译前 3 卷。同年,他也开始了《三国》的翻译,直到 1896 年。

1895 年,吴连柱(Goh Len Joo)翻译了《薛仁贵征东》。1899 年,曾锦文开始翻译《水浒》,同年冯德润(Pang Teck Joon)分别翻译了《秦雪梅》及其续集《秦世美》。此外,还有一部译者不详的宗教性作品《立愿宝鉴》,根据书名推测,原文应是一本佛教书籍。

进入 20 世纪,1904 年才有新的翻译作品出版,即 Lau Say 翻译的《孙庞演义》。1904—1924 年期间,翻译作品的出版没有像 19 世纪 90 年代那样集中。进入 20 世纪 20 年代,前期有 4 部作品出现,其中包括《薛仁贵征西》(1921 年)、《薛仁贵征东》(1922 年)、《狄青五虎平南》(1922 年)及《雷峰塔》(1924 年),分别由萧海炎(Seow Hay Yam)和萧钦山(Seow Chin San)翻译。1925 年之后,峇峇马来语翻译文学的出版进入了将近 6 年的停滞期,直至 1931 年,没有任何译作出现。对此,黄慧敏认为,这是由于 1914 年爆发的第一次世界大战引发的经济萧条,直接冲击了依赖港口贸易的海峡殖民地,导致了翻译、出版行业的低迷。

3. 早期翻译代表人物——曾锦文①

曾锦文,笔名峇垊彦东,1851 年出生于槟榔屿一个峇峇商人家庭。他曾以峇垊彦东这个笔名翻译过《五美缘》《凤娇与李旦的故事》(即《反唐演义》)和《三国》,据说峇垊彦东便是他的出生地。

他的父亲曾容泉(Chan Yong Chuan)经常往返于

图 6-6 曾锦文像

---

① 黄慧敏:《新马峇峇文学的研究》,硕士论文,台湾政治大学民族学系,2004 年 6 月,第 77 页。

槟榔屿和苏门答腊的巴东之间经商。曾锦文自小便在槟城大英义学（Free School）接受基础教育（英语教育），同时其父也为他请来了私塾老师教授汉语。

同时，曾锦文在威省（Sabrang Sunghei Prye）生活期间，由于经常与马来朋友接触，其马来文也比一般峇峇华人要好。这些语言经历都为他以后进行峇峇马来语、英语、汉语三语通译打下了深厚的基础。

1866年，曾锦文进入中国福州马尾水师学堂（即海军学校）学习军事战术，但由于体能欠佳，毕业后仅能留在原校教导数学。1872年，20岁的曾锦文因听信算命先生的预言，说他活不过25岁，便毅然决定回到槟城母亲身旁，度过余生。然而回乡数月后，他因为工作表现优良，被白人上司升调到艾脱肯（Aitken）和罗戴克（Rodyk）的新加坡公司任会计兼出纳。于是，曾锦文便定居在新加坡，直到69岁逝世。

1899年，峇峇陈明德在翻译了前3卷《凤娇与李旦的故事》后，因私人业务前往日本发展，留下尚未译完的后半部作品。随后，曾锦文在好友陈谦福邀请下，接过了《凤娇与李旦的故事》第4至8卷的翻译工作，并在1892年翻译完成后，又重译了前3卷。根据曾锦文在译本中的陈述，他在翻译《凤娇与李旦》及《三国》时，曾得到了陈谦福、谢子佑及谢安详等人的协助。

从《凤娇与李旦的故事》开始到目前所能找到的曾锦文的最后一部译作《西游》，在22年间，曾锦文翻译了包括《凤娇与李旦的故事》（8卷，1891—1893年）、《五美缘》（6卷，1891—1892年）、《三国》（30卷，1892—1896年）、《水浒》（19卷，1899—1902年）和《西游》（9卷，1911—1913年）共5部，总卷数达72册的中国古典文学作品。

曾锦文曾在部分《三国》的卷尾，给读者列出了他预计要翻译的作品，其中包括《今古奇观》（Kim Ko Ki Kuan）、《聊斋》（Leow Chai）、《包公案》（Pow Kong Ann）、《施公案》（Si Kong Ann）、《蓝公案》（Na Kong Ann）、《水浒（或宋江）》（Swi Ho atau Song Kang）、《金石缘（或林爱珠）》[Kim Sek Yan（Lim Ai Chu）]、《齐天和尚》（Chey Tian Hoey Sio）、《温如玉》（Wan Ju Yak）、《更五钟》（Keng Gno Cheong）、《先秦轶事》（Sian Chin Ek Su）、《粉妆楼》（Hoon Chong Lau）、《七侠》（C'hit Hiap）、《征东》（Cheng Tong）、《征西》（Cheong Sai）和《贺五太》（Ho Gnoh Tai）等16部中国通俗小说。然而，根据黄慧敏的考察，列表上除了《水浒》及《西游》曾被

译过,大部分作品至今无法确定是否被翻译出来。

4.翻译特点——以曾锦文的翻译为例

曾锦文译作在内容上,并非完全按照通俗章回体小说原文逐字逐句翻译,而是节译或者意译。在形式上,也延续了"口头文学"中的"开场白"和每回最后的结束语"欲知后事如何,且听下回分解",借此达到吸引读者继续阅读的目的。

由于民族不同和语言转换的问题,原著中许多词汇很难用马来语表达清楚。因此,译者通常要在译文中附上中文或附注。曾锦文在翻译时,不仅中英文并用,还经常在各卷正文前附载马英或汉英对照词汇表,如《三国》第15卷有汉英词汇表,《水浒》第6卷、第13卷及第14卷也附有马英对照词汇表。

曾锦文的译作与早晚期译作最明显的不同之处在于作品的装订与插画上。译作各卷页数有40页到150页不等,但以超过百页居多。例如,曾锦文的译作页数每卷都厚达150页左右。此外,早期译作也非常重视插画,以曾锦文为例,他的作品有时插画的页数甚至占到20~30页之多。此外,或许由于早期的翻译工作是独立完成,翻译的动机也较为单纯,因此,早期的译本除了附有出版商的地点,封面和封底几乎没有刊登其他具有商业性质的广告。①

二、古典文学翻译的全盛时期 (1889—1929 年)

进入20世纪30年代,峇峇马来语翻译文学开始复苏,在有系统的翻译及参与人数增多的情况下,从1930年到1940年短短10年间,一共有40部作品出版,加上曾锦文的3部作品的再版,中国文学翻译进入了一个全盛时期。

在这段时期,一些土生华人有意识努力发展文学和新闻事业,在翻译工作上,一些人开始专门从事翻译工作,并将译文出售给出版商。例如,黄振益(Wee Chin Ek)把他的译著出售给了林荣和公司(Lim Eng Ho Co.),邱炳炎(Khoo Peng Yam)和他的助手李诚笃(Lee Seng Toh)把他们的手稿交给了南洋拉丁化马来文出版公司(Nanyang Romanized Book Co.)出版,而萧丕图(Seow Phee Tor)和萧钦山则多次为袁文成出版社翻译和写作。

---

① 黄慧敏:《新马峇峇文学的研究》,硕士论文,台湾政治大学民族学系,2004年6月,第78—81页。

另一个翻译工作中的新现象为合作翻译形式的出现。例如萧丕图和萧钦山的组合；又或一个峇峇马来文撰写者，手下出了一位助理，还有一位专门负责阅读并进行汉语口述的人，例如李成宝(Lee Seng Poh)与助手林振才(Lim Chin Chye)及汉语阅读者陈友益(Tan Yew Aik)的合作便是如此。换言之，翻译工作以更有条理的分工方式进行，同时也暗示了翻译者汉语水平下降，不得不依靠一位汉语读述的助手帮助。

三、1930年以后的主要翻译者

1930年以后的主要翻译工作者包括：袁文成、萧钦山、周天昌(Chew Tian Sang)、邱平炎(Khoo Peng Yam)、萧丕图、黄振益、高尊尼(Koh Johnny)、林秀兴(Lim Siew Him)、高春广(Koh Choon Kwang)、傅长寿(Poh Tiang Siew)、李成宝等11人。其中又以袁文成的产量最丰，他参与翻译的作品共有23部之多，可谓这一时期翻译工作的佼佼者。

袁文成笔名叫作"侨生箭"(Panah Peranakan)，是土生华人中极力想发展马来语文化的优秀典范。前面曾提到，他与吴清林合力创办了《日常报》，曾刊载萧海炎翻译的《白蛇与青蛇》《梅良玉的故事(二度梅)》。

1930年，袁文成又创办了新马第一份罗马化马来文杂志《土生华人之星》(*Bintang Peranakan*)，并连载了中国翻译小说《后列国志》(*Ow Liat Kok Chee*，译者为Seng&San，即袁文成和萧钦山，这份翻译作品于1931年分4册出版)。

《土生华人之星》停刊后，1932年，袁文成又创办了另一份周刊——《土生者之光》(*Sri Peranakan*)。这份刊物发行至英属马来亚、荷属东印度、暹罗、西贡和沙捞越。而作为出版者，袁文成曾为几本中国小说的译本写了序言。他请求人们支持他的出版事业，其目的是想表示，在文学领域，马来西亚的土生华人不比爪哇的土生华人逊色。用他自己的话说，1931年，在马来半岛，除了他一位，没有人愿意把中国小说翻译成马来语。这种说法当然与实际情况不符。[1]

---

[1] ［法］克劳婷·苏尔梦：《马来亚华人的马来语翻译及创作初探》，载克劳婷·苏尔梦编著，颜保等译：《中国传统小说在亚洲》，北京：国际文化出版公司，1989年，第346页。

无论如何,直至 1940 年,甚至到第二次世界大战之后,袁文成在马来西亚的翻译工作上起到了重要的作用。

第三节 中国古典文学翻译的衰落时期(1940—1950 年)

和 20 世纪 30 年代的空前盛况相比较,40 年代的峇峇马来语翻译文学事业的发展十分惨淡。直到 1950 年,才有一部由袁文成翻译的《牡丹公主》(或称《三宝剑》,共 6 册)出版。此后,虽然在 1963 年和 1985 年分别出版了《三伯英台诗》(黄庆福译)和《三伯英台》剧本(Felix Chia 译),但事实上,1950 年是峇峇马来语翻译文学发展的终结时间。

对于翻译文学的衰落,黄慧敏分析了如下几点原因:

第一,第二次世界大战的影响。第二次世界大战的爆发,严重打击了马来亚的社会经济。随着 1942 年至 1945 年日本占领马来亚,推行日语和日本化教育,峇峇社会许多人家道中落或四处离散,没有闲情去翻译或阅读中国通俗文学作品,同时面对日本侵略军"反华",峇峇群体也不敢过于强调本身的中华文化色彩。战后,随着民族主义在马来亚的兴起,峇峇社会和文化也逐渐走向了低迷,文学的继承在动乱中断裂。

第二,教育政策与语言使用的转变。二战后,英国殖民者为了巩固自己在马来亚的统治,加强执行英语教育政策。而新马两国独立后,前者注重英语,后者推行标准马来语教育,使得峇峇社会不得不在两者中选择其一。接受英语教育的土生华人对马来文学习不感兴趣,新一代的土生华人群体中也缺乏具备多语能力的翻译人才。此外,西化的教育和社会环境,使得年轻一代渐渐远离中华文化。

第三,峇峇马来语的衰落。新一代的土生华人未能良好地认识并钻研峇峇马来语,导致这一语言逐渐衰落。

第四,峇峇马来语出版业与市场存在局限性。随着翻译人才和材料的匮乏,读者数量有限,加上财力不足,战后经济低迷导致出版物销量不佳,种种原因导致翻译文学裹足不前,日渐衰微。

第四节　中国古典文学翻译的题材

最后再来谈一谈中国古典文学翻译作品中的主要题材。根据黄慧敏的考察，土生华人所翻译的中国通俗小说题材主要包括历史、言情、侠义、志怪和公案五大类。其中又以历史小说为最多，共有 30 部；言情小说次之，有 17 部；侠义小说共 15 部；志怪小说有 11 部；最少的是公案小说。

在 30 部历史小说中，以先秦为背景的包括《封神演义》《后列国志》《东周列国》《姜太公》及《孙庞演义》等；描写汉代历史故事，最著名的是曾锦文翻译的《三国》，另外还有《西汉》《王昭君和番》及《三合宝剑》等；表现唐朝历史的包括《反唐演义》《绿牡丹》《薛仁贵征东》《薛仁贵征西》《粉妆楼》《罗通扫北》等；以宋朝为历史背景的包括《红面君主（赵匡胤）》《万花楼》《岳飞的故事》《狄青五虎平南》《三下南唐》《杨文广征南闽》及《狄青征北》；讲述元朝历史故事的有两部，即《孟丽君》和《臭头洪武君》；有关明清的历史故事不多，只有《正德君游江南》《乾隆君游江南》和《洪秀全》。

选择大量历史题材作为翻译作品，一方面固然历史题材故事性强，影响力大，易于为广大人民接受；另一方面，历史小说承载了许多中华文化要素，读史之余可浸润中华文化，同时，故事中阐发的传统伦理道德观念，对土生华人而言，是十分不错的家庭教科书。

土生华人社会对言情小说也喜爱有加，尤其杏元小姐与梅良玉、凤娇与李旦的爱情故事，分别有两部不同的译本。其他的言情小说还包括《秦雪梅》《红面小姐》《八美图》《菊花小姐》等。然而，值得关注的是，在早期印尼、马来西亚两地的中国古典文学马来文翻译文学中，中国文学巨著《红楼梦》虽然被誉为经典，却不曾被任何土生华人翻译过。对此，黄慧敏的解释为：

第一，从作者背景看，具有满族血统的曹雪芹，其著作从语言习惯和文化上，都属于北方的文化特点。这对于祖先来自中国南方的土生华人而言，没有非常深入的感受。兼之《红楼梦》相比梁山伯与祝英台的故事，缺乏通俗性，很少被说书人和地方戏曲引用,因此,土生华人接触《红楼梦》较少。

第二,从内容上看,《红楼梦》主要批判中国封建社会的伦理道德观,这对秉持中华传统文化与道德观念的土生华人而言,较难被接受。

第三,从翻译者的角度看,《红楼梦》人物关系复杂且内容不像其他通俗文化作品便于拆开节译,对翻译而言难度较大。

因此,《红楼梦》真正进入马来西亚、新加坡,主要通过中国,文字主要是中文和英文。其中,中文本有早期脂评抄本的影印本,也有各地出版社出版或翻印的各类版本。英文则有英国牛津万灵学院研究员、中文教授大卫·霍克思翻译的五卷全译本,也有中国杨宪益及其夫人戴乃迭合译的三卷全译本。①

结　语

新马土生华人的翻译工作,主要是集中在19世纪至20世纪30年代,也就是第二次世界大战之前。参与翻译的人数仅寥寥26人,作品约80部。战后由于马来西亚社会经济的变化和西化的加强,促使这个群体几乎全面倾向英文教育,削弱了年轻一代的马来语知识基础,因此对此类马来文翻译作品的阅读兴趣逐渐淡化。何况年轻一代对上述文学原著和中国历史没有一定的基础,翻译的语言又是采用非正统的马来语拼写,不仅受英文教育的年轻人难以接受,普通华人也不易理解。所以,随着国家的独立,马来语的教学水平逐步提高后,这类翻译作品也就失去市场,最终走向没落。

然而,战后随着反殖民浪潮和本土认同意识的高涨,许多的新客华人纷纷投入马来语的学习,此后的华马文学翻译工作,逐渐转移到新客华人身上。非土生华人不仅翻译中国古典文学,也大量地介绍了中国现代文学及马华新文学。我们可以从下表中看到非土生华人的翻译成果。

---

① 孟昭毅:《东方文学交流史》,天津:天津人民出版社,2001年,第325页。

表 6-2 非土生华人的马来语翻译成果

年代	原著	马来文译著	译者
1961	《浮生六记》	*Hidup Bagaikan Mimpi*	李全寿
1975	《中国新诗选》	*Puisi Baru Tiongkok*	吴天才
1980	《春水》(冰心著)	*Air Musim Bunga*	陈应德
1981	《中国诗词选》	*Puisi dan Lirik Tiongkok Klasik*	吴天才
1981	《郭沫若诗集》	*Ibuku Sang Bumi*	吴天才
1984	《长明灯》(鲁迅短篇小说集)	*Lampu yang Tak Kunjung Padam*	李全寿
1986	《孙子兵法》	*Seni Ketenteraan*	叶新田

尽管如此,土生华人所留下的这份文学遗产,是具有高度的文化价值和时代意义的。透过文学作品中的传统价值观念,已经在当地涵化的土生华人得以重新与中华文化接触和沟通。而今天,如何为这些即将消失的翻译文学定位,有待于学者们进一步去探讨。

(傅聪聪,北京外国语大学亚非学院)

马来西亚翻译与创作协会的创办与活动

华人和马来人两族之间的文化交流活动,一直都是处在自流与自发的阶段,其中偶尔有因客观的社会因素而刺激到文化交流的发展,例如20世纪60年代初,华社就有一股积极提倡及响应学习马来语文的热潮,从而促使马华、马来文学翻译作品的涌现及文化交流的蓬勃发展。但纵观整个发展过程,马来西亚还没有一个以译介交流作为宗旨的文化组织策划有系统的推动工作。

第一节 创办背景与宗旨

到了20世纪80年代初,一批有志从事译介交流的人士因有感于缺乏一个译介组织,许多有意义的文化建设工作不能开展,因此,就萌生筹组推动译介交流的文化组织的念头。当时,一批长期从事译介工作的人士,配合了一批20世纪80年代新生的力量,开始进行筹组工作。

1982年12月1日,一批文化界人士首次在雪兰莪中华大会堂以非正式的谈话形式,针对筹组译创会提出了有建设性的看法。借着当时的座谈,文化界人士肯定了筹组译创会的积极意义,并主动联系从事译介交流的人士。当时,该批文化界人士还征得马来亚大学中文系副教授及译介工作者吴天才的同意,出来领导译创会。

鉴于此,一批为数二十余名的翻译工作者于1983年4月22日,集聚在马来亚大学中文系前主任吴天才副教授的私宅,集思广益。是为"马来西亚翻译与创作协会"(简称"马来西亚译创会")的第一次筹备会议。

与会者一致同意筹组马来西亚译创会,并选出吴天才、陈育青、张发、吴恒灿、曾荣盛等为发起人,向社团注册官申请注册并成立草拟章程小组。在法律顾问郭洙镇律师的协助下,马来西亚译创会于1986年1月29日正式获得批准成立。吴天才副教授被推选为马来西亚译创会首任会长。乌斯曼·阿旺(已故)和杨贵谊先生受委为顾问,经讨论后,马来西亚译创会的筹组人员拟定创会的宗旨:

一、促进翻译与文学创作及翻译与文学理论研究,以提升马来西亚文学的水平。

二、联系马来西亚各源流作家与翻译工作者,交流翻译与创作经验,为促进马来西亚文学的发展携手努力。

三、与马来西亚翻译工作者与当代作家保持密切联系,增进对国际文学发展及翻译活动的了解。

四、通过翻译与文学创作,沟通各民族文化,增进民族间的谅解与和谐。

1983年4月13日,吴恒灿到新山宽柔中学召集一项座谈会,出席者有陈育青讲师及一批宽柔马来学系历届毕业生。在座谈会上,吴恒灿向他们阐明筹组马来西亚译创会的宗旨及意义,并发动他们出席4月22日的筹备会议。

1983年4月22日,来自新山、麻坡、首都等地的人士再次讨论筹组大马翻译与创作协会的事宜,并在会议上成立了七人联络小组,吴天才、吴恒灿、叶新田、陈育青、李万千、梁秀容及张发来一起负责筹组工作,包括拟定章程、联络各地的翻译者、申请注册等的工作。

1983年5月31日,一个富有历史性意义的各民族写作人集会在马来名诗人乌士曼·阿旺的号召下成功在国立语文局（Dewan Bahasa dan Pustaka）举行。因为在会上成立了各民族翻译咨询委员会，负责策划马华、马来、淡米尔、英文等文学的互译工作，所以对于当时正在筹组中的马来西亚译创会无疑是打了一支强心剂。

之后，七人联络小组再次召开第二次筹备会议。出席的人士共有17名，会上选出筹备委员会主席吴天才，副主席叶新田、张发，秘书陈育青，副秘书吴恒灿，财政梁秀容，查账伍德。同时，还决定成立三人章程小组，由主席、秘书与财政负责草拟章程。郭洙镇律师被委任为法律顾问。经过讨论后，认为翻译工作是马来西亚译创会的首要任务，创作应该属于其次。因此，正式决定将翻译排列在先，将协会命名为"马来西亚翻译与创作协会"，马来文名称为 Persatuan Penterjemahan dan Penulisan Kreatif Malaysia，简称 PERSPEKTIF。

为了纪念1983年5月31日历史性的各民族写作人集会，马来西亚译创会特定于1986年5月31日召开第一届会员大会，会上宣布解散筹委会，正式选出第一届理事名单，包括主席吴天才，副主席陈育青、张发，秘书吴恒灿，副秘书林尊文，财政曾荣盛。

第二节　章程、会员条件及会徽

马来西亚译创会的章程拟定工作在1983年年底完成。随后，筹委会便将已向该会注册的20名会员当作发起会员，连同章程，在1984年2月20日正式向联邦直辖区社团注册官提出注册申请。

1984年3月2日，社团注册官复函，要求筹委会提供会员大会记录、理事会成员等资料。在与社团注册官不断的接洽之际，章程便已修改共达四次之多，以符合社团注册法令的条文，其中一次要修改的条文是，学生将不准成为会员，除非获得大学及学校当局的批准。

1984年4月7日，筹委会召开第一次理事会会议，讨论申请注册的进展。经过一年多的光景，即在1986年1月29日，联邦直辖区社团注册官终于正式在1966年社团法令第7条下批准马来西亚翻译与创作协会的注册。马来西亚译创会成为马来西亚另一个新的文学团体,这对马来西亚文化界来说,是一个大好消息。

1986年4月18日,在雪兰莪福建会馆举行记者招待会,正式向社会人士宣布马来西亚译创会的成立,并欢迎有兴趣进行翻译与创作工作、年龄已达21岁的大马公民申请入会。

要成为马来西亚译创会的会员,申请者除了需缴付入会基金,还必须有最少五篇文学译介作品或刊登于报章杂志上的华文、马来文、英文的创作,或曾出版过文学书籍。

2011年,鉴于本会章程有些条文制约了本会的活动开展,第12届理事会成立以林尊文为首的章程修改小组探讨并做出修改建议。小组成员包括周芳萍、廖丽珊与曾荣盛。第13届第一次会员大会已经接纳和通过修改章程和新增会徽的提议。所修改章程部分主要包括增加1名署理会长和1名副总秘书,执委会由15名执委组成,执委的任期为3年,任期已满执委亦可参与重选;唯财政一职不得连任超过3届。执委会也可在需要时委任不超过3名会员为执委。

会徽是蓝色和绿色相间,蓝色象征和谐与团结,绿色代表译介活动需要努力培育及发展。会徽标识的圆形图像象征译介活动达致圆满的成果,促进国民团结;递进的圆形表示译介活动是传播者、传播渠道和接受者之间的圆融互动关系;圆心内的双色书本象征译介活动至少在两种文化之间交流,至少涉及两种语言;书本下锥成笔尖图形则表示工作者身兼翻译与创作之角色。

而架设译创会网页,目前已完成基本网页内容及注册,网址是http://www.perpektif.org.my。

第三节　出版的书籍

在个别成员的努力及语文出版局的配合下,过去29年来马来西亚译创会成功出版下列书籍:

1988年

译创会编选:《这一代:马华短篇小说选译一集》,吉隆坡:语文出版局。

吴岸著,芭芭拉·蔡译:《达邦树礼赞》,吉隆坡:马来西亚译创会。(英译)

吴恒灿编:《点滴汇成交流》,吉隆坡:马来西亚译创会。

梁放等著,林尊文译:《马拉阿担》,吉隆坡:马来西亚译创会。

乌斯曼·阿旺著,曾荣盛译:《乌达与达拉》,吉隆坡:马来西亚译创会。

阿育·雅民、杨贵谊编,陈应德等译:《拾零:马来诗歌巫译》,吉隆坡:雪兰莪中华大会堂。

1991 年

曾荣盛编:《吴岸诗作评论集》,吉隆坡:马来西亚译创会。

卡蒂嘉·哈欣等著:《瓶中的红玫瑰:马来女作家短篇小说选》,北京:北京大学出版社。

1993 年

阿迪芭·雅明、卡蒂嘉·哈欣等著,百粲、郑淑萱等译:《马来西亚女作家短篇小说选》,北京:现代出版社。

茜蒂·艾莎·穆莱德、吴恒灿合编:《撒尼大爹:中国二十位女作家短篇小说选》,吉隆坡:语文出版局。

1994 年

杨贵谊、吴恒灿编选:《相中人:马华短篇小说选译二集》,吉隆坡:语文出版局。

1995 年

安华利端著,文若、百案等译,译创会编辑:《棋兵》,吉隆坡:堂联、绿野文化基金。

巴金著,朱培兴译:《家》,吉隆坡:语文出版局。

赵清阁著,郑丽萍译:《梁山伯与祝英台》,吉隆坡:语文出版局。

1996 年

郑丽萍译:《白蛇传》,吉隆坡:语文出版局。

1998 年

庄华兴主编:《端倪:译创会中文文集一》,吉隆坡:马来西亚译创会。

1999 年

周伟民、唐玲玲合著:《乌斯曼·阿旺和吴岸比较研究》,吉隆坡:马来西亚译创会。

乌斯曼·阿旺著,曾荣盛译:《问候大地》,吉隆坡:马来西亚译创会。

2000 年

林尊文编选:《细雨纷纷:马华短篇小说选译三集》,吉隆坡:语文出版局。

2001 年

施耐庵著,林尊文、胡德乐、郑丽萍合译:《水浒传》(全四册),吉隆坡:语文出版局。

2004 年

庄华兴主编:《新蕾:译创会马来文集一》,吉隆坡:马来西亚译创会。

严文灿、朱培兴编选:《梦过澹台:马华短篇小说选译四集》,吉隆坡:语文出版局。

胡德乐、张发编选:《魔轮:马华儿童小说译集一》,吉隆坡:语文出版局。

胡德乐、张发编选:《金色的马:马华儿童小说译集二》,吉隆坡:语文出版局。

2006 年

林尊文译:《黄金群岛的自白》,吉隆坡:马来西亚译创会。

庄华兴主编:《问候马来西亚——马来诗集》,吉隆坡:语文出版局。

庄华兴主编:《绵延:译创会中文文集二》,吉隆坡:马来西亚译创会。

2012 年

胡德乐、严文灿合译:《三国演义》(马来文版)(全四册),吉隆坡:语文出版局。

周芳萍主编:《蓓蕾:译创会马来文集二》,吉隆坡:马来西亚译创会。

29 年来,马来西亚译创会共出版了 29 本书籍;平均一年一本,数量不多,但是在会员们的不懈努力下,这些书籍显示志愿者默默地从事翻译与创作工作,除了提升了马来西亚文学的水平,也增进了马来社会对马华和中国文学的了解。

第四节　主办、协办和参与的活动

自1986年成立以来,马来西亚译创会已经主办、协办和受邀参与了许多活动。作为成立的"第一炮",马来西亚译创会于1987年4月6日在国立语文局主办"华社与马来语文"史料展。史料展开幕人是语文局总监哈桑·阿末,主要展出1877—1987年共110年间华裔文人推动马来语文发展的努力和贡献。此110年的历史共分为三个阶段:一、发轫期(1877—1950年),即从第一部词典《华夷通语》(1877年)面世至1950年现代马来语文滥觞开始;二、推广期(1951—1965年),即从现代马来语文的提倡,至1965年新马分家为分水岭;三、提高与普及期(1966—1987年),1965年新马分家后,马来语文的发展中心,从新加坡迁移到吉隆坡,故将此时间作为第三阶段的起点。会上展出2000本书籍和刊物,资料可分类成:一、词典类;二、翻译与创作类;三、报章/杂志类;四、课本/辅助读物/语文学习类。展览获得宽柔马来学系同学大力协助,杨贵谊慷慨借出文献和藏书,并由谢春荣和林尊文负责编辑马来西亚译创会一周年纪念特刊。该展览成功地吸引了上千名各族文学与语文热爱者与学者出席参观,尤其成功地使马来社会了解了华人学习马来文的情况,并认同华人对马来西亚马来文所做出的贡献和努力。此史料展亦获得各种语言的媒体广泛报道。

1988年9月16日,马来西亚译创会在语文局举行了第一部马华短篇小说译集《这一代》的推介礼,推介礼开幕人是当时的教育部长安华依布拉欣。译集由杨贵谊编审,共收录了16位马华小说家的16篇作品。出版后,获得良好的反应,第一次印刷在短时间内售完,1990年二次印刷。同时亦开始筹备第二部短篇译集,15篇入选的作品先安排刊登于《祖国报》(*Watan*),然后再由语文局出版。《文汇报》亦同时创刊,由语文局提供各文体作品,由马来西亚译创会负责翻译成中文,交由七大华文报刊登,每月见报一次,编辑吴恒灿。参与此计划的华文报有《南洋商报》《星洲日报》《中国报》《光华日报》《马来亚通报》《光明日报》及《新明日报》。自第34期开始,《文汇报》只刊于《南洋商报》《星洲日报》和《光华日报》，每两月出版一次，编辑林尊文。截至 1996 年，《文汇报》共出版了 36 期。其中，300 余篇近代优秀的马来短篇小说已译成中文，其他译著包括文学评论与书评。

在 1989 年，马来西亚译创会共有四项主要活动，第一，与董总出版局的《中学生》月刊联办"第一届中学生翻译比赛"，全国有 40 多所中学、约 200 余名学生参赛，颁奖礼于 7 月 15 日在语文局进行；配合颁奖礼举行专题演讲，林尊文主讲《华巫文学译介所面对的问题》。第二，由马来西亚文化事业有限公司按教育部新课程纲要编写出版的《中三华文》课本收录吴恒灿以笔名百粲撰写的《大马译创会任重道远》一文（35~38 页）。第三，马来西亚旅台同学会大马青年社及政大分会主办马来文短篇小说翻译比赛，马来西亚译创会协助挑选翻译文本与评审工作。第四，马来西亚译创会会长吴天才和秘书吴恒灿受邀参与以语文局总监为首的八人友好访问团，访问地包括中国广州、杭州、上海及北京；其主要目的为签署两份谅解备忘录，为日后马中两国在文学、语文及出版领域上的交流和合作奠定基础。

进入 1990 年，马来西亚译创会逐渐活跃。7 月 15 日，马来西亚译创会第三届理事王枝木在江沙主办"鲁迅作品座谈会"。10 月 14 日，马来西亚译创会与《星洲日报》社在星洲日报礼堂联办"中国新闻出版事业近况与创作经验"专题讲座。主讲人包括中国作家苏叔阳、广东省新闻出版局局长罗中海、中国出版外贸公司副总经理袁琦。11 月 1 日，由于呈报常年报告的技术问题，马来西亚译创会被社团注册局吊销准证，但是会员们仍然以个人名义积极进行各项翻译活动。

在 1991 年 1 月 31 日，雪隆中华工商总会主办"儒家思想论文翻译比赛"，诚邀马来西亚译创会的杨贵谊、吴天才和陈育青担任评审人。5 月 21 日，杨贵谊、吴恒灿受邀加入国立语文馆第二次友好访问团。访问地点：中国北京、太原和西安。该次访问成功签署了两份合作备忘录，马来西亚译创会受托负起马中翻译任务，筹备出版马来女作家短篇小说选、中国女作家短篇小说选及金剑著的马来长篇小说《首都巨贾》。

接着，从 1993 年的 3 月起，第五台开始播放《学国语》节目，主要邀请马来西亚译创会的傅嫦梅担任节目撰稿人，为期 5 年。

1994 年是马来西亚译创会的丰收年，在该年，马来西亚译创会出版了《相中人：马华短篇小说译本二》。主编是杨贵谊与吴恒灿，该选集收录了 15 位马华作家的15篇作品,并于5月27日于语文局进行推介礼。10月15日,语文局主办"比较文学讲座会系列",马来西亚译创会受邀提呈论文;杨贵谊提呈了《第二次世界大战后马华文学的形象》的论文。是年11月,马来西亚译创会终于收到内政部志期1994年10月14日的公函,上诉得直,得以恢复注册后第一次集会,以共同讨论巩固组织事宜,并拟定未来重点工作项目。12月20日,语文局主办"马来语词典编纂学研讨会",马来西亚译创会顾问杨贵谊提呈《华社〈马来语词典〉编纂今昔》论文。

马来西亚译创会的活动逐渐受到中国学界的认可,1995年4月16日,中国海南大学主办的"闽南方言国际社会研讨会",邀请马来西亚译创会派员参与。马来西亚译创会顾问杨贵谊在该会议上提呈《闽南语方言在区域语言中所扮演的角色》的论文。同年8月5日,语文局完成了两部文学翻译,即由中国印尼—马来文专家薛两鸿翻译,并由马来西亚译创会出面征得国家语文出版局出版的《聊斋志异故事选》马来文选译本,与安华·利端短篇小说选《棋兵》中译本;由马来西亚国际贸工部副部长郭洙镇律师主持推介。

休息了两年后,马来西亚译创会在1998年出版了第一部中文会员文集《端倪》,主编是庄华兴。该推介礼在雪兰莪中华大会堂二楼会议室举行,并邀请了马来西亚国际贸工部副部长郭洙镇律师任推介礼的开幕人。推介礼完毕后即举行"如何加强华巫文化交流工作"讲座会;主讲人是马来西亚译创会会长陈育青和顾问杨贵谊。接着,于8月22日,应宽柔中学85周年纪念校庆之请,马来西亚译创会提供部分资料展出。

1999年7月1日,语文局主管的"全国各民族作家理事会"正式成立,马来西亚译创会受委为团体理事,由副会长吴恒灿代表出席。值得一提的是马来西亚译创会会务顾问杨贵谊受委为个人理事。

进入千禧年,马来西亚译创会逐步进入稳健的阶段。2000年8月28日,马来西亚译创会顾问杨贵谊以马来文撰写的《马华新文学发展史1919—1965》及林尊文主编的《细雨纷纷:马华短篇小说译集三》由语文局出版,并于语文局的作家坊进行推介礼。推介礼的开幕人是当时的财政部副部长"拿督斯里"陈广才。

2002年6月7日,耗资近30万林吉特和用时4年的《水浒传》马来文译本成功由林尊文、胡德乐、郑丽萍完成翻译工作,并交由国立语文馆出版。首发仪式地点是语文局赛纳希文化厅。推介礼的开幕人是马来西亚国际贸工部副部长郭洙镇,而讲评人是青年体育部副部长翁诗杰。译本获得多位商界善长仁翁认购,分赠国内各大专中文系、独中和雪隆区国民型中学。

2004 年,第一部由庄华兴主编的马来文会员文集《新蕾》(*Putik*)出版,该书收集会员论文、翻译及各文体创作,由语文局在 2 月 10 日第一次为马来西亚创译会出版物主办推介礼,意义殊胜;当时的推介礼开幕人是获得国家文学桂冠的穆罕穆德·哈兹沙烈。5 月 24 日,为配合马中建交 30 周年纪念,第 9 届会长吴恒灿荣获"马中文化交流贡献奖"。接着,一行 14 人出席为期 8 天的北京外国语大学主办的"马中建交论坛"。马来西亚译创会顾问杨贵谊在会议上以《马来西亚译创会在马中语言、文学与文化交流中所扮演的角色》为题演讲。会议后,马来西亚译创会一行人拜会了中国侨联、北大印尼—马来学系、北外马来语学系、北京广播学院、中国国际广播电台马来语广播组,获得热诚的接待。12 月 21 日,由理事严文灿、朱培兴主编的《梦过澹台:马华短篇小说译集四》及张发、胡德乐主编的《魔轮:马华儿童小说译集一》《金色的马:马华儿童小说译集二》皆由语文局出版。《梦过澹台》收录了 15 位马华作家的短篇小说,而《魔轮》和《金色的马》则收录了 15 位马华作家的 24 篇作品。3 本书在语文局三楼的会议厅进行推介礼;推介礼开幕人是当时的青年体育部副部长翁诗杰,讲评人是芙蓉茉莉华师范学院讲师玛哈雅·雅辛和周芳萍。

图 6-7　2002 年《水浒传》马来文译本推介礼

由副会长林尊文翻译的安华·利瑞长篇小说中译本《黄金群岛的自白》由联营出版社出版,并于 2005 年 10 月 4 日在语文局举行推介礼;这是语文局推介的首部中文书籍,意义殊胜。

两年后,马来西亚译创会成功出版由庄华兴主编的第二部中文会员文集《绵延》,推介礼于 2007 年 3 月 17 日在吉隆坡暨雪兰莪中华大会堂举行。4 月 13 日,马来西亚译创会在语文局举行马华诗歌译集《问候马来西亚》的推介礼;推介礼开幕人是内政部顾问许子根。当天表演了马华诗人及各民族朗诵马华所译成马来文的诗歌，意义非凡。

在马来西亚译创会会长吴恒灿先生的协调与推动下，马来西亚译创会与永平中学联合主办"翻译比赛暨翻译讲座会"。讲座会于2008年7月19日分两场进行，第一场由马来西亚译创会财政严文灿先生主讲《学好马来语文与翻译》，第二场由周芳萍针对永中翻译比赛参赛作品进行讲评。

2008年9月6日在博特拉大学远距教育中心礼堂举行"第一届华马翻译与文化互动学术研讨会"。会上提呈9篇论文，出席人数约220人，恭请华总会长"丹斯里"林玉唐主持开幕。

马来西亚译创会于2009年6月8日联合语文局、五华团于语文局举行"华社与马来语文研讨会"。杨贵谊和吴恒灿代表马来西亚译创会分别在会上以马来语提呈学术报告——《华马文化交流五百年》《华社对马来语文发展的贡献》。

严文灿代表马来西亚译创会出席马来西亚作家协会总会（GAPENA）与语文局在关丹举办之"各民族作家座谈会"（Simposium Penulis Pelbagai Kaum），马来西亚译创会理事周芳萍受邀在会上提呈论文学术报告——《国家文学促进国民团结所扮演的角色》。

马来西亚译创会主办、马来西亚理科大学人文院与国家语文局协办的2010年全国大专华马翻译比赛于2010年7月15日至9月15日举行。该活动也是语文局语言与文学庆典（Festival Bahasa & Sastera）的六项活动之一。至截稿时，共有39个大专生参加。参赛的大专生主要来自马来西亚理科大学（约80%）、马来西亚大学（约10%）和拉曼大学（约10%）。共有四位评审员参与评审，分别为林尊文、周芳萍、廖丽珊和吴尚雄。比赛设立特优奖5名，优秀奖15名。

马来西亚译创会已经与创作学院（ASWARA）于2011年2月29日联办的文学乃各民族交流之媒介讲座开幕礼时签下合作备忘录，将允许该学院接纳本会的会员以马来西亚译创会为研究蓝本，申读硕士课程。

语文局的国家文学单位与马来西亚译创会于7月31日在语文局联办一日创作工作坊，吉隆坡的三间独中，即坤成、尊孔和中华各派出10名选手参与。

居銮校友会在2011年9月2日至9月3日在居銮独中主办三语演讲比赛，邀请本会委派理事担任评委。会议讨论后，委派周芳萍、廖丽珊、傅嫦梅、严文灿、李天禄和张永新出席,周芳萍和李天禄分别担任高中组和初中组的主评。

与国家翻译中心联办中文—马来文翻译课程,于2011年12月3日到2012年1月7日顺利举行。共有15名学员参加这项课程。马来西亚译创会理事吴尚雄、林尊文、曾荣盛、周芳萍、廖丽珊和傅嫦梅参与讲课。

语文局和马来西亚译创会已签署谅解备忘录,继续合作出版翻译成马来文的马华文学著作;作品涵盖诗歌、短篇小说和散文选集。语文局总监表示,该局也愿意合作出版翻译成马来文的中国古典名著,以便把《西游记》翻译成马来文。《西游记》共有102回,将由马来西亚译创会多位理事翻译。

马来文版《三国演义》推介礼已经于2012年5月17日在语文局顺利、隆重举行。作为联办单位,马来西亚译创会积极参与语文局成立的工委会的工作,使得推介礼顺利举行。马来西亚译创会多位理事被列入了工委会名单。推介礼由副首相慕尤丁主持,而中国大使馆代表与各华团代表受邀出席,场面非常热闹。为了配合马来文版《三国》的推介隆重举行,除了语文局和马来西亚译创会是联合主办单位,中国战略与管理研究所和马来西亚汉文化中心也参与协办,使推介礼扩大到同时举行民间文化及和三国有关的展览会、马中文化研讨会和关公表演等。中国战略与管理研究所负责筹备展览会,展品包括苏绣、国画、书法、三国邮票和金箔等。此外,当天也举行一项有关《三国》的研讨会,3名学者将提呈论文,他们是语文局总监哈芝阿旺萨里安(Haji Awang bin Sariyan)、中国代表,以及马来西亚译创会财政及《三国》译者之一的严文灿。

结　　语

马来西亚译创会为增进各民族的关系做出了许多贡献。它分别与语文局、创作学院及国家翻译与书籍中心(ITBN)签署了谅解备忘录,合作出版文学翻译,联办语文和文学活动及翻译课程等。此外,马来西亚译创会也与华社和大专保持紧密的联系,为促进马来西亚语文文学的发展携手努力。自1986年创办以来,马来西亚译创会从幼苗渐渐壮大,不但被华社接纳,也被马来社会,甚至政府所承认,并被授予"马来社会和华社主要桥梁的非政府组织"的称号及"马中联谊奖",证明马来西亚译创会在增进民族间的谅解与和谐方面受到官方的认可。因此,马来西亚译创会将以实现"通过译介工作,促进文化交流,达致各族团结"为宏伟目标,继续对马来西亚译介交流做出积极的贡献。

([马来西亚] 周芳萍,马来亚大学)

第七章

印度尼西亚

中国古典文学作品20世纪在印度尼西亚的翻译与传播

自两汉起,中国就是以文教化的礼仪之邦,中国传统文化格局形成于此时,并开始远播海外。此后2000多年的时间里,中华文化在世界各地广泛持久地传播,影响范围也包括与中国隔海相望的今印尼诸岛。进入20世纪,印尼社会发生了颠覆性的变革,在殖民政权倾覆和民族国家重建的大破大立中,甚至在战争裹挟中,中华文化也没有中断"南渐"的进程。中国古典文学作品在印尼的传播则从一个侧面反映了这个进程。

第一节 从困境到起步

回溯历史,如果说中国古典文学在拥有汉字传统和儒家道统的中华文明圈内

的传播由来已久并带有自觉色彩,那么其在印尼的传播则相对后进和被动。究其原因,可能有以下四个方面:

一是印尼历史上从来都在儒家文化圈之外,不洽王化,不行儒道,诸岛列藩与中国在很长一段时期内保持着一种朝贡贸易关系。尽管各王国国王也遣使向中国皇帝入贡奉表,甚至自称边方藩守,"唯一心归诚天子","上国天子"也常常对他们加官晋爵,但群岛各国与中国并不存在实际上的君臣关系,也不是中国的属地。礼仪性贡奉秩序下各王国与中国的往来主旨是进行贸易,或在国中内乱、邻藩滋扰的情况下请求中国皇帝派兵往援。这种缺乏同源文化根基的松散政治联系使得印尼群岛各王国并没有引进中国文化(包括文学)的强烈需求和热情。通过贸易、政治、宗教交流或移民产生的文化流动是这些活动本身的副产品,并不是印尼社会自觉选择的结果。

二是文学的性质属于上层建筑,以文本为载体的文学形态,不论是在古代中国或是古代印尼都是带有阶层烙印的。这点不同于手工技术、工具物什、音乐舞蹈等可以自由流动的文化要素,这在一定程度上成为阻碍文学有效传播的壁垒。民间口头文学超越阶层壁垒,留下了一些痕迹。比如一位印尼学者认为,印尼名叫《乔戈·达罗》(*Joko Tarub*)的民间故事与中国云南的民间故事《孔雀女》相似。印尼出版的《三保太监简史》称:"如果说《乔戈·达罗》这一传说是由郑和部下传至中国或中亚,或者说是由他们从中国传至他国,这都是可能的。"①

三是由于华人移民的阶级构成。印尼土著王公及原住民社会本身缺乏引介中国文学的动机和需求,有这个动机和需求的是寓居于印尼的华人群体。但华人即便因着文化血缘关系有引介中国文学的主观动机和需求,也并不是历来都具备完成这件事情的客观条件。中国人移居印尼群岛的历史起点可以追溯到公元纪元前后②,但是到唐代才开始出现有一定规模的移民。历代旅居印尼的中国人中,早期有为数不多的僧侣,后续移民主要包括农民、手工业者、商贩、水手、兵士、苦力,甚至包括"凡有经过客人船只,辄便劫夺财物"的流寇海盗。对其中大部分人来说,不论祖籍地中国的士大夫文学还是侨居地印尼群岛的宫廷文学,与他们

---

① 孔远志:《中国印度尼西亚文化交流》,北京:北京大学出版社,1999年,第74页。
② 黄阿玲在所编撰的《中国印尼关系史简编》中有这样的叙述:"到公元纪元前后,西爪哇的万丹已经成为当时重要的通商口岸,甚至已经有一些中国人在万丹定居下来。"

耕作种植或引车卖浆的平民生活几无干涉,更谈不上将两种语言的文学文本进行对译了。"华人有数世不回中华者,遂隔绝,圣贤之教语番语,食番食,衣番衣,读番书"①的同化现象,也在一定程度上使翻译活动的发生失去了客观条件。

四是印刷业缺乏导致文学作品的传播受到局限。印尼印刷业的肇始是17世纪早期荷属东印度公司出于殖民统治需要而成立的印刷局,直到1717年,全印尼仍仅有两所殖民政府官办的印刷局。② 这意味着在此之前,即便在印尼已出现中国文学的译本,也是以手抄本形式存在的,这不仅极大地限制了译本数量及其流通效果,而且限制了消费市场。尽管有流通书铺出租文学作品手抄本,"似乎这些书铺主要是在巨港和巴达维亚这两个居住着相当多的华裔穆斯林的城镇中发展起来的,而在其他城市则仍然保持着手写本由朝廷或贵族家庭所有并免费出借给读者的传统"③。实际上,19世纪末各公共图书馆所搜集的手抄本中,也并没有发现汉文小说的译本。是岁月迁延已经亡佚,还是荷兰人刻意不去搜集,抑或是本来就不存在,也无从查证了。

由于以上种种原因,在印尼群岛,中国文学译作缺席的局面直到19世纪末才骤然改观。当时的印尼社会处于荷兰殖民政府的统治下,仍旧没有自觉引介中国文学的需求和动机,文学的阶层壁垒仍然存在,然而华人社群的状况发生了改变。

19世纪时随着市场经济的发展,华人的经济力量也在增长,使华人有能力发扬重视文化教育的传统。华人子弟接受教育的途径主要有三种:第一种是由华人公馆倡办的"义学";第二种是开办私塾,从中国聘请旧文人讲授四书五经之类的古文;第三种是荷印殖民政府开设的荷兰文学校及荷华学校。虽然他们接受的教育有中式、西式之分,但是普遍仍都以地方语或通俗马来语为母语。这样,华人子弟中出现了真正意义上的通晓两种文字甚至多种文字的知识分子或者说文人,使翻译事业成为可能。而且经济能力的提高及教育的推广促进了华人对文学的需求,他们成为通俗马来语文学作品的主要消费者。

---

① 王大海:《海岛逸志》卷三《诸岛考略》,香港:学津书店,1992年,第6页。
② "67 Tahun Indonesia Merdeka Perkembangan Industri Grafika di Tanah Air Berjalan Lamban",http://www.indonesiaprintmedia.com/fokus‐berita/150‐67‐tahun‐indonesia‐merdeka‐perkembangan‐industri‐grafika‐di‐tanah‐air‐berjalan‐lamban.html,Indonesiaprintmedia,2012‐09‐22.
③ [法]克劳婷·苏尔梦:《汉文小说的马来文译本在印度尼西亚》,载克劳婷·苏尔梦编著:《中国传统小说在亚洲》,北京:国际文化出版社,1989年,第297页。

殖民者到来以前,历代定居印尼的华人逐步融入当地社会,自然同化,与当地民族和谐共存。19世纪中叶,荷兰殖民者为防范各民族联合反抗的风险,采取分而治之的政策,人为地将社会分裂为三个等级:以荷兰人为主的欧洲人为一等人;以华人为主的外来东方人为二等人;印尼土著民族为三等人。并且对华人实行"居住区条例""通行证条例"和"警察裁判权"等制度,剥夺华人的居住和行动自由,把华人与原住民隔开并严密地监控起来。这无异于将华人社会变成一个有着隐形围墙的城邦,中华文化在这个封闭的小环境里更加凸显出来。加之受到康梁维新思想和孙中山革命宣传的影响,印尼华人的华夏身份自觉和中华文化认同倾向不断增强,19世纪末掀起了一股复兴中华传统文化的热潮。这些直接影响了华人对文学的关注方向。

另外一个至关重要的因素是,印尼民间印刷业在19世纪中叶兴起并蓬勃发展,精明的华人很快参与到出版行业这个将对印尼社会带来巨大改变的新兴行业中,拥有了自己的印刷厂和出版社,并创办了报刊。最初有很多中国文学译作就是在华人创办的报刊上发表连载。据1896年的统计,印尼当时已拥有17种杂志和13种马来语和爪哇语报纸,在全国已初步形成报刊的发行网。[①] 由于使用的是当地语言,识文解字的原住民也可以成为这些报刊的读者,形成了中国古典文学译作的次生消费市场。

19世纪末,中国文学的译介终于具备了主观条件(翻译诉求)和客观条件(翻译能力、传播渠道及消费市场)。中国古典文学翻译活动在华人的推动下声势浩大地展开了。

第二节 发展与新生

文学与政治存在着无法割裂的关系,外国文学因本身具有民族文化符号的特性而对政治更加敏感。20世纪的印尼在时代的巨大旋涡中历经一个又一个变

---

① 梁立基:《印度尼西亚文学史》(下册),北京:昆仑出版社,2003年,第347页。

局,中国古典文学的译介在印尼的命运也随时局而变。

20世纪初,荷印殖民政府迫于国内和国际压力开始在殖民地印尼推行"道义政策",政治文化环境相对宽松,19世纪末中国古典文学翻译活动的良好开局很快便结出丰硕之果。到1942年荷印政府总督向日军投降交出政权时,中国古典文学作品译为印尼地方语言(低级马来语或称市场马来语、爪哇语等)的已达数百部,不同译者不同版本的译文达数百种。这些译作基本都是在华人所办的报刊上连载,或由华人出版社出版。荷兰殖民政府所办的出版机构图书编译局(Balai Pustaka)对于出版物从题材到语言都进行干预,杜绝出现煽动民族情绪的作品,语言上选用具有准官方语言地位的高级马来语。编译局对于印尼华人和原住民的翻译作品不屑一顾,认为它们只是廉价、流俗的文学,不能教化民心反而败坏世风。但是翻译文学深受追捧的事实是不能改变的,图书编译局因此也开始进行文学翻译,不过所引介的外国文学作品主要是西方文学作品。

1942年日本占领荷属东印度群岛,为了防范印尼华人将报纸和文学作品作为宣传爱国主义的工具,日本当局采取查禁报纸和文学杂志的行动,数以百计的记者遭到逮捕、监禁和拷打。中国古典文学的传播也被迫终止。

1945年8月17日印尼独立以后,文学翻译活动得以恢复。一批华人翻译家重新投身其中,中国古典文学的传播得以继续。1945年宪法规定印尼语为国语,此后的翻译作品译入语转变为印尼语。一批中华文化经典,也是广义上的文学经典被译为印尼文。

根据法国学者克劳婷·苏尔梦的统计,从1882年至20世纪60年代,土生华人作家及翻译家共有806位,他们的作品有2757部,佚名者的作品有248部,共计3005部。在这3000多部作品里,包括73个剧本、183首马来长篇叙事诗(Syair)、233部西方文学作品翻译,759部中国作品翻译,以及1398部长篇及短篇创作小说。[1] 这些数据充分体现了华人主导的中国古典文学翻译在印尼的传播深度、广度和力度。另外,苏哈托政权以前,有几位印尼本土作家如阿米尔·哈姆扎、普拉姆迪亚·阿南达·杜尔等曾从英文转译了一些中国古诗,但其数量极少,

---

[1] Claudine Salmon, *Literature in Malay by the Chinese of Indonesia: A Provisional Annotated Bibliography*, Paris: Editions de la Maison des Sciences de l' Homme, 1981, pp.115-116.

也鲜有人知,在印尼本土知识分子对中国古典文学的译介作用这个命题上不具备推而广之的意义。

1966年开始的苏哈托政权给印尼华人社会带来了一场长达32年的政治劫难。中国与印尼交恶,两国外交关系中断。政治冲突导致文化上的敌视,中华文化在印尼遭到全面封禁。华文学校关闭、报刊停刊、华文被禁止使用,人员流散、史料尽失,这对于在一代代印尼华人社群中保存延续了数千年的中华文化来说,其毁灭性打击非常巨大。华人的政治权利和文化权利被极度限制,中国文学翻译也因此而近乎窒息。但是即使在这样穷极险恶

图7-1 印尼诗人萨帕尔迪

的环境中,仍有特例存在,比如印尼本土诗人萨帕尔迪(Sapardi Djoko Damono)于1976年出版的《中国古诗》(*Puisi Klasik Cina*)一书。这本译诗集里收录了12位中国诗人的56首古诗。由于萨帕尔迪不谙汉语,可以推断他应是通过这些古诗的其他语言译文将之转译为印尼文的。另外,Elex Media Komputindo 出版社于1993年出版了连环画册《红楼梦》,一套三册,配文为印尼文,编者署名C.C.Low。

1998年苏哈托政权倒台,中华文化在印尼受到30年压制后又重新恢复生机,印尼华人传播中华文化出现新一轮高潮。新的中国古典文学翻译,尤其是20世纪翻译活动中较少见的古诗词翻译专著相继面世。比如梁立基教授在雅加达出版的中、印尼对照译本《唐诗一百首》,还有周福源的《明月出天山:中国古代诗歌选》等。但这已是21世纪的进展,不属于本文的讨论范畴了。

图7-2 《明月出天山:中国古代诗歌选》

第三节　译介之路的探索

由于印尼是一个民族构成复杂的国家,在不同地域语言分布也不相同,所以中国古典文学被译介到印尼时的译入语不是单一的。实际上译出语也不是单一的。大部分译作都是直接以中文为译出语,但望加锡文、马都拉文的有些译本是以爪哇语或马来语为译出语的,也就是说,是转译的作品。译本的译入语则包括马来文、爪哇文、巴厘文、望加锡文、马都拉文等。可以看出,有华人聚居的地方就有中国古典文学的足迹。这些地方语译本中,马来文译本是数量最为巨大的。

印尼华人马来语文学(或称侨生马来由文学、华裔马来语文学)是印尼近代文学史上一个非常重要的类目,它是指印尼侨生作家使用通俗马来由语来进行创作和翻译的文学作品。[①] 华人马来语文学是属于印度尼西亚整个社会的,反映整个印度尼西亚殖民地社会在一个历史时期里的现实,并对印度尼西亚整个社会文化的历史进程,尤其是对印度尼西亚文学的现代化进程,起了重要的促进作用。[②]而这一重要进程的起点正是中国古典文学作品的翻译、改写。经过一段时间以后才发展为创作。

不论何种译入语,华人译者在选择源语文本时,不约而同地倾向于历史演义、公案小说及武侠小说。另外还有一小部分志怪小说、言情小说。而诗词歌赋等文学性较强的体裁则鲜有涉及。总的看来,源文本大都是具有非常强的历史性、故事性与民俗性的通俗文学。

中国古典文学作品中有一些文化含量极高、思想内涵深刻复杂的作品传播难度很大,传播程度远不及武侠公案、才子佳人题材的小说。19世纪末20世纪初,中国古典文学四大名著中的三部,《西游记》《三国演义》及《水浒传》都陆续有了马来文译本,并且各自拥有多个译本,二战结束后又有译者用印尼文进行了重译。

[①] Jakob Soemardjo 著,林万里译:《印尼侨生马来由文学研究》,香港:获益出版事业有限公司,1998年,第15—16页。
[②] 梁立基:《印度尼西亚文学史》(下册),北京:昆仑出版社,2003年,第344页。

唯有《红楼梦》至今无完整译本。无独有偶,泰国学者吴琼在介绍中国小说在泰国的传播时曾提到,四大名著中"唯独《红楼梦》没有全文翻译",因为很难让一个泰国人来欣赏林黛玉的《葬花词》。① 《葬花词》也许在外译的过程中还不会尽失其美,仍保有诗文的样貌和意境,但是仔仔细细开出整桌的菜单,毫无倦意地描摹一件物品,在缺乏文化记忆和联想的支持下,这些繁冗的中式美感恐难抵达异文化读者的心里。

图 7-3　印尼文版《三国演义》　　　图 7-4　印尼文版《水浒传》

除了翻译难易程度、文本可读性造成的源文本选择倾向,民族性、心理性、市场性的因素也不可忽视。中国通俗小说大量地承载了中华民族文化的因素,是对历史的一种补充。在通读正统历史典籍难度很大的情况下,华人可以通过历史小说来了解中国历史。再者,印尼华人寄居海外,从情感上来说需要构想出一个理想的故土和精神家园,而这样的故土和家园正存在于或侠肝义胆或风云雷动或柔情如水的通俗小说之中。又有,前文分析过,译本的读者也包括印尼原住民,出于文化隔阂,他们对中国文学中所蕴藏的历史文化、劝世道理也许兴趣并不浓厚,这样文本本身的故事性和可读性就成为首选。出于商业利益的考量,译者也会倾向于翻译通俗小说。

在印尼,由于自由叙事传统的影响,创作和翻译如水乳交融,作者和译者的分野并不明显。文学作品的翻译并不力求精确再现原作,而是倾向于复述,因此译

---

① 刘永强:《中国古代小说域外传播的几个问题》,《上海师范大学学报》(哲学社会科学版)第 36 卷第 5 期,第 31 页。

者常出于各种原因对原文内容进行增减,或直接改写故事情节。对他们来说,原作只是译者寻找可以丰富和表达有价值的思想和工具的来源之一。① 故而中国古典文学在印尼的译本形式多样,有完整的全译本,有取材于全本的简本,还有改写本。改写本中又包括赛尔体诗改写本、散文体改写本、爪哇文体诗改写本等。另外,还有口头移植译本。这些翻译作品不尽然都是严肃译本,也有处理粗糙的商业性质译本。同一部作品的不同译本也可能存在这种差异。

译本留存形式也有多种,且随着文明的进步而不断扩充。20世纪译本留存形式包括口传、手抄本、刊行本、盒式磁带有声本,甚至棕榈叶。②

当然,中国古典文学的传播途径并不局限于传统翻译作品的流通,还有说书、布袋戏、戏曲戏剧、连环画、广播、电影、朗诵会等。有些情况下这几个途径会相互转化,从而达到双重的传播效果。比如梭罗华人胡永强(Auw Ing Kiong)通过广播朗诵自己翻译的《西游记》,每周广播一次,受到印尼各界包括梭罗王室的欢迎。最后有关人士决定出版该译本。③

第四节　梁祝故事的传播

中国古代文学作品经历几代华人译者有意识的扬弃,在这个过程中与当地文化杂交、融合,突破了华人群体专属文学读本的局限性,渐渐为印尼原住民社会所接受和认同。社会和市场认同更加激发了译者的翻译热情和再创作热情,使得这些文学作品在20世纪百年间出现了多个译本和改写本。富于浪漫色彩、神话色彩的《梁山伯与祝英台》尤其为印尼原住民读者所喜爱。

《梁山伯与祝英台》是在印尼传播最广、接受度最高的中国古代文学作品之一,不仅有各种地方语言版本的传统意义上的译本,在印尼戏剧舞台上也常常是

---

① 袁永芳:《论亚洲翻译传统——兼评〈亚洲翻译传统〉》,《外语与翻译》2007年第4期,第69页。
② 巴厘辛阿拉查的基尔蒂亚图书馆存有一篇写梁祝故事巴厘语译文的棕榈叶。作者佚名。
③ [美]埃利克·姆·黄(Eric. M. Oey):《中国故事〈李世民游地府〉的六种马来文和印尼文译本》,载克劳婷·苏尔梦编著:《中国传统小说在亚洲》,国际文化出版社,1989年,第372—373页。

保留剧目，真正称得上是家喻户晓。《梁山伯与祝英台》得以在异域文化环境里大放异彩的原因是什么呢？文学的本质是"人学"。文学经典跨文化译介、传播与研究的无数个案表明，描述人类情感和理想的文学能够在世界范围被解读。①在这类文学作品中有一类特殊的题材，即殉情题材的文学作品，在东西方都有传世经典。印尼本土传统文学中也有广为流传的殉情题材经典，比如洛罗·门杜（Rara Mendut）的故事。由于殉情故事的叙事框架早为广大读者所熟知，《梁山伯与祝英台》的故事经过译介后顺利地被大众理解和接受。

克劳婷·苏尔梦在《爪哇移植中国小说简记》中提到："《山伯英台》的故事，首次刊登在1873年由中爪哇三宝垄出版的凡·多普（Van Dorp）的《爪哇年鉴》上。"根据克劳婷·苏尔梦的统计，自1885年至20世纪中叶，印尼出版的梁祝故事书籍既有散文又有诗歌，至少10种，分别在巴达维亚、三宝垄、梭罗和泗水等城市出版，有的还一版再版。比如1895年由华人文信和翻译的《梁祝》，在1892年和1902年分别出了第二版、第三版。由乔及源编译的《梁祝》，至少出了三版（1897年，1926年，1930年）。② 现在《梁山伯与祝英台》已有马来文、爪哇文、巴厘文、马都拉文和望加锡文等多个地方语言译本。其中马都拉文版本就有好几种。

图 7-5　印尼文版《梁山伯与祝英台》

至于这些译本及改写本的源文本，澳大利亚的乔治·奎恩（George Quinn）在研究了印尼华人移民史、语言同化进程及译本出现顺序之后，做出如下推想："《梁祝》这部小说的最早爪哇语译本可能是从汉文直接翻译的或改写的，而且这些最早译文的作者可能是侨生华人。但是，它的较晚一些的校本似乎并非直接译自汉文原作，它们可能是依据爪哇语或马来语的现成译文并由印尼本民族的作家写成的。"③印尼学者台台·奥托姆从方言词汇、习语、刊本插图、章节划分、情节

---

① 顾伟列：《文学解读的世界性——以中国古代文学国外传播与研究为例》，《文艺理论研究》2010年第2期，第33页。
② 克劳婷·苏尔梦：《印度尼西亚华人的马来语文学》，群岛（巴黎），1981年，第486—487页。
③ ［澳］乔治·奎恩：《梁山伯与祝英台——一部中国民间爱情故事在爪哇和巴厘》，载克劳婷·苏尔梦编著：《中国传统小说在亚洲》，北京：国际文化出版社，1989年，第398页。

对比等多个方面进行分析，最终确定《梁祝》马都拉语译本《今生来世永相爱》(*Tresna Dhunnya Aherat*)的源文本是《梁祝》故事的爪哇语译本。

西席尔·夏波曾说："民间故事乃是一种民族的产物，它反映整个社会的情感和趣味……在它的任何历史阶段中，它总是同时生存在许多形式里。它是由民众流传的，而在流传的过程中根据人民的喜好在不断地改变，往往与该地的民俗文化维持相当的关系。"①《梁祝》的故事在印尼也产生了多个仿改作品。这些改写本受当地文化的影响，人物时代、地域、故事情节出现了因地、因时制宜的变化，故事所表达的观念和审美也与原作大异其趣。

例如，在1902年的爪哇文本和1915年的巴厘文本里，英台至山伯坟前祭奠一幕，译文虽未完全抛弃中国传统坟祭仪式的描写，但已改造得符合爪哇和巴厘的风俗。在现代巴厘文的版本里，英台甚至骑着摩托车赴杭州，半路上捎了似乎要搭车的山伯，于是英台加大油门，风驰电掣般驰往杭州。②

再如，由巴莱出版社出版的《梁祝》故事马都拉语译本《今生来世永相爱》中，译者对某些中国风土人情的细节进行了马都拉化改写，如梁山伯和祝英台初次见面时互相握手，这与打拱作揖的传统中国礼节不同。该译本还有这样一个情节：梁山伯、祝英台在赴杭州求学路上，看到一座古庙，内有金童玉女两尊塑像。英台佯作不知塑像为何人，故意问山伯。山伯解释道，他们是旧时的一对恋人，将他们的塑像置于庙堂之上，是为了供后人瞻仰和效法。英台听了不禁窃喜，山伯却对英台的暗示木然不知，气得英台指责山伯"笨如水牛"。"笨如水牛"是印尼习语，谓其不动脑筋，总是被人牵着鼻子走，而在中国，"牛"通常用来比喻"踏实苦干的人"，如"孺子牛"等。

---

① 刘树山：《〈梁祝〉的民俗学意义和原型意义》，《阜阳师范学院学报》（社会科学版），2006年第5期。
② 孔远志：《〈梁祝〉在印尼——中、印尼文化交流史上的奇葩》，《东南亚纵横》1992年第4期，第57页。

结　语

总的来说,20世纪是中国古典文学这个异域来客在印尼盛装亮相,中途却迫于时局黯淡退场的一个百年。它是极其复杂的中国文化域外传播现象中的一个分支,其盛其衰都值得研究探讨。跳出域外传播的宏大结构来看,它是中华文化向异文化环境强势流动的一个佐证,也印证了传播对象国表现出的接纳度对文化流动的影响;进入它本身来看,借助一个个具体而微的传播事例,观察参与其中的各方,国家管理者与译介参与者、译介接受者的多方互动,也是颇具社会学意义的。

新的百年中,中国古典文学在印尼的翻译传播这个历史性的活动并没有就此停格,相反地,在当今稳定的国际环境下以及肥腴的文化土壤中,它将迎来再一次复兴。

(王飞宇,北京外国语大学亚非学院)

第八章
菲律宾

菲律宾译诗名家施颖洲

施颖洲是菲华文坛上一颗耀眼的明星。他长期担任报社总编,耄耋之年犹笔耕不辍,情钟译诗,译有《世界诗选》与《中英对照读唐诗宋词》。作为著名的文艺活动家与翻译家,他致力于菲华文艺的繁荣和中外诗歌的译介,功不可没。

第一节 实至而名归

施颖洲 1919 年生于福建晋江,3 岁时随父母移居菲律宾。他自幼喜爱文学,从上小学起就沉湎于中国古典文学,他的作文常被选为佳作而展出于学校的展览橱窗。1933 年,他年仅 14 岁时就在《民众》周刊发表了文章,且是"连成年作家也不易驾驭好的投枪匕首般的杂文"①。1935年,他开始在《华侨商报》副刊发表诗歌。1937年,他开始翻译英文诗歌,在《公理报》的周刊《文艺先锋》上刊出,每周一首。1945年马尼拉光复后,任《新时代》英文报总编辑。1946年任《中正日报》总编辑。1949年《中正日报》与《大华日报》合并为《大中华日报》,他仍任总编辑。1950年当选菲律宾华侨文艺工作者联合会筹备委员会主席。1951年开始主编《文联》季刊。1963年被菲律宾政府教育部长罗细士誉为"模范华侨",被司法部长誉为"现代孔子"。——赞誉似已登峰造极。1964年获"国际桂冠诗人协会"所授"诗人—黎刹学家奖",1966年再获"国际桂冠诗人协会"所授"诗人—翻译家奖"。1968年、1970年两次获"中正文化奖金"文学奖。1973年任《联合日报》总编辑。1982年组织"菲华文艺协会",主编会刊《菲华文艺》。1985年当选"亚洲华文作家协会"总会副会长。多次受邀赴台湾、新加坡、香港、澳门、美国等地演讲,还长期担任"亚洲华文作家协会菲分会"名誉会长。

施颖洲被称为"菲华文坛上资深的老报人、老作家、诗人、翻译家和文艺活动家"②,可谓实至名归。自1945年马尼拉光复时任《新时代》英文报总编辑始,先后任《中正日报》《大中华日报》《联合日报》等报总编辑,凡六十余年,为"世界报业史上任期最久的总编辑"③,堪入《吉尼斯世界纪录大全》。为《话梦录》专栏撰稿十九年,言逾五百万;80岁高龄犹辛勤耕耘,每日一篇随笔见报。——无愧"老报人""老作家"之称。自16岁起陆续发表新诗与传统诗,翻译英诗及唐诗,先后出版《世界名诗选译》《现代名诗选译》《古典名诗选译》《莎翁声籁》《中英对照读唐诗宋词》等。——无愧"诗人""翻译家"之谓。他先后主编《文联》《菲华文艺》等文学刊物,编选各种诗歌散文小说等文集,还筹备"世界诗人大会",成立"菲律宾华侨文艺工作者联合会""菲华文艺协会"等文艺组织,倡办"文艺讲习会"培养、造就菲华文学艺术一代代新

图8-1 施颖洲(左三)与友人

---

① 李君哲:《海外华文文学札记》,香港:南岛出版社,2000年,第172页。
② 吴奕锜:《回望与寻找》,广州:花城出版社,2005年,第54页。
③ 施颖洲:《文学之旅》,沈阳:辽宁教育出版社,1997年,第146页。

人。他为菲华文艺的发展所做的积极贡献,也是有目共睹的。——无愧"文艺活动家"之誉。

《菲律宾华文报史稿》谈到施颖洲:"有人称他是菲华文坛泰斗,严格来说,就作品的质量而论,有商榷的余地,但就他长期从事文艺活动和对文艺事业的热爱来说,则是无人能及的。他已届高龄,每日仍笔耕不辍,精神可嘉。在数十年的创作生涯中,他一共出版了26本书……林林总总,著作等身,堪称文坛老将。"①评价十分中肯公允。

第二节 译诗求尽善

施颖洲20岁之前就萌生了翻译诗歌的想法,有了汉译"世界诗选"并英译"中国诗选"的宏伟计划。在完成《世界名诗选译》《现代名诗选译》《古典名诗选译》《莎翁声籁》等书之后,20世纪70年代中期,他开始了英译中国古典诗词。他发觉中诗英译与英诗中译并无二致。他翻译的《中英对照读唐诗宋词》,在亚太地区广为流传,享有极高的赞誉。其中,林启祥教授赞誉他的翻译"完美无疵,功力炉火纯青,成就远在前人之上。最难得的,以格律诗译格律诗,又能再现原诗的意境、神韵,堪称传神的佳译"②。诗人罗门说:"施先生中外文的造诣与学识均佳,而兼有诗人的气质与文人修养,持有一支认真、稳健、精确与典丽的译笔,能自如与有把握地将那些辉煌神妙的诗境,全然展放出来,保存它们的精美与不灭的光辉,使这部译诗显得完美与杰出。"③诗人张英敏甚至推崇其"确实前无古人,且亦可能后无来者"④。

施译汉诗能享有极高的赞誉,是许多因素综合的结果。首先是译者深厚的语言功底。施颖洲生活在中英双语的环境中,从小喜爱古典文学,并大量阅读新文

---

① 赵振祥等:《菲律宾华文报史稿》,北京:世界知识出版社,2006年,第224页。
② 林启祥:《林启祥创作集》,马尼拉:菲华文艺协会,2008年,第179页。
③ 施颖洲:《中英对照读唐诗宋词》,台北:九歌出版社有限公司,2006年,第221页。
④ 施颖洲:《中英对照读唐诗宋词》,台北:九歌出版社有限公司,2006年,第221页。

艺书刊,嗜书苦读造就了他中英文翻译基础。其次是他对译诗孜孜追求。他"一步一个脚印,寒暑易节,从不间断,殚精竭虑,千锤百炼,反复筛选,精益求精,'衣带渐宽终不悔,为伊消得人憔悴'。终于'将诗人的灵魂注入翻译家的躯体',使他的译诗达致炉火纯青之境地"①。此外,施颖洲在多年的译诗实践中,逐渐形成了自己的译诗理论与译诗标准,在《译诗理论与实践》《谈译诗》《译诗的艺术》《译诗抒怀》等文章中曾有系统的论述。"更为可贵的是,他的这些理论阐述,并没有停留在单纯的理论探讨上,而是具体化为自己翻译实践中的操作规范,从而树立起自己独特的翻译观和翻译风格,赢得了国内外翻译界人士的好评。可以说,正是良好的翻译理论修养造就了施颖洲不同一般的翻译才能并且获得了可喜的成功。"②

在《世界诗选》的自序里,施颖洲简洁地表述了自己的译诗理论:

我的译诗标准只有一个:忠实。

……译诗各方面都要完全忠实于原作。

……

一首忠实、理想的译诗,必须符合下面两个条件:

(一)译诗应该忠实地译出原诗字句全部的意思,是及格的意译,也是及格的直译;(二)译诗应像原诗一样是一首好诗,保持原诗的种种特点。

品评译诗,首先应该将它拿来与原诗对读,看它有没有将原诗的全部意思忠实地译出;其次,便看它是不是好诗,像原诗一样的好诗。通过两重考验,才是好的译诗。

……

译诗必须力求:(一)字字确切,句句忠实,一字不多,一字不少,是及格的直译,也是及格的意译。(二)节奏优美,犹如原诗。例如,用英诗抑扬五音节格律译中文七言。(三)音韵悦人如原诗。例如,依照原诗押韵的方式。(四)保持笔法、风格、情调、意境等。(五)再现原诗境界、神韵,好像原诗一样是一首好诗。③

翻译的本质就是用一种语言表达另一种语言所表达的内容,语义与风格上都

---

① 潘亚暾:《施颖洲文选》序,《华文文学》1993年第1期,第68页。
② 陈贤茂:《海外华文文学史 第三卷》,厦门:鹭江出版社,1999年,第78页。
③ 施颖洲:《世界诗选》,沈阳:辽宁教育出版社,1999年,自序第3—4页。

要对等,因此,忠实是翻译的必然要求。没有忠实则无以言翻译。把忠实作为翻译的标准乃至唯一标准,都是正确无比的。然而,忠实作为翻译的唯一标准,体现在翻译实践中,还存在着方向与层面问题,即忠实于形式还是忠实于内容的问题,以及在字词层面、句子层面还是语篇层面忠实的问题。施颖洲在谈到"标准只有一个"之后又提出了"两个条件""五个力求",也是大标准的细化问题。

第三节 《中英对照读唐诗宋词》

书中收录施译诗词 120 首,体裁上有绝句也有律诗,还有歌行体与词曲。其中唐代诗词占绝大部分,有 97 首,五代 5 首,宋代 16 首,另外收晋代、元代各 1 首。选诗涵盖唐代诗人 42 位,名家皆有多首入选,如李白 15 首,王维 10 首,杜甫 8 首,杜牧 6 首,李商隐 6 首,白居易 5 首。宋代 16 首,包括苏轼、陆游、李清照、辛弃疾、范仲淹、晏殊、欧阳修、黄庭坚、秦观、陈与义等 10 位。选诗多是读者常见的名诗,也有几首生僻的。

图 8-2　《中英对照读唐诗宋词》

在《谈译诗》一文中,施颖洲曾谈到了《世界名诗选译》一书是怎样选诗的。诗入选要过"三关":"第一关,必须是名诗,……是大诗人的代表作或名作…… 第二关,必须是译者喜欢的好诗。名诗当然是好诗,但有的名诗我却不认为是好诗,也就不译。…… 第三关,必须是译者有把握译出的。"[①]

当然,汉诗英译时的选诗,未必照搬汉译世界名诗的标准,但还是有参考意义的。从第二关"译者喜欢"看,选诗带有译者自己的判断乃至好恶。从第三关"有把握译出"看,为了保证译诗质量,好诗却难译的不选也是确定的。晋代陶潜的《饮酒》与元代马致远的《秋思》超出唐诗宋词范围,则以"另一章"的标签入选。

---

① 施颖洲:《文学之旅》,沈阳:辽宁教育出版社,1997 年,第 46 页。

从入选诗词可以看出,《中英对照读唐诗宋词》这本英译中诗选集是译者从自己翻译的古典诗词中,选择自己欣赏的翻译佳作。它不像《唐诗三百首》《千家诗》《宋诗选注》等书那样过于注重选诗的覆盖面、代表性、经典程度等。即使选译汉诗志在向外国读者呈现唐诗宋词精华,译者选诗仍可有自己的判断与标准。

第四节 诗词英译的得失

一、施译的特色

施颖洲英译汉诗的突出特点是以英文格律诗来译汉语格律诗,注重节奏与押韵,并努力保持原诗的形式。

对于保持汉诗节奏,施颖洲基于自己多年的译诗经验认为:"用英文抑扬四音步译中文五言诗,抑扬五音步译中文七言,最为适合,恰到好处。"[1]因为"英文的介词(preposition)与冠词(article)在中文是通常被省略的。把中诗翻译成英诗的时候,不得不把这些补上。于是他很巧妙地腾出三个空位,把原有的五音变为八音,七音变为十音。这是他的发现和创举"。[2]

施译还力求保持原诗的押韵方式。"《中英对照读唐诗宋词》一百二十首,首首照原诗押韵。例如:王翰七绝《凉州词》,押韵方式是 aaba,第一行、第二行及第四行押一韵。英译也是照原诗位置三行押韵。"[3]施颖洲在自序中这样介绍道。

忠实于原诗的形式,除依照原诗押韵外,还体现在英译模仿汉诗的对仗、倒装等,如译"他乡生白发,旧国见青山"句为"In alien country, hairs turn white; On native land, mountains look green."[4],译"名岂文章著,官应老病休"句为"Fame—by

---

[1] 施颖洲:《中英对照读唐诗宋词》,台北:九歌出版社有限公司,2006年,第21页。
[2] 林启祥:《知不可为而为》,《菲华文艺》,2007年4月13日。
[3] 施颖洲:《中英对照读唐诗宋词》,台北:九歌出版社有限公司,2006年,第21页。
[4] 施颖洲:《中英对照读唐诗宋词》,台北:九歌出版社有限公司,2006年,第108—109页。

my writings I have won? Rank—now old and sick, I'm aground."。甚至碰到汉诗名词罗列意象叠加的,英译也有意舍弃完整句子,如"野渡无人舟自横"句译为"Wild ferry. No man. A boat swings across.",而没有译成"At a deserted ferry, a boat swings across."。

二、忠实的方向与层面

"译诗标准只有一个:忠实。……各方面都要完全忠实于原作。"这话本身无可辩驳。程镇球曾说:"我们认为翻译标准或翻译原则归纳为从内容到风格都忠实于原文就够了。"① 钱锺书认为"译事之信,当包达、雅;达正以尽信,而雅非为饰达。依义旨以传,而能如风格以出,斯之谓信"②。翻译的标准,用"忠实"一个词概括足矣,但详细分解,存在着忠实于内容还是忠实于形式的区别。就忠实于内容而言,还存在着字词、句义和语篇等不同层面。

例如,陶渊明《饮酒》中"结庐在人境,而无车马喧"句的翻译。

施颖洲译: No noise of coach or horse sounds here.

许渊冲译: There's noise of wheels and hoofs, but I hear not.

许渊冲在《谈陶诗英译》一文中详细对比了这两种译法:比较一下两种译文,可以说施译的"无车马喧",译得"字字精确"。许译把"车"译成 wheels(车轮),把"马"译成 hoofs(马蹄),是不是"避重就轻,爱惜思力"呢?我的看法是:车轮马蹄更重动态,施译相形之下,反倒更注重静态。所以我认为不是"避重就轻",反倒是避易就难,再"思"而译的。这句诗最重要的是个"无"字,"无"有两种解释:一是客观上真没有"车马喧",一是主观上听不见"车马喧"。从接下来的两句"问君何能尔,心远地自偏"来看,陶渊明"结庐"并非偏僻之地,而是"在人境",确有"车马喧",只是他听而不闻而已。

这种限于字词层面"字字精确",从语篇层面考察时,其不妥之处就不难看出了。

---

① 程镇球:《翻译论文集》,北京:外语教学与研究出版社,2002年,第62页。
② 钱锺书:《管锥编》,北京:中华书局,1986年,第1101页。

三、译诗的内容与形式

诗是内容与形式的有机统一体。节奏与韵式等形式构成了诗的风格与神韵,因此译诗要在正确达意的基础上尽可能地模拟出原诗的形式。

由于汉语的节奏与声调平仄有关,而英语的节奏与语音的轻重有关,语言差异使得汉诗英译无法将汉语节奏平行移植,用英语音步来勉强对应汉诗的音组。施译用英语抑扬四音步译汉语五言诗,抑扬五音步译汉语七言诗。抑扬四音步即每行八音节,抑扬五音步即每行十音节,事先规定了每行音节数,回旋余地少,时常遇到长者需压缩和短者需抻长的勉强情形。

汉英语言差异也决定了汉诗英译在保持韵式上要相对难一些。"用拥有大量同音、近音字的汉语模拟任何语言中的种种韵式都不难做到;反之,用英语等西方语言模拟汉语诗的一韵到底就难乎其难了。"①

一首诗有多种诗意组成部分,如诗的长短、性质、意象多寡、语言的密度、运用的诗歌技巧等,韵式只是其中一个组成部分,而且,"语言密度愈高、意象、典故愈多的诗,脚韵所占的诗意组成'百分比'就愈小"②,却时常成了左右诗意的东西。译者为了押韵可能要搜肠刮肚,选用与诗意不谐调的俚语或冷僻古字而致以词害意,有时会为韵脚而倒装句子,使译诗读起来佶屈聱牙,失了自然顺畅。

"如果译者以不懂中文的人为读者对象,他注重的是译文究竟算不算得上是诗,而不是原文中某一词某一字是否规规矩矩地搬到译文里;反过来说,如果译者小心翼翼地按'规矩'行事:原文有脚韵,译文必须有脚韵;原文有某一个字,译文必须有其对等词,而且应该出现在同一个地方……那么我们大概可以说译者注重的是把中国读者所知的中国诗学规则以英文重现,而不是译诗作为一首'诗'给英语读者的印象。"③把中国古典诗词介绍到外国,给不懂中文的人看,在他们眼里,像不像一首英文诗或许比是否传递出诗词形式更重要。

译诗若能传递出原诗的诗意,又模拟出原诗的格律形式,戴着脚镣跳舞而舞

---

① 傅浩:《说诗解译》,北京:中国传媒大学出版社,2005 年,第 146 页。
② 孔慧怡:《翻译・文学・文化》,北京:北京大学出版社,1999 年,第 131 页。
③ 孔慧怡:《谈中诗英译与翻译批评》,《外国语》1991 年第 5 期,第 22—23 页。

得飘逸轻盈,实属难能可贵。

四、理想的译诗

"理想的译诗,应该字字确切,句句忠实,一字不多,一字不少,不能画蛇添足,也不能削足适履,更不能马虎译字修辞。"①施颖洲提出的译诗理想是完美无瑕的,以此衡量自己的译诗,可谓高标准,以此评价他人,则有苛刻之嫌。有此完美的译诗理想,译诗并不能因之而完美。如施颖洲引用作为"译句忠实,一字不多,一字不少"例子的一句,南唐后主李煜《浪淘沙》结句:

天上人间!

The Heaven, and the Earth of Men!

"天上人间!"句有不同解说。"有的说指的是从前像在天上,而今落降人间……也有人认为是天差地远,天地之隔的。我们结合上下文来看,天上人间,实际上是天人之隔,……是永久相隔的意思。"②英译只是"天上"与"人间"的并列,并没有译出"天差地远"之意。如果译"肝胆胡越"一词,就当译出由近如肝胆变成远如胡越的意思来,而不能简单地将四物并列。

实际上,译诗的理想越完美,实现起来就越难。既要正确理解原诗,把握诗意妙处,又要用另一语言恰当而充分表达出来;既要在听觉上模拟原诗的节奏与韵律,又要在视觉上体现原诗的匀称齐整美。面面俱到即面面受制,某种程度上的削足适履几乎不可避免。译诗尤其是格律诗,可以说是"削足适履的艺术",一路趋向完美却又处处留着遗憾。孔慧怡曾得出一个相当客观的结论:"在我作为《译丛》主编这十年里,看了近千首英译中诗,翻译方法形形色色,投稿来自十多个国家和地区,有一个现象是最明显不过的:英语没有达到母语水平的人,尝试押韵而成功的例子一个也没有,而即使英语是母语的人所作的尝试,也是失败远远多于成功的。"③言译诗"一字不易""天衣无缝",除了极少数的妙手偶得,多是过甚其辞的谬赞。

---

① 施颖洲:《中英对照读唐诗宋词》,台北:九歌出版社有限公司,2006年,第17页。
② 贺新辉主编:《宋词鉴赏辞典》,北京:北京燕山出版社,1994年,第11—12页。
③ 孔慧怡:《译诗应否用韵的几点考虑》,《外国语》1997年第4期,第43页。

五、得失寸心知

《中英对照读唐诗宋词》书前书后都罗列着海外名家的赞语。杨德豫在《绝妙好译》中称赞施译李白《下江陵》：

朝辞白帝彩云间，千里江陵一日还。

两岸猿声啼不住，轻舟已过万重山。

施先生译文：

At dawn I left Po-ti, high in clouds gay;

Sailed thousand li to Kiang-ling in a day.

As apes yelled ceaselessly on either shore,

The skiff slid myriad mount ranges away!

原诗每句七言，译诗每行抑扬格五音步。原诗第一、第二、第四行押韵，译诗同样。洋溢于原诗的那种清爽愉悦、兴会飙举的心情，在译诗中同样表达得淋漓尽致。细心的读者若将两诗的词语逐一对照，便不难发现：原诗的每一个字在译诗中都有着落，译诗的每一个字在原诗中都有来历。真是铢两悉称，毫厘不爽！

诗人导演孙瑜翻译这一首诗时，曾"解释说，当诗人由死刑减为放逐时，沿长江经三峡到了白帝城，忽然特赦令来了，喜出望外地就买棹回江陵了"[1]，这说明"一日还"不是指来去双程，但确实有"回江陵"的含义在，用"sail…to"只是指"航行到"，并没有译出"还"字来，可见，说"原诗的每一个字在译诗中都有着落"还是太绝对了。

序言中的美言与信函中的称赞都是可以理解的。要公正准确地评论译诗的优劣得失的确并非易事，"因为这不仅涉及每个词译得是否到位，对每个诗行和每一句子的理解与表达是否妥帖与恰如其分，而且还有整体效果和人言人殊的问题等"[2]。然而，译诗又并非没有标准，不能信口褒贬。

（侯长林，济南大学外国语学院）

---

[1] 林健民：《林健民文集》，南京：江苏文艺出版社，1991年，第174页。
[2] 黄杲炘：《从柔巴依到坎特伯雷：英语诗汉译研究》，武汉：湖北教育出版社，1999年，第290页。

译者索引

阿顿·拉达纳曼葛塞(Adun Rattanamankasem)　98

阿蒙·通素(Amon Thongsuk)　91,93

阿提空·撒瓦迪严(Athikhom Sawatdiyan)　91

阿占·杉班诺(Archan Sambanno)　115,129

巴查·欣柴(Pracha Sinchai)　91

巴贡·林巴努颂(Pakon Limpanutson)　113,116,126,127,130-133,135,136,158

巴威·拉达纳朗希(Prawit Ratanarueangsri)　103

峇坻彦东(Batu Gantong)　205,206,220

班查·斯利盖(Pancha Sirikai)　115,128

奔柴·翟音(Bunchai Chaiyen)　94

奔萨·萨拉维(Bunsak Saengrawi)　98

布恩玛·蓬布伊(Bunmak Phromphuai)　114,126

布恩萨·桑瓦利(Bunsak Seangrawe)　133,135

布恩斯利·素万培得(Bunsiri Suwanphet)　115,128

布拉查·乎达努瓦(Pracha Hutanuwat)　116,131

布拉永·素万布帕(Prayong Suwanpuppa)　115,129

布沙帕·楞泰(Butsaba Rerntai) 183

曾衍派(Chan Yen P'ai) 205

查德利(Chatri Saebang) 116,130,132

查兰通(Chalunton) 158

查素曼·伽宾邢(Chatsuman Kabinsing) 105,114,124,125

查湮·盖尔开(Cha-em Kaeokhlai) 105

差纳·甘莫空(Chana Khammongkhon) 158

绰创·纳东(Chotchuang Nadon) 115,127,180,184,187

陈丰色(Trần Phong Sắc) 11

陈明德(Sathian Phothinantha, Tan Beng Teck) 99,103,104,108,110,112,113,117,125,145,146,219,221

陈谦福(Tan Kheam Kock) 220,221

陈仰贤(Nian Kuramarohit) 156-158,160

陈壮(Chang Saetang) 112-114,118,119,122,125,126,142,176,178,179,183

德·本东(To Puntong) 155

冯德润(Pang Teck Joon) 220

佛使比丘(Buddhadasa Bhikkhu) 103,104,110,143,145,146,161

傅长寿(Poh Tiang Siew) 223

高春广(Koh Choon Kwang) 223

高檀通(Kaothanthong) 155

高尊尼(Koh Johnny) 223

格林素昆·阿利亚查昆(Klinsukkhon Ariyachatkun) 116,130

古拉希南恩(Kulabsinamngoen) 155

韩江(Suphat Chaiwatthanaphan) 182

胡永强(Auw Ing Kiong) 250

华兹生(Buton Watson) 106-108,135

黄介石(Wee Kay Seck) 220

黄净古 14,16

黄茂林(Wong Mou Lam) 103,143

黄荣光(Yong Ingkhawet) 162,168,174-181,187

黄振益(Wee Chin Ek) 222,223

珲回(Hunhuai) 157

吉萨达·通隆洛(Chetsada Thongrungrot) 94

金暹(Chinsiam) 155

卡纳瓦乔(Canavaggio) 10

拉塔亚·萨拉坦(Ratthaya Saratham) 99

劳·萨田拉素(Lo Sathianrasut) 90,91,113,119,120,122,125,129,133,135

李成宝(Lee Seng Poh) 223

李添丁(Ly Theam Teng) 67,68

梁·萨田拉素(Liang Sathianrasut) 105,108

林福志(Lim Hock Chee) 220

林秀兴(Lim Siew Him) 223

林振才(Lim Chin Chye) 223

玛诺·乌东德(Manop Udomdet) 133,134

蒙昆·斯素珀恩(Mongkhon Sisophon) 115,127

妙丹丁(Mya' Than:Tin') 70-79,83,87

瑙瓦拉·蓬派汶(Naowarat Phongphaibun) 113,120,123,124,143

年·古拉玛洛希(Nian Kurarnarohit) 156

努肯(Non Kon) 66

诺·努帕拉(No Noppharat) 158

帕普·翁拉达纳披汶(Phakphum Wongrattanaphibun) 105

帕维·佟洛得(Phawit Thongrot) 116

潘继秉 11

珀·邦披(Pho Bangphi) 158

珀扎纳·占塔纳参地(Photchana Chantharasanti) 111,113,121,124,125,129,132,135

邱平炎（Khoo Peng Yam） 216,218,223

阮安姜（Nguyễn An Khương） 11

阮正瑟（Nguyễn Chánh Sắt） 11,15

萨帕尔迪（Sapardi Djoko Damono） 247

萨汕·洛珊拉（Saksan Rotsaengrat） 105-107

萨田·菩提南塔（Sathian Phothinantha） 104

诗琳通公主（Princess Maha Chakri Sirindhorn） 105,181,182

施颖洲 256-262,264

释圣杰（Phiksuchin Visawaphat） 105,108,110

石瑞隆（Chek Swee Liong） 219

宋帕万·因塔冯（Somphavan Inthavong） 20,21,38,47,49,50

宋颇·洛扎纳番（Somphop Rotchapan） 114,124

颂吉雅·素可（Somkiat Sukho） 123,124,143

素拉·碧查塔（Surat Prichatham） 133,135,136

素帕尼弥（Supphanimit） 93,95,96,98

素帕·猜瓦塔纳潘（Suphat Chaiwatthanaphan） 162,167,184

素杉·维韦格梅塔贡（Suksan Wiwekmathakon） 114,126

素婉纳·萨塔阿南（Suwanna Satha'anan） 91

索·帕达本蒙（So Phadabunmuang） 158

索·素宛（So Suwan） 98

索·希瓦拉（So Siwarak） 111,132,133,136

塔宛·希卡戈颂（Thavon Sikkagoson） 158

通娄·翁丹玛（Thonglo Wongthanma） 112,115,116,129,132

通素·梅蒙彤（Thongsot Mekmueangthong） 114,124,125

通谭·纳章侬（Thongthaem Natchamnong） 114,125,127,179

瓦叻塔·台吉功（Worathat Detjitkorn） 158

宛崴·帕塔诺泰（Wanwai Phathanotai） 158

婉提·欣苏宋（Wanthip Sinsungsut） 92

魏治平（Vichai Pipattananukit） 176,178,180

吴连柱（Goh Len Joo） 220

吴提差·门拉辛（Wutthichai Munlasin） 100

西沙纳·西山（Sisana Sisane） 47

萧佛成（Siao Hutseng） 154-156

萧海炎（Siow Hay Yam） 215,220,223

萧丕图（Seow Phee Tor） 222,223

萧钦山（Siow Chin San） 215,220,222,223

谢子佑（Cheah Choo Yew） 220,221

薛两鸿 193,194,200,201,236

雅考（Yakop） 157,160

袁文成（Wan Boon Seng） 215,222-224

约翰·伯菲尔德（John Bolfeld） 104

昭披耶帕康（洪）[Chaophraya Phrakhlang(Hon)] 102,104,149

占柴（Janchai） 155

占隆·萨拉帕讷（Chamlong Saraphatnuek） 105

占梯·德安沙万（Chanthy Deuansavanh） 20,31,32,36,54,55,61

章侬·阿迪万娜新（Chamnong Adiwatthanasit） 100

章侬·通布拉瑟（Chamnong Thongpraseot） 99,112,113,117,118

支·素翁（Chue Suwong） 155

周天昌（Chew Tian Sang） 223

庄伟明（Ui Bunyapatra） 183

作品索引

《白猿传》　　156

《北宋演义》　　15

《楚辞》　　102,162,163,165,166,172,177,178,182,187

《传心法要》　　103,104,110

《春晓》　　182,187

《道德经》　　4,102,111-113,115-132,135,137-139,142-144,146,147

《登鹳雀楼》　　187

《狄青五虎平南》　　220,225

《蝶恋花》　　182

《东周列国》　　225

《二度梅》　　155

《粉妆楼全传》　　17

《封神演义》　　11,140,141,150,160,225

《凤娇与李旦的故事》(《反唐演义》)　　220,221

《观世音菩萨普门品》　　105,106,110

《归园田居》　　182

《红楼梦》　　6,32,61,70-73,75-79,83,87,102,158-161,193,225,226,

247,249

《后列国志》 215,223,225

《浣溪沙》 182

《黄鹤楼》 182

《回乡偶书》 187

《济公全传》 158

《江雪》 187

《金瓶梅》 102,154,155,157,159-161

《静夜思》 182,187

《孔雀东南飞》 182,187

《浪淘沙》 264

《雷峰塔》 219,220

《离骚》 162-166,168-172,179,182,187

《李娃传》 156

《凉州词》 182,261

《梁山伯与祝英台》 155,232,250,251

《聊斋志异》 14,16,156-158,192-195,197-201

《列子》 156

《龙图公案》 152,158-160

《论语》 90-97,102,119,146

《绿牡丹》 11,17,225

《满江红》 182

《梅妃》 156

《孟丽君》 216,218,225

《孟子》 97,98,100,101

《妙法莲华经》 105-108

《暮江吟》 182

《聂小倩》 156,195

《秦世美》 220

《秦雪梅》　　220,225

《清朝》　　152,153

《清平乐》　　182

《秋思》　　260

《肉蒲团》　　158

《三国演义》　　2,4,5,10,11,15,20-24,27,28,32,39,40,43,45,52-54,59-61,65,66,102,104,139-141,148,149,157-160,173,193,202,203,205,207,209-211,218,233,239,248,249

《三国志》　　15

《三侠五义》　　11,17

《山行》　　182

《声声慢》　　182,187

《诗经》　　14,102,162,177-180,182,187

《水浒传》　　2,61,65,71,102,140,151,156-159,193,218,233,236,237,248,249

《水调歌头》　　182

《说唐》　　152

《说唐演义》　　15

《隋唐演义》　　11,150

《六祖坛经》　　103,104,106,110,142,143,145,146,161

《万花楼》　　150,220,225

《渭城曲》　　182

《无题》　　182

《五虎平南》　　15,150

《五虎平西》　　15,150

《西游记》　　2,11,27,29,31-37,52,65,83,102,140,141,144,152,158-160,193,218,239,248,250

《下江陵》　　265

《小红袍》　　151,152

《薛丁山征西》　　151,153
《薛仁贵征东》　　152,220,225
《薛仁贵征西》　　215,220,225
《杨妃传》　156
《杨文广征南闽》　　215,225
《忆江南》　182
《饮酒》　260,262
《游子吟》　187
《余德》　157
《月夜》　182
《岳飞传》　11
《赠别》　182,187
《长恨传》　156
《真腊风土记》　　65-67
《枕中记》　156
《竹里馆》　187
《庄子》　14,111,112,132-136,138,146
《醉花阴》　182

后　记

名为《20 世纪中国古代文化经典在东南亚的传播与影响》，因为讨论的内容侧重在翻译方面，广播、影视、学校教育乃至社团等其他的传播途径很少涉及，本书应该称为《20 世纪中国古代文化经典在东南亚的译介与影响研究》才更确切。

考察时间范围限定为 20 世纪，但为了介绍一些最新情况，也因为文化传播自有路径，并不依照百年的时代划分，有的论文实际上把研究的时段延续到了本世纪的最初十年。我们认为，这和 20 世纪的传播基本是一脉相承的，对读者和研究者而言同样是有益的参考。

由于东南亚国家民族语言众多，全书的编撰体例仍以国别划分，大体包括综论一篇，介绍译介的总体情况，另有专论若干篇，分别就某一经典进行深入的研讨。具体撰写起来又因材料的掌握及编撰者的情况而有所差异。大体上，越南、泰国、马来西亚和印度尼西亚几个国家是 20 世纪中国古代文化经典译介的大户，限于考察范围，我们的研究成果只能说是管窥而已。老挝、柬埔寨、缅甸中南半岛三国则由于特殊的历史因素、环境因素，对中国经典的译介十分有限，反而考察的范围更加全面些——可以说，我们几乎把能搜集到的文献材料一网打尽了。至于菲律宾，经向相关专业的专家请教，认为中国经典菲律宾民族语的译介非常罕见，我们于是纳入了菲律宾华人翻译家施颖洲先生作为代表。

中国典籍在东南亚的传播这一课题无论文献材料还是研究成果都十分罕见，

在国内多部翻译史研究著作中东南亚部分只占到寥寥数页甚至数行的篇幅。这部论文集的编撰者都曾赴对象国考察,拥有第一手资料,又从译文原文的对勘入手,从这个角度看,研究成果还是颇有创获的。

本书的编撰团队以北京外国语大学亚非学院同人为主。由于偶然的机缘,结识了马来亚大学学者周芳萍博士,听她谈起马来西亚译创会,觉得该组织对中国文学、文化经典的译介贡献颇多,而国内学界对此了解甚少,于是邀请她撰文介绍。另外,汉诗英译的讨论也需要相应的学力背景,于是邀请曾经合作过的济南大学外国语学院侯长林老师加入,填补了菲律宾一国的空缺。对于上述两位友人的加盟在此一并致谢。

白淳
2012 年 12 月